# 한국투자증권

## 직무적합성평가

# 한국투자증권
## 직무적합성평가

| | |
|---|---|
| **개성판 발행** | 2023년 5월 10일 |
| **개정2판 발행** | 2025년 1월 27일 |

**편 저 자** | 취업적성연구소
**발 행 처** | ㈜서원각
**등록번호** | 1999-1A-107호
**주　　소** | 경기도 고양시 일산서구 덕산로 88-45(가좌동)
**교재주문** | 031-923-2051
**팩　　스** | 031-923-3815
**교재문의** | 카카오톡 플러스 친구[서원각]
**홈페이지** | goseowon.com

우리나라 기업들은 1960년대 이후 현재까지 비약적인 발전을 이루었다. 이렇게 급속한 성장을 이룰 수 있었던 배경에는 우리나라 국민들의 근면성 및 도전정신이 있었다. 그러나 빠르게 변화하는 세계 경제의 환경에 적응하기 위해서는 근면성과 도전정신 이외에 또 다른 성장 요인이 필요하다.

한국기업들이 지속가능한 성장을 위해서는 혁신적인 제품 및 서비스 개발, 선도 기술을 위한 R&D, 새로운 비즈니스 모델 개발, 효율적인 기업의 합병·인수, 신사업 진출 및 새로운 시장 개발 등 다양한 대안을 구축해 볼 수 있다. 하지만 이러한 대안들 역시 훌륭한 인적자원을 바탕으로 할 때에 가능하다. 최근으로 올수록 기업체들은 자신의 기업에 적합한 인재를 선발하기 위해 기존의 학벌 위주의 채용을 탈피하고 기업 고유의 인·적성검사 제도를 도입하고 있는 추세이다.

한국투자증권에서도 업무에 필요한 역량 및 책임감과 적응력 등을 구비한 인재를 선발하기 위하여 고유의 직무적합성검사를 치르고 있다. 본서는 한국투자증권 채용대비를 위한 필독서로 한국투자증권 직무적합성검사의 출제경향을 철저히 분석하여 응시자들이 보다 쉽게 시험유형을 파악하고 효율적으로 대비할 수 있도록 구성하였다.

신념을 가지고 도전하는 사람은 반드시 그 꿈을 이룰 수 있습니다. 처음에 품은 신념과 열정이 취업 성공의 그 날까지 빛바래지 않도록 서원각이 수험생 여러분을 응원합니다.

# STRUCTURE

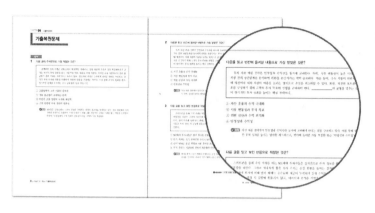

## 기출복원문제

수험생들의 후기를 바탕으로 2024년 직무 적성검사 기출복원문제를 수록하였습니다.

## 출제예상문제

금융·경제상식과 직무적성검사의 출제 예상문제를 상세하고 꼼꼼한 해설과 함께 수록하여 학습효율을 확실하게 높였습니다. 또한 금융·경제 핵심용어를 수록하여 출제예상문제에서 확인하지 못한 이론을 확인할 수 있습니다.

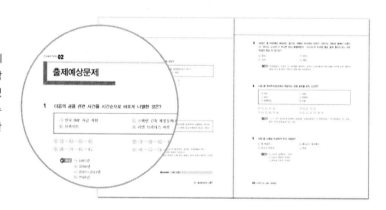

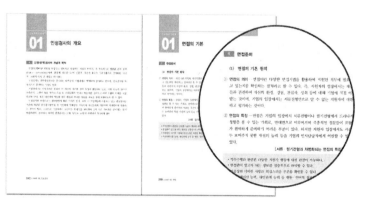

## 인성검사 및 면접

인성검사의 개요와 실전 인성검사로 인 성검사에 대비 할 수 있습니다. 또한 성 공취업을 위한 면접의 기본과 한국투자 증권 면접기출을 수록하여 취업의 마무 리까지 깔끔하게 책임집니다.

# CONTENTS

PART

# 01

2024
기출복원문제

# 기출복원문제

언어

**1** 다음 글의 주제문으로 가장 적절한 것은?

> 고객과의 신뢰 구축은 금융업에서 핵심적인 과제이다. 금융 상품의 구조가 점점 복잡해지면서 고객은 자신의 투자 결정을 돕는 전문가를 더욱 필요로 하게 되었다. 하지만 금융 시장에서의 정보 불균형은 종종 신뢰를 저하시키는 요인이 된다. 전문가의 역할은 고객에게 올바른 정보를 제공하고, 고객의 투자 목적과 성향을 이해하여 적절한 상품을 추천하는 것이다. 이를 통해 고객의 신뢰를 얻고, 장기적인 관계를 유지하는 것이 금융업의 성공 비결이다.

① 금융업에서 고객 신뢰의 중요성
② 정보 불균형이 초래하는 문제
③ 복잡한 금융 상품의 구조와 해결책
④ 고객 맞춤형 투자 상품의 필요성

✔ **해설** 제시문은 금융업에서 고객과 신뢰를 구축하는 과정의 중요성을 설명하고 있다. 정보 불균형이 신뢰 저하의 요인으로 작용하며, 이를 극복하기 위해 금융 전문가가 고객과 신뢰를 쌓는 역할을 강조한다. 따라서, "금융업에서 고객 신뢰의 중요성"이라는 주제가 가장 적절하다.

**2**  다음을 읽고 빈칸에 들어갈 내용으로 가장 알맞은 것은?

> 투자 자산 배분 전략은 안정성과 수익성을 동시에 고려한다. 특히, 시장 변동성이 높은 시기에는 자산 간의 상관관계를 분석하여 위험을 분산시키는 것이 중요하다. 예를 들어, 주식 시장이 하락세일 때 채권이나 대체 자산의 비중을 늘리는 방식으로 손실을 최소화할 수 있다. 또한, 적절한 포트폴리오를 구성하기 위해 고객의 투자 목표와 성향을 고려해야 한다. _____의 균형을 맞추는 것이 장기적인 투자 성과를 높이는 핵심 전략이다.

① 자산 운용과 수익 극대화
② 시장 변동성과 투자 목표
③ 위험 분산과 수익 최적화
④ 안정성과 수익성

> ✔해설  자산 배분 전략에서 안정성과 수익성을 동시에 고려해야 한다는 점을 강조하고 있다. 이를 통해 장기적인 투자 성과를 높이는 방법을 제시하므로, 빈칸에 들어갈 가장 적절한 답은 "안정성과 수익성"이다.

**3**  다음 글을 읽고 보인 반응으로 적절한 것은?

> 스마트폰을 통해 주식 거래를 하는 MZ세대 투자자들은 실시간으로 투자 정보를 확인하고 빠른 의사결정을 내린다. 그러나 지나치게 짧은 투자 주기는 손실 위험을 높이는 결과를 초래하기도 한다. 특히, 장기 투자에 비해 단기 매매는 수수료와 세금이 누적되어 실제 수익을 감소시킬 수 있다. 전문가들은 투자 결정 시 감정에 휘둘리지 않고, 데이터와 분석을 기반으로 신중히 접근해야 한다고 조언한다.

① MZ세대 투자자들은 장기 투자를 선호한다.
② 단기 매매는 장기 투자보다 수익이 높다.
③ 단기 매매는 손실 위험과 비용 증가를 초래할 수 있다.
④ 투자 결정은 직관보다 감정에 의존해야 한다.

> ✔해설  제시문에서는 단기 매매의 문제점으로 손실 위험과 비용 증가를 지적하며, 데이터 기반의 신중한 투자 결정을 강조한다. 따라서 "단기 매매는 손실 위험과 비용 증가를 초래할 수 있다"가 적절한 반응이다.

**Answer**  1.①  2.④  3.③

**4** 다음 글의 제목으로 적절한 것은?

> 증권사들은 모바일 플랫폼을 통해 고객과의 소통을 강화하고 있다. 투자 정보를 실시간으로 제공하며, 고객의 질문에 즉각 답변하는 등 소통 중심의 서비스를 확대하는 추세다. 이를 통해 고객 만족도를 높이고 신뢰를 구축하는 데 기여하고 있다. 그러나 일부 고객은 지나치게 단순화된 정보나 홍보 중심의 내용이 투자 판단에 혼란을 줄 수 있다고 우려한다. 이는 정보의 질을 높이고, 고객의 신뢰를 지속적으로 유지하기 위한 노력이 필요하다는 점을 시사한다.

① 투자 정보와 고객 만족도
② 모바일 플랫폼의 한계
③ 실시간 정보 제공의 중요성
④ 증권사의 소통 중심 경영

> ✔ **해설** 모바일 플랫폼을 활용한 증권사의 소통 강화 노력과 긍정적·부정적 측면을 다루고 있다. 따라서 "증권사의 소통 중심 경영"이 제목으로 가장 적절하다.

**5** 밑줄 친 부분의 사례로 알맞지 않은 것은?

> 금융 협동조합은 공동의 경제적 이익을 추구하는 조직으로, 조합원들이 자금을 공유하고 협력하여 운영된다. 이러한 협동조합은 조합원 간의 신뢰와 협력을 기반으로 하며, 공동의 목적을 달성하기 위해 자원을 결합한다. 특히 지역 기반의 협동조합은 지역 사회의 경제적 성장과 안정에 기여한다. 예를 들어, 지역 주민들이 상점을 공동 운영하거나, 소상공인들이 공동 구매를 추진하며, 농민들이 협동조합을 결성하는 등의 형태가 이에 해당한다. 협동조합의 성공은 협력과 명확한 목표 설정에 달려 있다.

① 개인 투자자들이 투자 세미나에 참석해 정보를 교환했다.
② 지역 주민들이 공동으로 상점을 운영하기 위해 자금을 모았다.
③ 소상공인들이 조합을 결성해 공동 구매를 추진했다.
④ 지역 농민들이 농산물 유통 협동조합을 결성해 시장 경쟁력을 강화했다.

> ✔ **해설** ① "투자 세미나에 참석해 정보를 교환한 개인 투자자들"은 협동조합의 공동의 목표나 협력 기반과 관계가 없다. 협동조합은 자금과 자원의 공동 활용, 경제적 이익의 공유가 중요한데, 정보 교환은 협동조합의 운영 원리에 해당하지 않는다.
> ②③④는 모두 협동조합의 핵심 특성인 공동의 경제적 이익과 협력을 보여주는 사례이다.

**6** 박스 안의 내용을 바탕으로, 다음 ⓐ에 대한 판단 중 타당한 것은?

> 한 증권사가 고객의 투자 상품을 분석하며 고객의 투자 성향을 조사한 결과, 투자 기간과 수익률에 따라 서로 다른 할인율을 적용해야 한다는 결론을 얻었다. 장기 투자를 선호하는 고객들은 비교적 낮은 할인율을 적용하였고, 단기 투자를 선호하거나 위험을 회피하려는 고객들은 높은 할인율을 적용했다. 또한, 투자 성향이 불분명한 고객의 경우 평균 할인율을 적용하는 것이 적절하다고 판단했다. 이를 통해 회사는 ⓐ 고객의 투자 성향에 따라 최적의 상품을 제안할 수 있는 시스템을 마련하고자 한다.

① 단기 투자를 선호하는 고객은 낮은 할인율을 적용할 것이다.
② 위험을 회피하려는 고객은 높은 할인율을 적용할 것이다.
③ 장기 투자를 선호하는 고객은 높은 할인율을 적용할 것이다.
④ 고객의 투자 분명하지 않을 경우 높은 할인율을 적용하는 것이 적절하다.

> ✔ 해설 ⓐ는 고객의 투자 성향에 따라 적용되는 할인율을 의미한다. 장기 투자를 선호하는 고객은 낮은 할인율을 적용하고, 단기 투자를 선호하거나 위험을 회피하려는 고객은 높은 할인율을 적용한다고 명시되어 있다. 이는 투자 성향에 따라 미래의 불확실성에 대한 평가가 달라짐을 보여준다. 따라서, 위험을 회피하려는 고객이 높은 할인율을 적용한다는 선택지가 타당하다.

`수리`

**7** A가 60m/s의 속력으로 800m 앞 서 있다. B가 110m/s의 속력으로 따라갈 경우, A를 따라잡기 시작하는 거리는?

① 1,760m　　　　　　　　② 1,650m
③ 1,540m　　　　　　　　④ 1,430m

> ✔ 해설 B가 따라간 시간을 $x$라고 하면,
> $800 + 60x = 110x$
> $50x = 800$
> $x = 16$(초)
> $x$를 대입하면, $110 \times 16 = 1,760$(m)이 된다.

**8** 멤버십의 등록 고객 중 여성이 75%, 남성이 25%라고 한다. 여성 등록 고객 중 우수고객의 비율은 40%, 일반고객의 비율은 60%이다. 그리고 남성 등록 고객의 경우 우수고객이 30%, 일반고객이 70%이다. 등록 고객 중 한 명을 임의로 뽑았더니 우수고객이었다. 이 고객이 여성일 확률은?

① 65%  ② 70%

③ 75%  ④ 80%

✔해설 멤버십의 등록 고객 수를 $x$라 하면

여성의 수는 $\dfrac{75}{100}x$, 남성의 수는 $\dfrac{25}{100}x$

여성 중에 우수고객은 $\dfrac{75}{100}x \times \dfrac{40}{100} = \dfrac{3,000}{10,000}x$

남성 중에 우수고객은 $\dfrac{25}{100}x \times \dfrac{30}{100} = \dfrac{750}{10,000}x$

우수고객 중 여성일 확률은 $\dfrac{\dfrac{3,000}{10,000}x}{\dfrac{3,000}{10,000}x + \dfrac{750}{10,000}x} = \dfrac{3,000}{3,750} = \dfrac{4}{5}$ 이므로 80%이다.


**9** A씨는 1년 만기 정기예금 상품에 1,000만 원을 예치했다. 이 상품의 연이율은 5%일 때, 만기 시 A씨가 받는 금액은 얼마인가?

※ 만기 시 받는 금액 = 원금 + (원금 × 연이율)

① 1,030만 원

② 1,050만 원

③ 1,100만 원

④ 1,150만 원

✔해설 연이율이 5%이므로 1년 동안 발생하는 이자는 1,000만 원×0.05=50만원이다. 따라서 만기 시 받는 금액은 원금 1,000만 원에 이자 50만 원을 더한 1,050만 원이다.

**10** 甲금융권에서 작년 한 해 동안 적금과 예금 가입 건수는 총 238건이다. 약관 변경으로 인해 올해의 적금과 예금 가입 건수가 작년 대비 각각 40%, 10%씩 감소하였다. 올해 적금과 예금 가입 건수의 비가 5 : 3일 경우, 올해의 적금 가입 건수는 몇 건인가?

① 102건

② 100건

③ 98건

④ 95건

> **✔해설** 작년의 적금 가입 건수를 $x$, 예금 가입 건수를 $y$라고 할 때, $x+y=238$이 성립한다. 또한 감소 비율이 각각 40%와 10%이므로 올해의 가입 건수는 $0.6x$와 $0.9y$가 되며, 이것의 비율이 5 : 3이므로 $0.6x : 0.9y = 5 : 3$이 되어 $1.8x = 4.5y (\rightarrow x = 2.5y)$가 된다.
> 따라서 두 연립방정식을 계산하면, $3.5y = 238$이 되어 $y = 68$, $x = 170$건임을 알 수 있다.
> 그러므로 올 해의 적금 가입 건수는 $170 \times 0.6 = 102$건이 된다.

**11** 올해 A사의 신입사원 채용이 완료되었다. 올해 신입사원 채용 인원은 작년 대비 20명 증가하여 총 240명이 채용되었다. 작년 대비 남자 신입사원은 20명 감소하고, 여자 신입사원은 40명 증가하였다. 올해 신입사원의 남녀 성비가 5:7일 경우, 작년 남자 신입사원의 총 수는 몇 명인가?

① 100명

② 110명

③ 120명

④ 130명

> **✔해설** 올해 신입사원 채용 인원은 총 240명으로, 남녀 성비가 5:7이다. 따라서 올해 남자 신입사원의 수는 $240 \times \dfrac{5}{12} = 100$명, 여자 신입사원의 수는 $240 \times \dfrac{7}{12} = 140$명이다. 올해 남자 신입사원은 작년 대비 20명 감소했으며, 여자 신입사원은 40명 증가했다 하였으므로 작년 남자 신입사원의 수는 100+20=120명, 여자 신입사원의 수는 140-40=100명이다.
> 따라서, 작년 남자 신입사원의 총 수는 120명이다.

**Answer** 8.④ 9.② 10.② 11.③

**12** 다음은 X년과 Y년 환율표이다. X년 엔화 대비 원화 환율이 Y년에 어느 정도 변화하였는지 바르게 계산한 것은?

| 분류 | 원/달러 | 엔/달러 | 연말 절상률 |
|---|---|---|---|
| X년 | 1,200.0 | 120.0 | 10.85 |
| Y년 | 1,188.0 | 108.0 | 10.81 |

① 1원 하락

② 변함없음

③ 1원 상승

④ 2원 상승

✔해설 ㉠ X년 엔화 대비 원화 환율 : $\frac{1,200.0}{120.0} = 10$

㉡ Y년 엔화 대비 원화 환율 : $\frac{1,188.0}{108.0} = 11$

**13** 한 동료가 발목 부상으로 움직임이 불편한 상태이다. 동료는 업무 중 도움을 요청하기보다 신경 쓰지 말고 스스로 처리하겠다고 말했다. 이럴 때 당신은 어떻게 하겠는가?

① 동료의 의사를 존중하며 추가적으로 개입하지 않는다.
② 다른 동료들과 협력해 부상 동료를 지원할 방법을 논의한다.
③ 동료가 말하기 전에 먼저 필요한 도움을 제공한다.
④ 동료가 요청하지 않았으니 상황을 지켜보며 기다린다.

**14** 팀 프로젝트 중 한 팀원이 지속적으로 일정에 늦어 프로젝트 진행이 어려운 상황이다. 팀원은 자신의 사정이 있다며 다음부터는 지각하지 않겠다고 말했다. 이럴 때 당신은 어떻게 하겠는가?

① 팀원의 사정을 이해하며 문제를 제기하지 않는다.
② 팀원에게 일정 준수의 중요성을 강조하며 책임감을 촉구한다.
③ 팀원과 별도로 일정을 조정하고 팀 전체의 협력을 유도한다.
④ 팀장에게 보고하고 팀원의 일정 준수 문제를 공식적으로 논의한다.

**15** 고객이 특정 상품의 리스크를 제대로 이해하지 못한 상황에서 투자 결정을 하려 한다. 고객은 리스크 설명이 필요 없다고 말하지만, 투자 금액이 큰 상황이다. 이럴 때 당신은 어떻게 하겠는가?

① 고객의 요청을 우선시해 상품을 판매한다.
② 리스크를 간단히 언급한 후 고객의 결정을 따른다.
③ 리스크에 대해 고객에게 상세히 설명하고 투자 결정을 재고하도록 유도한다.
④ 고객의 의사를 존중하며 상사에게 상황을 보고해 조언을 구한다.

**Answer** 12.③

PART

# 02

# 한국투자증권 소개

CHAPTER

01

# 기업소개

## 1 한국투자증권 소개

한국투자증권은 한국투자금융지주의 주력 자회사로서, 지난 40여 년간 한국자본시장을 선도해 온 종합금융투자회사입니다.

한국투자증권은 2005년 우리나라 최초의 투자신탁회사인 舊한국투자증권과 동원금융지주의 계열사인 舊동원증권과의 합병을 통해 탄생하였습니다. 이후 브로커리지, 자산관리, 투자은행(IB), 자산운용 등 전 부문에서 고른 수익을 시현하며 다각화된 수익모델을 갖춘 종합금융투자회사로 변모하였습니다. 안정적인 수익모델을 기반으로 한국투자증권은 2011년 이후 현재까지 업계 최고 수준의 영업실적을 달성하고 있습니다. 향후 아시아를 대표하는 글로벌 IB로 도약하기 위해 자본, 전문성 및 네트워크역량을 강화하고, 새로운 성장동력 발굴로 장기적인 성장엔진을 구축할 계획입니다.

한국투자증권은 이러한 성장동력이 고객과 시장의 신뢰에서 비롯됨을 깊이 인식하며, 현재의 자리에 안주하지 않고 끊임없는 경영혁신과 고객에 대한 최상의 금융서비스 제공을 목표로 노력하겠습니다.

## 2 연혁

| 1974 | 설립등기 |
| --- | --- |
| 1982 | 본사 여의도 신축사옥으로 이전 |
| 1993 | • 본사 신축 사옥 이전(여의도동 27−1)<br>• 홈 뱅킹 서비스 개시 |
| 2000 | • 한국투자신탁운용 설립<br>• 증권사 전환 등기(한국투자신탁증권 주식회사) |
| 2003 | • 한국투자증권으로 사명변경 |
| 2005 | • 동원증권과 합병<br>• 동원금융지주의 100% 자회사 편입 |
| 2006 | • BanKIS 서비스 개시<br>• 자산운용사 출자 및 설립(한국밸류자산운용주식회사) |

| 2008 | 한국투자운용지주 분할 |
|---|---|
| 2012 | 한국투자신탁운용 및 한국투자밸류자산운용 자회사 편입 |
| 2014 | 한국투자캐피탈 자회사 편입 |
| 2015 | 고용보험기금 전담운용기관 선정에 따른 운용 개시 |
| 2016 | 유상증자 실시로 초대형 투자은행 요건(자기자본 4조 이상) 충족 |
| 2017 | 자기자본 4조원 이상 종합금융투자사업자(초대형IB) 지정 및 단기금융업무 인가 |
| 2018 | PT Korea Investment&Sekuritas Indonesia 인수 |
| 2019 | • PT KISI Asset Management 설립<br>• 북경사무소 개소 |
| 2021 | Korea Investment & Securities US, Inc. 설립 |
| 2023 | SF Credit Partners, LLC 자회사 편입 |

## 3　경영이념

### (1) 고객에게 기쁨을 주는 경영

고객은 한국투자증권의 존재근거입니다. 한국투자증권은 항상 고객과 생각을 같이하고 고객의 입장에서 의사결정을 합니다. 고객을 항상 기쁘게 하여 고객과 함께 발전하겠습니다.

### (2) 사람을 존중하는 경영

조직의 구성원을 하나의 독립된 인격체로 존중합니다. 구성원이 일을 통하여 성장할 수 있도록 지원하여 우수한 인재로 육성하겠습니다.

### (3) 새로운 가치를 창조하는 경영

한국투자증권은 사회에 끊임없이 새로운 가치를 제공하겠습니다. 조직역량을 강화하여 보다 높은 이상과 탁월함을 추구하고 실현하는 도전적이고 혁신적인 경영을 해 나가겠습니다.

## 4 비전

| VISION 20-20 Asia's Leading Financial Institution | | | | |
|---|---|---|---|---|
| IB사업 대폭강화 | | 신사업 기회 발굴 및 확보 | | AM사업증식 및 활성화 |
| 투자 거래 위탁 서비스 최적화 | | | | |
| 특화된 상품 및 서비스 | | | 고객중심 마케팅 채널 | |
| FY 05-07 | FY 08-10 | FY 11-13 | FY 14-16 | FY 17-20 |
| • 통합 시너지 극대화<br>• 추가적인 신규 사업 영위, 수익원 다각화 자본활용 극대화<br>• 내부역량 및 대외 신용도 제고 | • 자본레버리지 극대화를 통한 수익성 증진<br>• 적극적인 투자활동으로 진정한 IB 전략 이행<br>• 국내 AM시장 선두 위치 수성<br>• 해외기관제휴 또는 M&A등을 통한 지역적 시장 지배력 확대 | • 국내 주요 투자은행으로서 위상 확립<br>• 국내 주요 자산운용사로서의 위상 확립<br>• 아시아 지역 내 브랜드 인지도 강화 | • 각 IB분야에서 아시아 Top 10 위치 확보<br>• 특정분야에서 글로벌 리딩위치 확보 및 공격적 해외사업 추진<br>• 지속적인 신규성장 기회 발굴 및 실행 | • 해외 대형 금융기관과의 조인트 벤처 혹은 M&A 등을 통해 규모 확장<br>• 차세대 비전 및 전략 재설정, 성장기에서 성숙기로의 기업전략 정착 |
| Most profitable Investment & securities group | Korea's leading Financial Group | Asia's top five IB-AM financial brand | Significiation niche international player | Leading financial group in Asia |

# CHAPTER 02 채용안내

## 1 인재상

### (1) 열정
모든 일에 열과 성의를 다함

### (2) 도전정신
새로운 것에 과감히 도전함

### (3) 전문역량
직무에 대한 전문지식 및 스킬 보유함

### (4) 변화주도
열정을 통해 새로운 가치를 창출함

## 2 인재개발제도

### (1) 최고의 금융전문가 양성
① 자산관리, 자산운용, IPO, M&A, analyst 등 분야별 최고의 금융전문가 양성

② 직무별, 직급별 CDP에 의한 체계적 지원 프로그램 실시

### (2) 개인 핵심역량 강화 교육
① 직급별 체계적 리더십 프로그램에 의한 개인 핵심역량 추출 및 리더십 배양

② 변화관리능력, 인간관계스킬, 고객상담스킬, 프리젠테이션 스킬 등의 개인 핵심역량 강화교육 실시

### (3) 체계적 자기계발 지원

① 국내외 MBA과정 교육비 지원 및 유수 교육기관 위탁교육 실시

② 금융관련 자격(CFA, AICPA, FRM 등) 및 개인의 Market Value 향상 학습 지원

## 3 인사 및 복리제도

### (1) 복리후생

임직원의 만족도가 극대화 될 수 있도록 업계 최고 수준의 복리후생제도를 운영

① 본인 및 가족에 대한 의료비 지원

② 자기 계발비 지원 (연간 240만원 한)

③ 콘도미니엄 회원권 보유

④ 생일/결혼기념일 상품권 지급

⑤ 귀성비, 가정의 달 지원금

⑥ 동호회 활동 적극 지원

⑦ 각종 경조사 시 경조금 및 휴가지원

⑧ 본인 및 배우자 건강검진 실시

⑨ 단체상해보험 가입

⑩ 주택 및 생활안정자금 대출지원

⑪ 화환 및 조화 지급

⑫ 자녀학자금 지원

### (2) 성과평가

임직원이 달성한 성과를 공정하게 평가 받을 수 있는 제도를 운영

① 고연동형 보상제도

② 적성을 고려한 배치

③ 전략적 평가방식에 의한 공정한 평가

④ 고충상담제도 운영

⑤ 능력지향형 승진체계

⑥ 직군체제에 의한 전문가 육성

### (3) 보상

능력과 성과에 상응하는 업계 최고 수준의 급여 및 성과급 지급

① 업계 최고 수준의 급여 지급 및 일부 직무는 능력에 따른 연봉제 시행

② 직무에 따라 개인별, 부서별, 전사적 성과급 제도 운영

## 4 채용안내

### (1) 채용절차

서류전형 ⇒ 직무 적합성검사 ⇒ 1차 면접 ⇒ 채용검진 ⇒ 2차 면접 ⇒ 최종합격

## (2) 직무소개

| 분류 | | 업무내용 |
|---|---|---|
| 지점영업 | PB | 특정영업영역에 제한 없이 고객의 자산을 종합적으로 관리하여 고객자산 증대의 역할을 수행하는 직무 |
| | Pro-BK | 주식, 선물옵션 등 파생상품 거래 고객 대상의 영업 및 위탁주문 수행업무를 담당하며, 고객자산 배분 및 관리자산 증대의 역할을 수행하는 직무 |
| 본사영업 | | 기관대상 주식 및 파생상품 매매중개, 금융상품 판매업무 |
| | | 해외투자자 중개업무 및 상품판매 업무 |
| | | 전문사모집합투자기구 등에 대한 재산의 보관 관리 신용공여 증권 대여 또는 중개 업무 등 |
| | | 기업상장(IPO)관련 업무, 회사채, 증자, ABS발행, M&A 업무, 채권영업, 퇴직연금 영업 |
| | | 부동산 관련 금융주선, 자문 및 인수(발행)업무 |
| 리서치/운용 | 리서치 | 시장 및 기업 분석자료 작성, 투자정보 제공업무 |
| | 운용 | 장외파생상품 Structuring 및 판매, 운용업무, 국내 채권 및 금리관련 파생상품, 단기금융업관련 운용 |
| 관리 | | 전략 · 기획, 인사, 재무, 상품관리, 리스크관리, 마케팅, 컴플라이언스 등 |
| IT | | Front-end, Banck-end, Infra에 걸쳐 대고객 채널 및 증권업 비즈니스 시스템 , 내부 직원용 프로그램을 개발 · 운영 · 지원 |
| Digital | | 클라우드/AI/Open API/마이데이터와 로보어드바이저 등 신규 Digital 서비스 기획 · 개발 · 운영 |

① **지점영업 PB(Private Banker)** : 고객의 Needs와 투자성향에 맞추어, 다양한 전문지식을 바탕으로 자산 운용에 대한 총괄적인 포트폴리오를 제공하는 직무이다. 주식과 채권, ELS, 부동산 및 각종 파생상품에 이르기까지 다양한 금융상품을 선별적으로 제안할 뿐 아니라 세무와 금융관련 각종 법률상담에 이르기까지 총괄적인 금융서비스를 제공하는 등 갈수록 업무범위가 확대되고 있다.

② **지점영업 Pro BK(Pro Broker)** : 다양한 금융서비스 중에서도 특히 주식투자를 중심으로 인사이트를 제공하는 전문 컨설턴트이다. 시황과 종목에 대한 전문적인 view를 중심으로 주식에 국한되지 않고 다양한 자산을 혼합하여 포트폴리오를 제공한다.

③ **본사영업** : 법인 및 기관고객의 금융니즈를 충족하기 위하여 IB, 법인, 국제, 프로젝트 파이낸싱, 퇴직연금 등 다양한 분야에서 업계 최고의 전문인력을 보유하고 있다. IPO, 회사채, ABS, Project Financing 등 토탈 기업금융 서비스를 제공하고 있다.

④ 리서치(Research) : 산업 및 경제 전반을 이해하는 통찰력을 기반으로, 국내 및 해외 기업에 대한 분석과 증시 전반에 대한 투자전략을 제시한다. 각종 경기지표와 산업지표 기업의 경쟁력 등 다양한 요소를 포괄적으로 고려하여 미래가치를 전망하는 판단력을 필요로 하는 직무이다.

⑤ 운용 : 구조화 상품 발행에 따른 헤지 운용, RP 관련 자산운용, 단기금융업관련 운용 등의 업무를 담당하며 각종 구조화 금융상품 및 파생상품을 개발하고 운용, 관리하는 역할을 하고 있다. 운용프로세스의 고도화 및 리스크관리 기능 강화를 기반으로 시장추세에 정확하게 대응할 수 있도록 만전을 기함으로써 운용의 안정성을 높여가고 있다.

# 금융 · 경제 상식

# CHAPTER 01 핵심용어정리

## 1 최신 금융·경제 이슈

### ▶▶ 웹 3.0(Web 3.0)

웹 3.0(Web 3.0)은 웹 2.0 혁명에 이어 등장한 개념으로, 월드 와이드 웹(WWW)의 미래 방향성을 설명할 때 사용되는 용어이다. 컴퓨터가 시맨틱 웹 기술을 활용하여 웹페이지의 내용을 이해하고, 사용자의 필요에 맞는 개인화된 정보를 제공하는 지능형 웹 기술을 의미한다. 이는 지능화와 개인 맞춤형 웹을 중심으로 한 차세대 웹 환경을 지향한다. 웹 3.0에 대한 관점은 다양하게 나타나며, 일부는 시맨틱 웹과 인공지능(AI) 기술이 웹의 활용 방식을 변화시키고 혁신적인 가능성을 열어갈 것이라고 기대한다. 또 다른 의견은 빠른 인터넷 속도, 모듈식 웹 애플리케이션 증가, 그리고 고도화된 컴퓨터 그래픽스 기술이 웹의 변화를 주도할 것이라고 전망한다.

### ▶▶ WEF(World Economic Forum)

저명한 기업인·경제학자·저널리스트·정치인 등이 모여 세계 경제에 대해 토론하고 연구하는 국제 민간회의이다. 독립적 비영리재단 형태로 운영되며, 본부는 스위스 제네바주의 도시인 콜로니(Cologny)에 위치한다. '세계경제올림픽'으로 불릴 만큼 권위와 영향력이 있는 유엔 비정부자문기구로 성장하면서 세계무역기구(WTO)나 서방선진 7개국(G7) 회담 등에 막강한 영향력을 행사하고 있다.

### ▶▶ 인적자원경쟁력지수(Global Talent Competitiveness Index ; GTCI)

인적자원경쟁력지수(GTCI)란 한 나라 인재의 성장, 유치, 보유 등 인적 자원의 경쟁력을 포괄적으로 나타내주는 지수로 R&D, 고등교육 정도, 인재시장 전망, 노동시장 유연성, 여성 사업기회 부문 등 지표를 종합해 평가한다.

### ▶▶ 베어마켓 랠리(bear market rally)

경기불황으로 주식시장에서 장기적인 약세장(베어마켓)이 진행되는 도중에 일시적으로 주가가 반등하는 현상을 말한다. 정부가 경기부양을 위해 유동성(자금)을 대거 풀어서 시중에 유동성이 넘치거나, 주가가 지나치게 하락했다고 투자자들이 판단할 때 이 같은 일시적 현상이 발생한다.

## ▶▶ 소버린 리스크

한 나라의 정부나 공공기관이 국제금융시장에서 돈을 빌렸거나 지급보증을 한 경우 발생하는 리스크를 뜻한다. 국가주권자(Sovereign)에 채무상환에 관계된 위험(Risk)이 따르기 때문에 이 위험을 소버린 리스크라 부른다. 재정상황이 취약하거나 해외차입 의존도가 높은 나라가 소버린 리스크에 노출된다.

## ▶▶ 뱅크런

은행에 돈을 맡긴 사람들의 예금인출이 대규모로 발생하는 현상을 말한다. 이는 금융시장이 극도로 불안한 상황일 때 은행에 맡긴 돈조차 제대로 받을 수 없을지도 모른다는 공포감에서 발생한다. 뱅크런의 발생으로 은행은 당장 돌려줄 돈이 바닥나게 되는 패닉 현상에 빠지게 된다. 뱅크런에서 유래한 것으로, 펀드 투자자들이 펀드에 투자한 돈을 회수하는 것을 펀드런(fund run)이라고 한다.

## ▶▶ 롤 오버

선물이나 옵션포지션 보유자가 만기가 도래하는 계약을 만기가 남아있는 다른 종목(원월물 등)으로 교체함으로써 사실상 포지션을 이월하는 것을 말한다. 예를 들면, KOSPI200 선물 9월물 100계약을 보유하고 있는 투자자가 9월물 만기일을 맞아 기존 9월 물을 전량 매도하는 동시에 원월물인 12월물을 100계약 매수하게 되면, 선물을 계속 보유하게 되는 결과를 갖게 된다.

## ▶▶ IFRS9

2018년 1월부터 한국에서 시행되는 금융상품 국제회계기준으로 은행, 보험, 카드, 캐피털사 등 대부분 금융회사가 적용 대상이다. 은행은 IFRS 일반기준 외에 대출채권과 유가증권 등 금융자산 분류 등에선 IFRS9 기준을 적용받는다. 대손충당금을 산출할 때 기존 발생 손실에서 미래 예상 손실로 기준을 변경한 것이 핵심이다. 만기가 긴 여신에 대한 대손충당금 규모가 크게 늘어난다.

## ▶▶ ABCP

유동화 전문회사인 특수목적회사(SPC)가 매출채권, 부동산 등의 자산을 담보로 발행하는 기업어음이다. 그 중 부동산 관련 ABCP는 건물 지을 땅, 건설사 보증 등 부동산 관련 자산을 담보로 발행되는 기업어음을 말한다. ABCP를 발행하기 위해서는 일단 SPC가 금융위원회에 ABCP 발행계획을 등록해야 하고 자산 보유자가 SPC에 자산을 양도하면 신용평가회사가 SPC가 발행하는 유동화증권에 대해 평가등급을 부여하게 된다.

### ▶▶ 크로스 디폴트(Cross Default)

이미 체결된 계약이나 앞으로 체결할 다른 계약서의 조항을 이행하지 않을 경우 본계약 위반으로 간주하는 것이다. 채권보유자가 해당기업의 채무불이행을 대외적으로 선언해 채권회수의 근거를 마련하는 디폴트선언 이후 다른 금융기관도 똑같이 디폴트선언 의사를 밝힌 뒤 채권을 갚아달라고 요청한 것으로, 한 융자계약에서 디폴트 선언을 당하면 채권자는 다른 융자까지 일방적으로 디폴트 선언을 할 수 있는데 이를 크로스 디폴트라고 한다.

### ▶▶ 스튜어드십 코드(stewardship code)

연기금과 자산운용사 등 기관투자자들이 기업의 의사결정에 개입할 수 있도록 하는 제도를 의미한다.

### ▶▶ 인슈어테크(InsurTech)

핀테크(금융과 정보기술의 결합)의 한 영역인 인슈어테크는 인공지능(AI), 사물인터넷(IoT), 빅데이터 등의 IT기술을 활용한 혁신적인 보험 서비스를 일컫는다. 인슈어테크가 도입되면 기존의 운영방식이나 상품 개발 및 고객 관리 등이 전면적으로 재설계되어 보다 고차원적인 관리 및 서비스가 이뤄진다. 예를 들면 전체 가입자에게 동일하게 적용하던 보험료율을 빅데이터 분석을 통해 다르게 적용하거나 사고 후 보상 개념인 기존 보험과 달리 사고 전 위험관리 차원으로 접근하는 서비스가 가능하다. 또 보험 상담 업무도 로봇이 대행할 수 있고, 빅데이터 관리를 통한 보다 효과적인 영업과 블록체인 등을 이용한 안전한 결제 시스템 등을 구축할 수 있다.

### ▶▶ 휘소가치

'휘발하다'의 '휘'와 '희소가치'의 합성어다. 소비의 목표가 순간적인 자기만족에 있다. 다른 사람들에게는 휘발성을 가진 무의미한 물건처럼 보일지라도 내게 의미 있는 소비를 중시하는 젊은 층의 소비습관을 뜻한다.

### ▶▶ 슈거 하이

설탕을 먹으면 일시적으로 쓴 맛은 느끼지 못하고 흥분하는 일시적 흥분상태를 말한다. 경제상황에서는 경기가 근본적인 개선 없이 좋아지는 현상을 일컫는 말로 하버드대 교수인 제프리프랑켈이 처음으로 사용했다.

## ▶▶ 골디락스

골디락스란 너무 뜨겁지도 차갑지도 않은 딱 적당한, 이상적인 상태로 높은 성장을 이루고 있음에도 물가가 안정된 상태를 뜻한다. 현재 미국이 높은 경제 성장률을 유지하면서도 2000년 이후 가장 낮은 수치의 실업률을 보여주면서 2018년 글로벌 경제 키워드 '골디락스'가 떠오르기 시작했다. 골디락스는 마케팅 전략에도 응용되는데, 고가와 저가 제품 사이에 중간 가격 제품을 진열해 소비하도록 유도하는 것이다. 실제로 소비자는 고가의 제품은 부담스럽고, 저가의 제품은 상대적으로 품질이 좋아 보이지 않아 중간 가격의 제품을 고르는 경우가 많다고 한다. 골디락스는 경제뿐만 아니라 적당한 상황, 적당한 것을 선호하는 우리의 삶을 반영한다.

## ▶▶ 딤섬본드

외국계기업이 홍콩 채권시장에서 발행하는 위안화표시채권을 말한다. 2010년 2월 중국 정부가 홍콩 금융시장 확대를 위해 외국계기업의 위안화 표시 채권을 발행을 허용함으로써 도입됐다. 외국인 투자자들은 중국정부의 엄격한 자본통제 때문에 본토에서 발행되는 위안화표시 채권은 살수 없는 반면 '딤섬본드'는 아무런 제한 없이 투자가 가능하다. 한편, 외국계기업이 중국 본토에서 발행하는 위안화 채권은 '판다본드'라고 한다.

## ▶▶ 제로페이

대한민국 정부가 주도하는 간편 결제 표준안. 최저임금 인상으로 불거진 자영업자들의 부담을 완화시키고자 내놓은 정책들 중 하나다. 소상공인 수수료 부담 제로 결제서비스 도입을 위한 업무 협약이 2018년 7월 25일 체결됨에 따라 협약 대상 금융사와 결제사는 기관이 구축한 공동 QR 허브 서비스를 이용한 계좌 간 직접결제를 활성화하기로 하였다. 금융사와 결제사들이 공동으로 QR코드 기반의 결제망을 구축하여 공급자와 소비자의 계좌 간 직접결제를 통해 수수료를 낮추는 것을 목표로 하고 있다. 수수료는 0%로 알려졌으나 연 매출 8억 원 미만의 소상공인에게만 적용되며, 8억 원 이상은 0%, 8억~12억은 0.3%, 12억 초과는 0.5%의 수수료가 부과된다. 그 외 대형마트와 같은 가맹점은 신용카드보다 낮은 수준에서 협의를 거쳐 결정할 계획이라고 한다. 소비자를 유인하기 위해 제로페이 결제금액에 대한 40%의 높은 소득공제율 적용을 기획재정부와 협의 중이며 참여 지자체에서 공공서비스 할인 혜택을 제공할 것으로 알려졌다.

### ▶▶ 랩 어카운트

고객이 예탁한 재산에 대해 증권회사의 금융자산관리사가 고객의 투자 성향에 따라 적절한 운용 배분과 투자종목 추천 등의 서비스를 제공하고 그 대가로 일정률의 수수료(Wrap fee)를 받는 상품이다. 증권회사에 계좌를 개설하고 자신이 선택한 종목을 매매하는 기존의 투자 방식과는 달리 증권회사에서 고객이 예탁한 재산에 대해 자산 구성에서부터 운용 및 투자 자문까지 통합적으로 관리해주는 종합금융서비스라고 할 수 있으며, 선진국에서는 투자은행의 보편적인 영업 형태이다.

### ▶▶ 이자보상배율(Interest Coverage Ratio)

한 해 동안 기업이 벌어들인 돈(영업이익)이 그 해에 갚아야 할 이자(이자비용)에 비해 얼마나 많은지를 나타내는 지표로 영업이익을 이자비용으로 나눠 구한다. 따라서 이자보상배율이 1보다 작다는 건 한 해 동안 벌어들인 돈으로 이자조차 갚지 못한다는 의미다. 보통 이자보상배율이 1.5 이상이면 빚을 갚을 능력이 충분한 것으로, 1 미만이면 잠재적인 부실기업으로 본다. 3년 연속 이자보상배율이 1 미만인 기업을 좀비 기업(한계기업)으로 간주한다. 3년 연속 이자조차 갚지 못할 정도라면 자체적인 생존능력이 없다고 보는 것이다. 기업이 영업활동을 통해 돈을 벌기는커녕 손해를 보고 있다면(영업손실을 입었다면) 이자보상배율은 마이너스(−)가 된다.

### ▶▶ 슬리포노믹스(sleeponomics)

수면(Sleep)과 경제학(Economics)을 합친 신조어로 수면산업을 일컫는다. 바쁜 일상 속에서 늘 수면이 부족한 현대인들을 대상으로 발달한 신종 산업이다. 미국 등 우리나라보다 경제개발을 빨리 이룬 선진국의 경우 1990년대부터 슬리포노믹스가 성장하기 시작했다. 슬리포노믹스가 포괄하는 영역은 넓다. 일반적으로 쉽게 떠올릴 수 있는 기능성 매트리스·베개·이불 등 숙면 유도 기능성 침구류와 기능성 수면안대·수면양말·잠옷·수면 촉진 식품 등 수면 관련 생활용품, ICT(정보통신기술)·IOT(사물인터넷) 등을 도입해 수면 상태를 점검하고 수면의 질을 분석해 숙면을 유도하는 제품 모두 슬리포노믹스에 들어가는 상품이다. 수면 상담, 슬립 코디네이팅, 수면캡슐·수면카페·영화관 내 시에스타 서비스 등의 수면공간 제공 서비스 역시 슬리포노믹스에 속한다. 슬리포노믹스에 포함되는 영역은 일일이 열거하기 어려울 정도로 광범위하다. 더욱이 그 영역이 빠르게 확장돼 가고 있는 추세다.

### ▶▶ 차이나 리스크(China risk)

중국이 긴축적인 정책을 펼치거나 타 이유들로 인해 중국의 경제가 얼어붙을 경우, 중국에 대해 수출 의존도가 큰 기업이나 국가들이 큰 위험에 처하는 것을 뜻한다.

## ▶▶ 디지털 세금

유럽연합(EU)가 유럽에서 매출을 올리는 전 세계 100대 IT기업들을 대상으로 순이익이 아닌 매출을 기준으로 징수하는 세금으로 2020년 도입을 목표로 하고 있다. 미국 도널드 트럼프 행정부가 유럽을 비롯한 외국산 철강·알루미늄에 25%, 10% 관세를 부과하기로 한 데 대한 보복으로 미국 IT 기업들에 대한 세금을 부과하려 계획하고 있는 것이다. 이익에 과세해온 기존 전통을 깨고 매출에 세금을 매기는 것으로 구글 등의 디지털광고 매출, 애플 등의 서비스 구독료 등이 대상이다. 디지털세가 도입되면 EU가 거둬들일 수 있는 연간 세수는 50억 유로에 달하는 것으로 집계됐다. 150개 기업이 새로운 세제의 영향을 받을 전망이다. 이 중 절반 정도가 구글, 페이스북, 애플, 아마존과 같은 미국 IT 기업이다.

## ▶▶ 트릴레마

세 가지 옵션 중 각각 받아들이기 어려우거나 불리한 어려운 선택을 말한다. 경제용어로서는 ① 물가안정, ② 경기부양, ③ 국제수지개선의 세 가지를 가리키는데, ① 물가안정에 치중하면 경기가 침체되기 쉽고, ② 경기부양에 힘쓰면 인플레이션을 유발하거나 ③ 국제수지 악화를 초래할 우려가 있는 등 서로 물리고 물려서 정책선택이 딜레마에 빠지게 된다는 뜻이다.

## ▶▶ 울프슨지수(Wolfson Index)

소득 불평등의 정도를 나타내는 지표로 중산층으로부터 상위층과 하위층의 소득이 괴리 정도를 통해 산출된다. 캐나다 통계학자인 마이클 울프슨이 지난 1995년 고안한 지표로 국내에서는 지난 2013년부터 통계청이 발표한다. 소득의 분산이 커질수록 중산층 규모도 함께 줄어든다는 가설을 전제로 중산층과 상·하위층 간 소득 차이의 절댓값을 이용해 도출한다. 이 수치가 '0'에 가까운 수치를 나타낼수록 중산층 비중이 높아지고, '1'에 가까울수록 중산층 비중은 줄어든다. 특히 중산층의 범위를 중위소득(전체 가구를 소득 순으로 나열했을 때 한 가운데 있는 가구의 소득) 기준으로 해당 부근(50~150%) 내에 속한 집단으로 규정한다는 점도 특징이다.

## ▶▶ 로우볼 전략

증시의 상승·하락폭이 확대되면서 변동이 심할 때 상대적으로 주가 변동성이 낮은 종목으로 이뤄진 상품에 분산 투자하는 전략을 말한다.

## ▶▶ 일코노미

한 사람을 뜻하는 1인과 경제를 의미하는 이코노미(economy)의 합성어로 1인 가구나 혼자 뭔가를 즐기는 사람들이 증가하면서 발생하는 경제 현상을 일컫는다.

## ▶▶ 횰로족

횰로족은 '나홀로'와 '욜로(YOLO)'의 합성어다. 말 그대로 혼자 사는 욜로족을 의미하는 횰로족들은 비록 소규모로 소비하지만 한 번뿐인 인생, 스스로를 위한 지출에는 매우 과감한 경향을 보인다. 지난해 가정간편식(HMR), 에어 프라이어, 착즙기, 블렌더, 안마의자, 건강기능식품, 전기차, 소형 SUV 등이 시장에서 큰 반향을 일으켰듯이 이들을 대상으로 한 식음료·가구·가전·주방제품 등이 올해도 더욱 진화한 형태로 속속 나올 전망이다.

## ▶▶ 죄악세(Sin Tax)

도박·술·담배 등 사회에 부정적 영향을 주는 재화나 서비스에 부과되는 세금을 말한다. 죄악세는 소득 여부와 관계없이 일괄적으로 부과되는 간접세로 주로 서민층의 부담을 가중시킨다. 일부 국가에서는 마약이나 성매매에도 죄악세를 부과하고 있으며, 최근에는 설탕이나 탄산음료까지 과세하고 있다.

## ▶▶ 알트 코인(Alternative Coin)

비트코인을 제외한 나머지 가상화폐를 총칭한다. 비트코인의 대안(Alternative) 격으로 나왔다고 해서 '알트 코인'(alt-coin)이라 부른다. 비트코인이 인기를 끌자 다양한 종류의 가상화폐들이 등장했는데, 대표적으로 리플, 라이트코인, 대쉬, NEM, 이더리움 클래식, 비트코인 클래식, 모네로, Zcash, 디크리드(Decred) 등이 있다.

## ▶▶ 행동경제학

인간의 실제 심리와 행동에 대한 연구 성과를 기반으로 경제를 이해하는 학문이다. 기존 경제학은 '인간을 이성적이고 합리적인 존재'로 규정한다. 반면 행동경제학은 기존 경제학의 가정을 부정하며 인간이 때론 비합리적이고 감정적으로 선택하는 경향이 있다고 주장한다.

## ▶▶ 엘리엇 매니지먼트(Elliot management)

풀 엘리엇 싱어에 의해 설립된 세계 최대 규모의 행동주의 헤지펀드다. 여기서 행동주주 헤지펀드는 특정 기업의 주식을 대규모로 사들여 주요 주주가 된 뒤, 기업의 가치나 주식 가치를 극대화하는 것을 목적으로 하는 펀드를 말한다. 행동주의 투자는 말 그대로 행동으로 보여준다. 예컨대 자신들의 요구가 받아들여지지 않으면 높은 지분율을 무기로 이사회를 움직여 경영진을 바꾸거나 경영권을 뺏기도 한다.

## ▶▶ 샤워실의 바보

정부의 섣부른 시장개입이 경기를 뒤흔들 수 있다는 표현이다. 노벨 경제학상 수상자인 밀턴 프리드먼(Milton Friedman)이 제시한 개념으로, 뜨겁다고 찬물을 틀고 차다고 뜨거운 물을 트는 등 시차를 무시하고 즉흥적으로 대응하는 정부의 무능한 시장 개입을 우회적으로 비판할 때 쓰인다.

## ▶▶ KRX 300

KRX 300은 코스피와 코스닥 두 시장을 통합한 국내 주식시장의 새로운 대표지수를 말한다. 2018년 2월 5일 처음 도입되었으며, 시가총액 상위 700위 이내 및 거래대금 상위 85% 이내의 종목을 심사 대상으로 선정한다. 현재는 코스피 237종목과 코스닥 68종목을 포함하여 총 305종목으로 구성되어, 국내 주식시장의 성과를 폭넓게 반영하는 지수로 자리 잡았다. KRX 300은 대표성과 다양성을 갖춘 지수로, ETF 등 다양한 금융 상품의 기초 지수로도 활용되고 있다.

## ▶▶ 조인트 벤처(joint venture)

2인 이상이 이익을 목적으로 상호 출자하여 공동으로 하나의 특정한 사업을 실현하기로 하는 계약을 의미한다. 예컨대 서로 다른 두 회사가 스케줄·마케팅·손익분담 등을 포함해 하나의 회사처럼 협력관계를 맺고 상호 간의 이익을 위해 제품을 개발하는 것을 뜻한다.

## ▶▶ 최고가격제

서민생활 안정을 위해 정부가 물건이나 서비스 가격의 상한선을 정해 그 이상으로 가격을 올리지 못하게 만든 제도를 말한다. 대표적인 예로 수도·전기료 같은 공공요금이나 정부가 시행하는 아파트분양가상한제, 이자율상한제 등이 있다.

## ▶▶ 씬 파일러(Thin Filer)

금융거래 정보가 거의 없는 사람을 의미하는 경제용어다. 직역하면 '얇은 파일'이란 뜻으로 최근 2년간 신용카드에 대한 사용 내역이 없고, 3년 간 대출 실적이 없는 사람을 지칭한다. 씬 파일러는 사회초년생·전업주부와 같이 금융거래 정보가 거의 없는 사람들이다. 이들의 경우 연체나 불건전한 경제행위 등 본인의 귀책사유가 없는데도 단순히 신용정보가 부족하다는 이유만으로 4-6등급의 낮은 신용등급을 받는다.

## ▶▶ 와타나베 부인

장기적인 저(低)금리 상태의 일본을 벗어나, 수익률이 높은 해외 고금리 자산에 투자하는 일본 주부들을 말한다. 와타나베는 한국에서 김씨·이씨처럼 흔한 성(姓)으로, 가구소득을 관리하는 가정주부들이 주요 투자자라는 점에서 '와타나베 부인'이라는 말이 생겼다.

## ▶▶ 슈바베 지수(Schwabe Index)

가계 소득비 가운데 주거비용이 차지하는 비율을 말한다. 이 지수는 1868년 독일 통계학자 슈바베가 베를린 시의 가계조사를 통해 이론화한 것이다. 그는 소득이 낮을수록 주거비 비중이 커지고, 소득이 높을수록 주거비 비중이 낮아진다는 것을 발견했다.

## ▶▶ 가심비

'가격대비 마음(心)의 비율'을 일컫는 신조어이다. 서울대 소비 트렌드 분석센터가 전망한 올해 소비 트렌드 중 하나로 값을 치르면서 심리적 만족도를 중시한다는 의미를 담고 있다. '가성비'라 부르며 가격과 성능만을 고려했던 기존의 소비 패턴에서 한 단계 더 업그레이드된 개념으로 볼 수 있다.

## ▶▶ 포워드 가이던스(Forward Guidance)

중앙은행이 통화정책 방향을 미리 알리는 커뮤니케이션 방식을 말한다. 금융정책의 방향을 외부에 알리는 조치로, 시장 혼란을 최소화하고 통화정책의 유효성을 높이기 위한 취지를 담고 있다.

## ▶▶ 오버슈팅(overshooting) 이론

경제에 어떤 충격이 가해졌을 때 상품이나 금융자산의 시장가격이 일시적으로 폭등·폭락했다가 장기적으로 균형을 찾아가는 현상을 말한다. 환율이나 주가 등의 변동성을 설명하기 위해 제시된 대표적인 이론 중 하나이다.

## ▶▶ 보합세

시세 변화가 거의 없는 상태를 뜻한다. 보통 증시나 주택, 환율, 유가 등 경제 전반에 걸쳐 사용한다. 시세의 변화폭은 작지만 전날대비 조금 오른 상태를 '상보합', 조금 내린 상태를 '약보합'이라고 부른다. 참고로 시세가 올랐는데 더 오를 조짐이 있는 상태를 '강세', 시세가 내렸는데 앞으로 더 내릴 조짐이 있는 상태를 '약세'라고 부른다.

## ▶▶ Tobin의 q이론

미국의 경제학자인 제임스 토빈(James Tobin)이 창시한 개념으로, 주식시장에서 평가된 기업의 시장가치를 기업 실물자본의 대체비용으로 나눈 것을 비율이다. 주로 설비투자의 동향을 설명하거나 기업의 가치평가에 이용되는 지표로, Tobin의 q이론에 의하면 기업은 1단위 실물투자로 기업가치가 증대될 수 있을 경우 M&A 등과 같은 시장지배 보다는 투자확대를 추구한다고 본다.

## ▶▶ 배드뱅크(bad bank)

은행 등 금융기관의 부실자산이나 채권만을 사들여 전문적으로 처리하는 기관이다. 방만한 운영으로 부실자산이나 채권이 발생한 경우, 배드뱅크를 자회사로 설립하여 그곳으로 부실자산이나 채권을 넘겨줌으로써 본 은행은 우량자산과 채권만을 보유한 굿뱅크(good bank)로 전환되어 정상적인 영업활동이 가능하다.

## ▶▶ 디레버리지(deleverage)

레버리지(leverage)는 '지렛대'라는 의미로 금융권에서는 차입의 의미로 사용된다. 디레버리지는 레버리지의 반대어로 상환의 의미를 가진다. 경기가 좋을 때에는 빚을 지렛대 삼아 투자수익률을 극대화하는 레버리지가 효과적이지만, 최근 금융위기로 자산가치가 폭락하자 빚을 상환하는 디레버리지가 급선무가 되었다. 다만 2012년 하반기 이후 디레버리지 속도가 다소 둔화되었다.

## ▶▶ 기대인플레이션

물가가 상승하는 인플레이션이 장기간 지속될 경우 앞으로도 물가가 계속 상승할 것이라는 예상을 하게 된다. 이처럼 경제주체들이 예상하는 미래의 인플레이션을 기대인플레이션이라고 한다. 기대인플레이션은 경제주체들의 의사결정에 영향을 미친다.

## ▶▶ 재정위험국가

정부의 경제적 부채비율이 높고 은행의 대차대조표가 취약한 국가를 말한다. 재정위험국가의 경우 신용위축이나 자금 조달시장의 혼란 등의 우려가 있는 상황이지만, 부채의 상환보다는 유동성 문제의 해결에 집중하고 있는 실태로 이에 따른 국가위험이 증가하고 투자자의 신뢰가 저하되며, 은행 및 국채의 조달 비용 상승 등의 악영향이 발생한다.

## ▶▶ 국가위험(country risk)

투자 대상국에 예상치 못한 상황이 발생하여 제공한 투자 및 차관 등에 대한 채권 회수상의 위험 가능성을 말한다. 다시 말해, 채무불이행에 노출되는 위험 정도라고 할 수 있다.

## ▶▶ 사회간접자본(SOC ; Social Overhead Capital)

SOC란 도로, 항만 등 생산 활동에 직접적으로 간여하지는 않지만 원활한 경제활동을 유지하기 위해 반드시 필요한 사회기반시설을 말한다. SOC에 대한 투자는 사회 전반에 영향을 미치는 수준으로 규모가 매우 크기 때문에 일반적으로 정부나 공공기관이 주관한다. 그러나 사회간접자본시설 확충에 있어서 부족한 재원을 보충하고 효율성을 재고하기 위하여 민간기업의 자본을 유치하여 운영하기도 한다.

## ▶▶ PIIGS

포르투갈, 이탈리아, 아일랜드, 그리스, 스페인의 이니셜 첫 글자를 딴 것이다. 미국, 프랑스, 독일 등의 선진국들의 정부부채 규모가 더 큰데도 불구하고 포르투갈, 이탈리아, 그리스, 스페인 등 일부 유럽 국가의 재정부실이 국가채무불이행으로 이어지면서 세계 경제의 문제가 됨에 따라 심각한 재정적자를 겪고 있는 이 나라들을 PIGS로 지칭했다. 추후에 금융위기로 재정이 악화된 아일랜드가 추가되면서 PIIGS로 바뀌었다.

## ▶▶ 완충자본

완충자본은 위기 상황에서 최소 자본비율을 유지하고 경기 변동에 따른 자본규제의 민감성을 완화하기 위해 도입된 기준이다. 자본보전완충자본은 보통주 자본 2.5%를 상시 적립하도록 하며, 경기대응완충자본은 신용확장기에 최대 2.5%를 추가로 요구한다. 이를 충족하지 못하면 배당이나 이익 배분이 제한된다.

## ▶▶ 외환보유액(reserve assets)

국가가 보유하고 있는 외환채권의 총액으로, IMF의 기준에 따르면 통화당국이 언제든지 사용 가능한 대외자산을 포괄한다. 주로 국제수지 불균형의 직접적인 보전 및 환율 변화에 따른 외한시장의 안정을 목적으로 정부 및 중앙은행에 통제된다. 외환보유액이 너무 많을 경우 환율하락, 통화안정증권 이자의 부담 등이 발생할 수 있으며 환율조작국으로 의심받을 수 있다. 반면에 너무 적을 경우 가용외환보유고가 부족해 대외채무를 갚지 못하는 모라토리움(moratorium) 상태에 빠질 수 있다.

## ▶▶ 모럴해저드(도덕적 해이)

원래는 미국에서 보험가입자들이 보험약관을 악용하거나 사고방지에 태만하는 등 비도덕적 행위를 일컫는 용어로 사용되었으며, 이후 권한의 위임을 받은 대리인이 정보의 우위를 이용하여 개인적인 이익을 취하고 결과적으로 위임을 맡긴 상대에게 재산상의 손실을 입히는 행태를 지칭하는 용어로 의미가 확대되었다.

## ▶▶ 서브프라임 모기지

미국에서 신용등급이 낮은 저소득층을 대상으로 높은 금리에 주택 마련 자금을 빌려 주는 비우량 주택담보대출을 뜻한다. 미국의 주택담보대출은 신용도가 높은 개인을 대상으로 하는 프라임(prime), 중간 정도의 신용을 가진 개인을 대상으로 하는 알트 A(Alternative A), 신용도가 일정 기준 이하인 저소득층을 상대로 하는 서브프라임의 3등급으로 구분된다. 2007년 서브프라임 모기지로 대출을 받은 서민들이 대출금을 갚지 못해 집을 내놓았고 집값이 폭락하며 금융기관의 파산 및 글로벌 금융위기를 야기 시킨 바 있다. 시사주간지 타임에서는 서브프라임 모기지를 '2010년 세계 50대 최악의 발명품'으로 선정하였다.

## ▶▶ 모라토리움(moratorium)

한마디로 지불유예를 말한다. 경제 환경이 극도로 불리해 대외채무의 정상적인 이행이 불가능할 때 파산 또는 신용의 파탄을 방지하기 위해 취해지는 긴급적인 조치로 일정기간동안 채무의 상환을 연기시키는 조치를 말한다. 이와 비슷한 용어로는 디폴트가 있으나 상환할 의사의 유무에 따라 구분된다.

> Point 》 모라토리엄증후군(moratorium syndrome)
> 지적·육체적 능력이 충분히 갖추어져 있음에도 불구하고 사회로 진출하는 것을 꺼리는 증세로 대개 20대 후반에서 30대 초반 사이의 고학력 청년들에게 나타난다. 수년씩 대학을 다니며 졸업을 유예하거나 대학 졸업 후 취직하지 않은 채 빈둥거리는 것도 모라토리엄증후군에 포함된다. 경제 침체와 고용 불안, 미래에 대한 불안 등이 발생의 주원인이지만 경제 활동보다는 다른 곳에서 자신의 삶의 가치를 찾으려는 경향도 그 원인으로 주목받고 있다.

## ▶▶ 고용탄성치

특정 산업의 경제성장에 따른 고용흡수 능력의 크기로, 한 산업이 1% 성장했을 때 얼마만큼의 고용이 창출되었는가를 나타낸 지표이다. '취업자 증가율/국내총생산'으로 산출하며, 고용탄성치가 높을수록 경제성장에 대해 취업자 수가 많이 늘어난 것을 의미한다.

### ▶▶ 기업경기실사지수(BSI ; Business Survey Index)

기업의 체감경기를 지수화한 지표로, 경기에 대한 기업가들의 예측 및 판단, 이를 기반으로 한 계획의 변화 등을 관찰하여 지수화한 것이다. 기업의 경영계획 및 위기에 대한 대응책 수립에 활용할 수 있는 기초자료로 쓰이며, 주요 업종의 경기 동향 및 전망 등을 알 수 있다. 기업경기실사지수는 기업가의 심리적인 요소 등과 같은 주관적인 요소까지 조사가 가능하다.

## 3 　자본시장

### ▶▶ 그림자 금융(Shadow Banking System)

은행처럼 엄격한 규제를 받지 않는 '비은행 금융기관·금융상품'을 말한다. 헤지펀드, 사모펀드 등이 대표적으로 은행과 유사한 신용중개행위를 하지만 은행과 같은 감독은 이루어지지 않는다. 그림자 금융은 자금이 필요한 중소기업에게 유동성을 공급한다는 장점도 있지만 규제가 적절히 이루어지지 못하면 오히려 역기능이 나타날 수 있다.

### ▶▶ 시뇨리지(Seigniorage)

중앙은행이 화폐를 발행함으로써 얻는 이익을 말하는 것으로 화폐발권차익이라고도 한다. 중세 봉건제도 하의 영주들이 화폐 주조를 통해 이득을 챙긴 것에서 유래되었으며 오늘날에는 중앙은행이 화폐 발행 시 화폐 액면가에서 발행비용을 뺀 나머지 비용을 취득함으로 금융 자산을 얻는 것을 가리킨다. 은행이 통화 공급을 늘려 인플레이션이 발생하면 기존 통화의 실질가치가 줄어들고 그만큼의 이익이 중앙은행으로 흘러가기 때문에 '인플레이션 세금(Inflation Tax)'으로 불리기도 한다.

### ▶▶ 채권 수익률 곡선(Yield Curve)

금융자산 중 채권의 만기 수익률과 만기와의 관계를 나타내는 것으로 반기별 채권 금리들의 관계를 나타낸다는 점에서 기간 구조라고도 부른다. 채권 수익률 곡선은 일반적으로 우상향하는 모습을 보이지만, 우하향 또는 수평(flat)의 형태를 나타내기도 한다. 채권 수익률 곡선은 채권 시장을 종합적으로 파악하는 데 용이하며 미래 금리 및 경기 예측, 개별 채권 가격 평가와 투자 전략 수립에도 활용 가능하다.

## ▶▶ 대차거래(貸借去來)

대여자가 차입자에게 신용거래에 필요로 하는 돈이나 주식을 일정한 수수료를 받고 빌려주는 거래로, 주식을 매수할 때에는 매수한 주식을 담보로 돈을 차입하고, 매도할 때에는 그 대금을 담보로 주식을 빌리는 형태이다. 증권사, 예탁결제원 등이 취급하며 신용거래에 따른 결제 이외의 목적으로는 행할 수 없다.

## ▶▶ 장수채권(longevity bonds)

장수리스크(기대수명이 예상보다 증가함에 따라 발생하는 불확실성) 관리대상의 생존율과 연계되어 원리금을 지급하는 채권이다. 연금가입자가 기대수명 이상으로 생존함에 따라 증가하는 연금지급자의 장수리스크를 자본시장으로 이전한 것으로, 정부 또는 금융회사에서 발행한 장수채권에 연금지급자가 투자하고 정부나 금융회사가 이에 대한 이자를 지급하는 구조로 이루어진다.

## ▶▶ 공매도(空賣渡)

가지고 있지 않은 주식이나 채권을 바탕으로 하는 매도주문으로, 결제일 안에 주식이나 채권을 매수해 매입자에게 상환하는 방식이다. 유가증권 가격의 하락이 예상될 경우에 주로 사용되는 방법으로 해당 하락이 예상되는 증권을 차입하여 매도한 다음 저렴한 가격으로 재매수하여 상환하여 시세차익을 노리는 것이다. 주로 헤지펀드의 운용전략을 수행하기 위한 목적으로 외국인투자자들이 활용하는 방법으로, 우리나라의 경우 '무차입공매도'가 금지되어 있다.

## ▶▶ 메자닌금융(Mezzanine finance, 성과공유형대출)

주식을 담보로 한 자금조달이나 대출이 어려울 때 은행 및 대출기관에서 일정 금리 외에 신주인수권, 주식전환권 등과 같은 주식 관련 권리를 받고 무담보로 자금을 제공하는 금융기법이다. 'Mezzanine'은 건물의 1층과 2층 사이에 있는 로비 등의 공간을 의미하는 이탈리아어로, 이렇게 제공받은 자금이 부채와 자본의 중간적 성격을 띤다는 점에서 유래되었다. 초기성장단계에 있는 벤처기업 등이 은행 및 대기업 등의 자본참여에 따른 소유권 상실의 우려를 덜고 양질의 자금을 조달할 수 있도록 하기 위해 도입되었다.

## ▶▶ 농산물 ETF

ETF는 Exchange Traded Fund의 약자로, 주가지수의 등락률과 같거나 비슷하게 수익률이 결정되어 상장지수펀드라고 한다. 농산물의 경우 과거에는 거래·보관 등의 어려움으로 인해 개인의 투자가 제한적이었으나 농산물 ETF의 등장으로 주식처럼 투자할 수 있게 되었다. 농산물은 수급이 비탄력적이고 가격이 기후 및 유가 등 다양한 요인에 의해 영향을 받아 변동성이 큰 편이라 ETF를 통한 분산투자가 요구된다. 주요 농산물 ETF로는 여러 농산물에 투자하는 ETF, 개별 농산물에 투자하는 ETF, 농산물 관련 기업에 투자하는 ETF로 구분된다.

### ▶▶ 물가연동채권(TIPS ; Treasury Inflation-Protected Securities)

본래의 투자 원금에 물가의 변동분을 반영한 뒤 재계산하여 그에 대한 이자를 지급하는 채권이다. 만기 시 물가변동에 따라 조정된 원금을 지급하므로 인플레이션이 일어나더라도 투자금의 실질가치를 보장한다. 정부보증채권으로 원리금지급이 보장되어 위험이 0에 가까우며 국채처럼 입찰을 통해 발행수익률이 정해지고 만기까지 불변한다.

### ▶▶ CMI · CMIM

CMI(Chinag Mai Initiative, 치앙마이 이니셔티브)는 회원국간 양자간 통화스왑협정으로, 일정 금액을 약정하였다가 위기가 발생했을 때 자국의 화폐를 맡기고 상대국 화폐 또는 달러를 차입할 수 있도록 한 협정이다.

CMIM(Chinag Mai Initiative Multilateral, 치앙마이 이니셔티브 다자화)는 CMI에서 발전된 개념으로 회원국 다자간 통화협정이다. 각국이 일정 비율로 분담금 지원을 약속하고 위기가 발생하면 그에 따라 지원한다.

### ▶▶ 국부펀드(SWF ; Sovereign Wealth Fund)

국가가 자산을 운용하기 위해 특별히 설립한 투자펀드로, 적정 수준 이상의 보유 외환을 투자용으로 분리해 놓은 자금이다. 무역수지 흑자를 재원으로 하는 '상품펀드'와 석유 및 자원 등 상품 수출을 통해 벌어들인 잉여 자금을 재원으로 하는 '비상품펀드'로 구분할 수 있다. 국부펀드는 원유 수출을 주로 하는 중동지역에서 발전한 것으로 투자규모도 크지 않고 투자 대상도 제한적이어서 국제 금융시장의 큰 주목을 받지 못했지만, 최근 국제금융시장에서 국부펀드의 자금공급원 역할이 확대됨에 따라 국부펀드에 대한 논의가 확대되는 추세이다.

## 4   자산관리

### ▶▶ 우회상장(Back Door Listing)

뒷문을 통해 상장한다는 의미의 백도어리스팅은 비상장기업이 상장을 위한 심사나 공모주청약 등의 정식 절차를 밟지 않고 상장기업과의 인수ㆍ합병 등을 통한 우회상장으로 증권시장에 진입하는 것을 말한다. 주로 상장요건을 갖추지 못했거나 복잡한 절차를 피하기 위해서 이 방식을 선택하며 과거 우회상장으로 증권시장에 입성한 뒤 고의로 상장 폐지하여 투자자들이 피해를 입은 사례가 있어 2011년부터 한국거래소는 우회상장 질적 심사 제도를 도입하고 있다.

### ▶▶ 사모펀드(private equity fund)

비공개로 소수의 투자자들로부터 자금을 모아 자산가치가 저평가된 기업에 투자하여 기업 가치를 높인 다음 주식을 되파는 형식으로 운용하는 펀드를 말한다. 단순한 주식펀드보다 기업 자체를 사고 팔수 있기에 높은 수익률을 얻을 수 있지만 그만큼 위험도 따르며 제한 없이 기업의 주식을 살 수 있다는 특성 때문에 계열사 간의 지원이나 내부자금 이동의 수단으로 악용되기도 한다.

### ▶▶ 가문자산관리(family office)

유럽에서 출발하여 20세기 초 미국에서 발달한 것으로 재계의 거물을 중심으로 한 부유층이 가문의 자산을 관리하기 위해 자산관리 매니저 및 변호사, 회계사 등을 고용하여 전문적으로 자산을 관리하는 것을 말한다. 'family office'란 6세기의 로열패밀리의 자산 및 집안을 총괄하는 집사 사무실이라는 개념에서 출발했다.

### ▶▶ 금융소득 종합과세 제도

이자 및 배당 소득과 같은 개인별 연간 금융소득이 4천 만 원을 초과하는 경우 다른 종합소득과 합산하여 누진세율을 적용하여 과세하는 제도이다. 1996년부터 공평한 세금부담을 목적으로 적용하였으나, 외환위기 발생과 함께 유보되었다가 2001년에 다시 부활하였다. 2001년에는 부부합산 금융소득이 4천만 원을 넘는 경우 초과분을 합산하여 누진세율을 적용하였지만, 부부합선 과세가 위헌판결이 남에 따라 2003년부터 부부가 아닌 개인별 금융소득을 기준으로 종합과세를 적용하였다.

## ▶▶ 변액보험(variable insurance)

보험계약자가 납입한 보험료 중 일부를 주식이나 채권과 같은 유가증권에 투자해 그 운용 결과에 따라 계약자에게 투자 성과를 배당해주는 실적배당형 보험 상품이다. 1952년 미국에서 최초 등장하였으나 상품화한 것은 네덜란드가 최초이다. 장기간의 안정성을 추구하기 보다는 수익성에 비중을 두고 있으며 보험에 투자와 저축의 개념을 통합하였다고 볼 수 있다. 우리나라의 경우 2001년부터 판매를 시작하였다.

## ▶▶ 개인형퇴직연금(IRP ; Individual Retirement Pension)

이직이나 은퇴로 받을 퇴직금을 자신 명의의 퇴직계좌에 적립하여 연금 등 노후자금으로 활용할 수 있게 하는 제도이다. 현행 퇴직급여제도의 하나인 개인퇴직계좌(IRA)를 확대·개편한 것으로 근로자가 조기 퇴직하거나 이직을 하더라도 퇴직금을 생활자금으로 소진하는 것을 방지하고 지속적으로 적립·운용하여 향후 은퇴자금으로 활용할 수 있도록 하는 것이다. 기존의 IRA가 퇴직한 근로자만이 선택적으로 가입할 수 있는 반면, IRP의 경우 재직여부에 상관없이 가입이 가능하다.

## 5 마케팅

## ▶▶ 레트로 마케팅(Retro Marketing)

회고하다(Retrospective)와 마케팅(Marketing)의 합성어로 과거의 제품이나 추억 등 향수를 불러일으킬 수 있는 아이템을 현대인의 기호와 필요에 맞게 재창조하여 마케팅에 활용하는 것을 말한다. 일종의 감성마케팅의 한 종류로 범람하는 디지털시대의 홍수 속에서 기성세대에게는 옛것의 향수와 안정감을, 젊은 세대에게는 새로운 것에 대한 호기심을 자극하여 소비자들의 니즈를 모두 충족시키는 마케팅으로 각광받고 있다.

## ▶▶ 금융소외(financial exclusion)

정상적인 제도권 금융기관의 금융서비스 및 금융상품에 접근할 수 없거나 이용할 수 없는 것을 말한다. 1980년 이후 금융기관의 수익성이 강화되면서 수익이 발생할 것으로 기대되지 않는 계층에 대한 금융소외 문제가 대두되었다. 넓은 의미의 금융소외는 지리적, 신체적, 비용적 배제를 의미하며 좁은 의미의 금융소외는 저신용 및 저소득층의 금융서비스 제한을 말한다.

## ▶▶ 하드 럭셔리(Hard Luxury)

명품 중 가죽 및 의류 등을 의미하는 '소프트 럭셔리'에 대해 시계 및 보석을 의미하는 용어이다. 2008년 서브 프라임 사태 및 금융위기로 명품 시장의 규모가 감소하였으나 2010~2011년 점차 증가하며 회복세를 보이고 있다. 명품시장에서 하드 럭셔리 시장이 차지하는 비중은 약 22%로 명품 소비 패턴은 부유층, 고액순자산가일수록 시계·보석의 비중이 높다.

## ▶▶ 소셜커머스(social commerce)

소셜 네트워크 서비스(SNS)를 이용한 전자상거래로, 일정 수 이상의 상품 구매자가 모이면 정해진 할인가로 상품을 제공·판매하는 방식이다. 2005년 야후의 장바구니 공유서비스인 쇼퍼스피어 사이트를 통해 소개되어, 2008년 미국 시카고에서 설립된 온라인 할인쿠폰 업체인 그루폰(Groupon)이 소셜 커머스의 비즈니스 모델을 처음 만들어 성공을 거둔 바 있다. 일반적인 상품 판매는 광고의 의존도가 높지만 소셜 커머스의 경우 소비자들의 자발적인 참여로 홍보와 동시에 구매자를 모아 마케팅에 들어가는 비용이 최소화되므로, 판매자는 소셜 커머스 자체를 마케팅의 수단으로 보고 있다. 국내에 티켓 몬스터, 쿠팡 등의 업체가 있으며 최근 스마트폰 이용과 소셜 네트워크 서비스 이용이 대중화되면서 새로운 소비 형태로 주목받고 있다.

> Point 》 소셜 네트워크 서비스(SNS : social network service) … 웹에서 이용자들이 개인의 정보공유나 의사소통의 장을 만들어 폭넓은 인간관계를 형성할 수 있게 해주는 서비스로 싸이월드, 트위터, 페이스북 등이 있다.

## ▶▶ 브랜드 커뮤니케이션

기업의 제공하는 광고 외에 SNS, 블로그, 행사, 사회공헌 등 고객과 '브랜드'가 만나는 모든 상황에서 고객과의 적극적인 상호작용을 통해 브랜드를 알리는 활동을 말한다. 마케팅 전략이 기업의 관점인 4P(제품, 가격, 유통 촉진)에서 고객 관점인 4C(고객혜택, 기회비용, 편의성, 커뮤니케이션)로 전환되어야 한다는 견해가 등장하면서 브랜드에 있어서도 고객과의 쌍방 소통을 중시하는 커뮤니케이션이 강조되었다.

## ▶▶ 리세스 오블리주(richesse oblige)

UK의 유대교 최고지도자인 조너선 삭스가 그의 저서 「차이의 존중」에서 언급한 개념이다. 노블레스 오블리주(noblesse oblige)가 지도층의 의무를 강조했다면, 리세스 오블리주는 부(富)의 도덕적 의무와 사회적 책임을 강조한다.

## ▶▶ 오픈뱅킹

MS사의 Windows Internet Explorer 환경에서만 가능하던 인터넷 뱅킹을 Mozilla사의 Firefox, Google의 Chrome 등의 웹브라우저와 Google의 Android, Apple사의 iOS 등의 모바일 OS에서도 동일하게 이용 가능하도록 구축한 멀티 플랫폼 뱅킹 시스템을 말한다.

## ▶▶ 가업승계(家業承繼)

기업이 기업 자체의 동일성을 유지하면서 기업주가 후계자에게 해당 기업의 주식이나 사업용 재산을 상속·증여하여 기업의 소유권 또는 경영권을 무상으로 다음 세대에게 이전하는 것을 말한다. 가업승계의 과정은 경영실무 전반을 물려주는 '경영자 승계'와 후계자가 법적으로도 기업 내에서 실권을 행사할 수 있도록 회사 지분의 일정비율 이상을 물려주는 '지분 승계'로 구분된다. 우리나라에서는 가업상속, 사업계승, 사업승계, 경영승계 등의 용어가 가업승계와 동일한 의미로 혼용된다.

## ▶▶ 선택설계

인간은 제한된 합리성을 가진 존재로 이러한 사람들이 올바른 선택을 할 수 있도록 선택에 영향을 미치는 요소들을 디자인하는 것을 의미한다. 기존 경제학에서 전제하고 있는 완벽한 합리성에 대한 비판에서 기반하며, 고객의 심리를 활용해 선택의 자유를 존중하면서도 현명한 선택을 할 수 있도록 상황을 설계하는 것이다. '자유적 개입주의', '넛지(nudge)'라고도 불린다.

## 6 부동산

## ▶▶ 농지연금

만 65세 이상 고령농업인이 소유한 농지를 담보로 노후생활 안정자금을 매월 연금형식으로 지급받는 제도이다. 농지자산을 유동화하여 노후생활자금이 부족한 고령농업인의 노후 생활안정 지원으로 농촌사회의 사회 안정망 확충 및 유지를 목적으로 한다.

## ▶▶ 주택분양보증

주택을 건설하던 회사가 도산 등의 사유로 분양계약을 이행할 수 없게 되는 경우 피해를 입을 수분양자를 보호하기 위한 제도로, 당해 건축물 분양의 이행 또는 납부한 분양대금의 환급을 책임지는 보증이다. 주택법 제76조에 의거 공동주택을 선분양 하는 경우 대한주택보증의 주택분양에 반드시 가입해야 한다.

## ▶▶ 상가건물임대차보호법

상가건물 임대차에 관하여 민법에 대한 특례를 규정하여 국민 경제생활의 안정을 보장함을 목적으로 하는 법이다. 주택임대차보호법, 대부업법 등과 함께 민생 3법으로 사회적 약자인 상가건물 임차인의 권리를 보호하고, 과도한 임대료 인상을 법적으로 억제하는 역할을 한다.

## ▶▶ 도시형 생활주택

「국토의 계획 및 이용에 관한 법률」에 따라 난개발이 우려되는 비도시지역을 제외한 도시지역에 건설하는 300세대 미만의 국민주택 규모의 공동주택을 말한다. 세대당 주거전용면적 85㎡ 이하의 연립주택인 단지형 연립과 세대당 주거전용면적 85㎡ 이하의 다세대 주택인 단지형 다세대, 세대당 주거전용면적 12㎡ 이상 50㎡ 이하의 원룸형의 세 가지로 구분된다.

## ▶▶ 부동산 경매제도

부동산담보물권에 부여되는 환가권에 바탕하여 실행되는 임의경매와 채무자에 대한 채권에 바탕하여 청구권실현을 위해 실행되는 강제경매로 나뉜다. 2002년 「민사집행법」의 제정으로 경매절차에서 악의적인 채무자에 의한 경매진행의 어려움을 해소하고 신속한 경매진행제도 등을 도입하여 점차 일반인들의 경매 참가가 확대되었다. 경매는 일반적으로 목적물을 압류하여 현금화 한 후 채권자의 채권을 변제하는 단계로 행해진다.

## ▶▶ 주택저당증권(MBS ; Mortgage-Backed Securities)

금융기관이 주택을 담보로 하여 만기 20~30년의 장기대출을 해준 주택저당채권을 대상자산으로 하여 발행한 증권을 말한다. 자산담보부증권(ABS)의 일종으로 '주택저당채권 담보부증권'이라고도 한다.

## ▶▶ 공모형 PF사업

공공부문이 보유하고 있는 부지에 민간과 공동으로 출자하여 개발하는 민관합동방식의 개발사업을 말한다. 공모형 PF사업은 민간사업자를 공모하여 우선협상대상자를 선정하고 사업협약을 체결한 뒤 공동으로 출자하여 프로젝트 회사인 SPC를 설립, 자금을 조달하여 개발사업에 착수한다. 대형 복합시설의 적기 공급 및 도시개발의 효율성을 도모하기 위해 도입되었다.

## ▶▶ 지식산업센터

'아파트형 공장'이라고도 하며 동일 건축물에 제조업, 지식산업 및 정보통신업을 영위하는 자와 이를 지원하는 시설이 복합적으로 입주해 있는 다층형 집합건축물을 말한다. 공장 및 산업시설, 근린생활시설 등이 하나의 공간에 모여 있는 것으로, 공개분양을 통해 입주자를 모집하고 소규모 제조공장이나 IT기업 등이 매입, 임대 등을 통해 입점한다.

#### ▶▶ 사회책임투자(SRI ; Socially Responsible Investment)

일반적 투자는 이윤의 극대화라는 재무적 관점만 중시한 투자라면 사회책임투자는 투자하려는 기업의 생산 활동 과정이나 결과가 환경이나 사회에 어떠한 영향을 끼치는지 고려하여 투자를 운용하는 선별적 투자방식을 말한다. 이는 자본시장이 기업에 긍정적 경영환경을 이끌어낼 수 있어 선진 금융시장에는 보편화되어 있다.

#### ▶▶ 어닝 쇼크(Earning Shock)

어닝(Earning)이란 기업의 실적을 나타내는 용어로서 기업이 영업실적을 발표할 때 시장에서 예상했던 것보다 저조한 실적을 발표하여 주가에 영향을 미치는 것을 말한다. 어닝 쇼크와 반대되는 용어로 어닝 서프라이즈(Earning Surprise)가 있는데 이는 기업의 발표 실적이 시장의 예상치를 훨씬 초과하는 것을 나타내며 '깜짝 실적'이라고도 표현한다.

#### ▶▶ CIB(Commercial Investment Bank)

상업은행과 투자은행을 결합한 용어로 금융지주회사 형태의 통합금융회사를 의미한다. 1933년 상업은행과 투자은행의 업무를 엄격하게 분리한 글라스-스티걸법의 제정으로 은행부분과 증권부분이 분리됐으나 최근 금융위기로 골드만삭스, JP모건 등 투자은행들이 은행지주회사 구조로 전환하면서 CIB가 그 대안으로 부상하고 있다.

#### ▶▶ 금융발전지수(Financial Development Index)

세계경제포럼에서 발표한 지수로 금융발전을 가능하게 하는 정략적, 정성적 요인들에 대한 점수를 산출하여 금융시스템의 경쟁력 순위를 평가한 것이다. 효과적인 금융 중개와 금융시장의 기반이 되는 제도적, 정책적 요인 및 자본, 금융서비스에 대한 접근성 등을 바탕으로 측정한다.

#### ▶▶ 글로벌 3대 신용평가사

신용평가사란 유가증권 및 발행기관의 신용도를 평가·등급화하는 기관으로, 투자자들의 의사결정에 영향을 미치며 그에 따른 발행기관의 조달비용에도 영향을 미친다. S&P, 무디스(moodys), 피치(fitch)는 글로벌 3대 신용평가사로 세계시장의 약 95%를 점유하고 있으며 미국, 중국, G7, Fed보다 큰 영향력을 발휘한다.

## ▶▶ DBS(Development Bank of Singapore)

1968년 싱가포르 개발은행으로 설립되어 아시아에서 특화된 은행이다. 싱가포르에서 DBS와 POSB 두 개의 브랜드로 영업하며, 세전 이익의 95%가 아시아에서 발생하는 특징이 있다. 아시아 15개국에 약 200개의 지점, 4만 8천 여 명의 직원을 보유하고 있으며 소매·도매 금융, 자산관리, IB업무 등 금융 전반에 걸친 서비스를 제공한다.

## 8 기타 금융경제 상식

### ▶▶ 주가연계증권(ELS ; Equity Linked Securities)

개별 주식의 가격이나 주가지수와 연계되어 수익률이 결정되는 파생상품이다. ELS는 금융기관과 금융 기관, 금융기관과 일반 기업 간 맞춤 거래를 기본으로 하는 '장외파생상품'으로 거래의 결제 이행을 보증 해 주는 거래소가 없기 때문에 일정한 자격을 갖춘 투자매매업자만이 ELS의 발행이 가능하다. 즉, 영업 용순자본비율(Net Capital Ratio)이 300% 이상이며, 장외파생상품 전문 인력을 확보하고, 금융위원회가 정하는 '위험 관리 및 내부 통제 등에 관한 기준'을 충족하는 투자매매업자가 ELS를 발행할 수 있다. 수 익률을 받게 되는 조건과 구조가 다양하기 때문에 투자자의 시장에 대한 관점과 위험 선호도에 따라 폭 넓은 선택이 가능하다. ELS가 특히 적합한 고객은 예금 대비 높은 수익률을 추구하면서도 주식이나 선 물옵션에 비해서는 안정성을 확보하기를 원하는 경우다. 또한 주식시장의 대세 상승 또는 대세 하락 시 기보다 일정한 박스권 안에서 횡보하는 장세에서는 주식형 펀드에 비해 높은 수익률을 기대할 수 있다. 그리고 원금 손실 위험을 피하고자 하는 투자자는 원금보장형 ELS에 가입하면 더 높은 안정성을 보장받 게 된다. 만기 전에 환매할 경우, 기준가의 90% 이상 지급되기 때문에 주가 하락 시에는 원금보장형이 라 하더라도 그만큼 손실이 발생할 수 있다는 점을 유념해야 한다.

## ▶▶ 선물환과 역외선물환

### ① 선물환

선물환은 선도환이라고도 하며 미래 일정 기간 내에 일정 금액, 일정 종류의 외환을 일정 환율로 매매할 것을 약속한 외국환을 뜻한다. 이런 거래를 하는 이유는 기업이 장래의 환율 변동 위험을 피해 현재 환율로 미래의 일정 금액 외환을 매입하거나 매도할 수 있도록 하기 위함이다. 이렇게 선물환 매매가 이루어지는 것을 선물환 거래라고 한다.

### ② 역외선물환

본국의 세제나 운용상 규제를 피해 금융 · 조세 · 외환 관리 면에서 특전을 누릴 수 있도록 타국(역외)에서 운용하는 선물환으로 파생금융상품의 일종이다. 보통 역외선물환 또는 차액결제선물환이라 부르며 'NDF(Non-Deliverable Forward)'라고도 한다. 역외선물환 시장에서는 만기에 현물을 인도하거나 계약 원금을 상호 교환하지 않고 계약한 선물환율과 지정환율 사이의 차이만을 지정통화로 정산한다. 지정환율은 당사자 간 약정에 따라 정해지며 원-달러 NDF의 경우 만기일 전일의 매매 기준율로 결정한다. 1개월 물에서 5년 물까지 10개의 상품을 대상으로 하며, 최소 5백만 달러 단위로 거래된다. 거래 방식은 시티, 체이스맨해튼, JP모건 등 미국계 은행과 투자회사들이 참여하는 직거래와 프레본 야마네 등 여러 개의 브로커 회사들이 헤지펀드 등 일반 고객을 상대로 중개하는 중개거래 두 가지가 있다. 싱가포르, 홍콩, 뉴욕 등 역외시장에서 거래가 활발하지만, 우리나라에서 말하는 역외선물환시장은 보통 싱가포르와 홍콩에 개설된 시장을 뜻한다. 이 두 시장에서는 원화, 대만 달러, 중국 위안화, 필리핀 페소, 인도 루피 등 다양한 통화가 거래되는데, 이 중 한국의 원화 거래가 가장 활발하다. 특히 2000년 이후 원-달러 환율의 변동 폭이 커지면서 역외선물환 거래가 원-달러 환율을 결정하는 주요 변수로 급부상했다.

## ▶▶ 지니계수

빈부격차와 계층 간 소득분포의 불균등 정도를 나타내는 수치로, 대각선인 균등분포선과 로렌츠곡선이 만드는 반달 모양의 면적을 균등분포선 아래 삼각형 면적으로 나눈 값이다. 지니계수는 0과 1 사이의 값을 갖는데 값이 0에 가까울수록 소득분배가 평등하다는 것을 뜻하며 보통 0.4가 넘으면 소득분배의 불평등 정도가 심하다는 것을 의미한다.

## ▶▶ 코코본드

유사시 투자 원금이 주식으로 강제 전환되거나 상각된다는 조건이 붙은 회사채를 말하며 코코본드에는 역(逆)전환사채, 의무전환사채(강제전환사채) 등이 있다. 이는 일반 전환사채의 전환권이 채권자에 있는 반면 역(逆)전환사채는 채권자가 아닌 사유 발생에 있다고 해서 붙여진 이름이다. 발행사가 부실금융회사로 지정될 경우 투자 원리금 전액이 상각돼 투자자가 손실을 볼 수 있지만 대신 일반 회사채보다 높은 금리를 지급한다.

## ▶▶ 커버드본드

은행 등 금융기관이 보유하고 있는 주택담보대출채권을 담보로 발행하는 유동화 채권을 말한다. 커버드본드는 담보부사채와 같이 발행자에 대한 직접적인 권리와 담보 자산에 대한 권리를 동시에 가짐으로써 이중 보호를 받는 것이 특징이고 또한 은행이 신용으로 발행한 채권이지만 담보자산에서 우선적으로 변제받을 수 있는 권리가 부여된 채권이기 때문에 안정적이며, 자금조달 비용이 낮다는 장점을 가지고 있다. 미국 서브프라임 모기지 사태 이후 커버드본드는 상대적으로 낮은 금리에 자금을 조달할 수 있는 수단으로 떠오르기도 했다.

## ▶▶ 외부효과

어떤 경제 활동과 관련해 당사자가 아닌 다른 사람에게 의도하지 않은 혜택(편익)이나 손해(비용)를 발생시키는 것을 말하며 외부성이라고도 한다. 외부효과는 외부불경제와 외부경제로 구분되는데 외부불경제는 어떤 행동의 당사자가 아닌 사람에게 비용을 발생시키는 것으로 '음의 외부성'이라고도 하며 외부경제는 어떤 행동의 당사자가 아닌 사람에게 편익을 유발하는 것으로 '양의 외부성'이라고도 한다. 외부불경제의 예로는 대기 오염, 소음 공해 등을 들 수 있고, 외부경제의 예로는 과수원 주인과 양봉업자의 관계를 들 수 있다.

## ▶▶ 네트워크 효과

어떤 사람의 수요가 다른 사람의 수요에 의해 영향을 받는 현상을 뜻하는데 수요가 독립적이지 않고 다른 사람의 소비와 연관돼 있다는 뜻이다. 과시하기 위해 소비하는 '베블런 효과'나 다른 사람이 사면 나도 사는 '밴드왜건 효과' 등이 여기에 속하며 네트워크 효과에선 제품이나 서비스 자체보다는 얼마나 많은 사람이 사려는지가 중요하다.

## ▶▶ 마이크로크레딧

빈곤계층들의 소규모 사업지원을 위한 무담보 소액대출을 뜻한다. 마이크로크레딧은 1976년 방글라데시에서 설립된 그라민 은행이 대표적인데 이 은행은 170개 지점에서 회원 240만 명에 평균 75달러씩 대출해 주고 있다. 마이크로크레딧은 UN이 2005년을 '마이크로크레딧의 해'로 정할 정도로 큰 주목을 끌었으며 선진국에서도 NGO 등을 중심으로 마이크로크레딧 프로그램이 활성화되고 있다. 마이크로크레딧 사업은 초기 자선단체 기부금에 의존하던 단계에서 최근에는 일부 사업자가 IPO 등을 통해 금융기관으로 전환하는 등 상업화 단계에 진입하고 있으며 현재 World Bank 등 국제기구의 지원에 힘입어 전 세계적으로 약 4천만 명의 빈곤계층 자활을 지원하고 있다. 한편, 국내에서는 2000년 '신나는 조합' 창립 이후 시민단체를 중심으로 총 4개의 마이크로크레딧 사업자(비영리법인)가 활동 중이다.

### ▶▶ 펭귄효과

어떤 제품에 대해 확신을 갖지 못하다가 주위의 누군가가 사게 되면 선뜻 구매대열에 합류하게 되는 현상을 가리키는 용어로 펭귄이 먹이를 구하기 위해 바다로 뛰어들어야 하지만 천적에 대한 두려움으로 뛰어들지 못할 때 한 마리가 물속으로 뛰어들면 다른 펭귄들도 따라 들어가는 현상에서 따온 말이다.

### ▶▶ 더블 딥(double dip)

경기가 침체된 후 회복되는 듯이 보이다가 다시금 침체로 빠져드는 현상. 일반적으로 경기 침체로 규정되는 2분기 연속 마이너스 성장 직후 잠시 회복 기미를 보이다가 다시 2분기 연속 마이너스 성장으로 추락하는 것을 말한다. 두 번의 경기침체를 겪어야 회복기로 돌아선다는 점에서 'W자형' 경제구조라고도 한다. 우리말로는 '이중하강', '이중하락', '이중침체' 등으로 번역된다. 2001년 미국 모건스탠리 증권의 스테판 로치가 미국 경제를 진단하며 이 이 표현을 처음 썼다. 스테판 로치에 의하면 과거 6번의 미국 경기침체 중 5번에 더블딥이 있었다고 한다.

### ▶▶ 순이자마진(NIM)

Net Interest Margin, 은행 등 금융기관이 자산을 운용해 낸 수익에서 조달비용을 뺀 나머지를 운용자산 총액으로 나눈 수치로 금융기관 수익성을 나타내는 지표다. 예금과 대출의 금리 차이에서 발생한 수익과 채권 등 유가증권에서 발생한 이자도 포함된다. 순이자마진이 높을수록 은행의 수익이 커지는 반면 고객의 예금을 저금리로 유치해 고금리 대출을 한다는 비난을 받을 가능성이 커진다.

### ▶▶ 그린스펀 풋(버냉키 콜)

전 FRB의장이었던 앨런 그린스펀 FRB의장은 1998년 발생한 롱텀캐피털매니지먼트(LTCM) 사태를 3차에 걸친 금리인하를 통해 성공적으로 마무리하며 시장의 신뢰를 회복했다. 위험을 상쇄시키는 능력 때문에 증시 침체로부터 옵션보유자를 보호하는 풋옵션과 비슷하다는 뜻으로 '그린스펀 풋(Greenspan put)'이란 용어까지 탄생했다. 이에 비해 그의 후임인 벤 버냉키 의장은 잦은 말바꿈으로 인해 시장의 안정을 얻지 못했다. 취임 초기에는 인플레이션에 대한 언급 수위에 따라 증시가 요동을 친 적이 있었다. 인플레이션 우려로 금리 인상 가능성이 높아지면 '버냉키 충격(Bernanki shock)'이라 불릴 정도로 주가가 급락했고, 인플레이션이 통제 가능해 금리 인상 우려가 줄어들면 '버냉키 효과(Bernanki effect)'라 표현될 정도로 주가가 급등했다. 버냉키 콜 (Bernanki call) 그는 잦은 말바꿈으로 시장 참여자들이 느끼는 피로가 누적되면 옵션 보유자를 보호하지 못해 만기 이전이라도 권리행사를 촉진시키는 콜옵션과 비슷한 뜻으로 사용되고 있다.

## ▶▶ 코바 워런트, KOBA 워런트, 조기종료 ELW(KOBA Warrant)

일반 주식워런트증권(ELW)에 조기종료(knock-out) 조건을 더해 손실위험을 상대적으로 줄인 상장 파생상품이다. 기초자산 가격이 조기종료 기준가에 도달하면 바로 상장폐지된다. 일반 ELW는 원금을 전액 날릴 수도 있지만 KOBA워런트는 조기종료되더라도 잔존가치만큼 원금을 건질 수 있다. 2010년 9월 6일 도입됐다.

## ▶▶ 윔블던현상

윔블던 테니스대회의 주최국은 영국이지만, 우승은 외국 선수들이 더 많이 하는 현상에서 유래한 말로, 개방된 국내시장에서 자국 기업의 활동보다 외국계 기업들의 활동이 더 활발히 이루어지는 현상을 뜻한다.

① 영국은 1986년 금융빅뱅 단행 이후, 금융 산업의 개방화 · 자유화 · 국제화가 이루어지면서 영국 10대 증권사 대부분이 막강한 자금력을 동원한 미국과 유럽의 금융기관에 흡수합병되거나 도산하였다.

② **금융빅뱅** … 1986년 영국 정부가 단행한 금융 대개혁에서 유래된 말로, 금융 산업의 판도 변화를 위해 규제완화 등의 방법으로 금융 산업 체계를 재편하는 것을 이른다.

## ▶▶ 메뉴비용

가격표나 메뉴판 등과 같이 제품의 가격조정을 위하여 들어가는 비용을 메뉴비용이라고 한다. 인플레이션의 발생으로 제품의 가격을 조정해야 할 필요가 있음에도 불구하고 기업들이 가격을 자주 조정하지 않는 이유는 이렇듯 가격을 조정하는 데 비용이 들기 때문이다. 하지만 최근 전자상거래, 시스템 등의 발달로 중간상인이 줄어들고, 손쉽게 가격조정이 가능해지면서 메뉴비용이 점차 낮아지고 있는 추세이다.

## ▶▶ CBO와 LBO

① **CBO**(Collateralized Bond Obligation, 채권담보부증권) : 고수입 · 고위험의 투기등급 채권을 담보로 발행하는 증권으로, 회사채담보부증권이라고도 한다. 자산담보부채권(ABS)의 일종으로 미국 등에서는 부실위험을 회피하기 위해 예전부터 보편화되었다. 우선적으로 담보권을 행사할 수 있는 '선순위채권'과 그렇지 않은 '후순위채권'으로 분류된다.

② **LBO**(Leveraged Buy-Out) : 기업을 인수하는 M&A 기법의 하나로, 인수할 기업의 자산이나 앞으로의 현금흐름을 담보로 금융기관에서 돈을 빌려 기업을 인수 · 합병하는 것이다. 이러한 이유로 적은 자기자본으로도 큰 기업의 매수가 가능하다.

### ▶▶ 페이고 원칙

'pay as you go'의 줄임말로 지출 증가나 세입 감소를 수반하는 새로운 법안을 상정할 때, 이에 상응하는 지출 감소나 세입 증가 등의 재원조달 방안을 동시에 입법화 하도록 의무화하는 것이다. 재정건전성을 저해할 수 있는 법안을 제한하고자 하는 취지이지만, 이로 인해 정책의 유연성이 떨어지는 단점이 있을 수 있다.

### ▶▶ CDS(Credit Default Swap)

채권 등의 형태로 자금을 조달한 채무자의 신용위험만을 별도로 분리해 이를 시장에서 사고파는 신용파생상품의 일종이다. 자본시장이 채무자의 신용위험에 대한 프리미엄을 받고 위험을 부담하는 보험의 역할을 한다. 금융기관 태 금융기관의 파생상품거래의 성격이기 때문에 CDS 거래가 많아져야 시장이 활성화된다.

### ▶▶ 대차거래(loan transaction)

신용거래의 결제에 필요한 자금이나 유가증권을 증권금융회사와 증권회사 사이에 대차하는 거래를 말한다. 일본의 증권용어로 우리나라의 유통금융과도 유사하다.

① 대차종목 : 대차거래에 있어 적격종목
② 대차가격 : 종목별 융자 또는 대주를 실시할 때 적용되는 주당가격

### ▶▶ 유상증자

회사가 사업을 운영하는 중 필요한 자금 조달을 위해 신주를 발행하여 주주로부터 자금을 납입 받아 자본을 늘리는 것을 말한다. 유상증자의 형태에는 다음 3가지가 있다.

① 주주할당방법 … 주주에게 신주인수권을 주어 이들로부터 신주주를 모집
② 제3자할당방법 … 회사의 임원 · 종업원 · 거래선 등에게 신주인수권을 주어서 신주를 인수
③ 널리 일반으로부터 주주를 모집

### ▶▶ 수요의 가격탄력성 결정요인

① 대체재의 수가 많을수록 그 재화는 일반적으로 탄력적이다.
② 사치품은 탄력적이고 생활필수품은 비탄력적인 것이 일반적이다.
③ 재화의 사용 용도가 다양할수록 탄력적이다.
④ 수요의 탄력성을 측정하는 기간이 길수록 탄력적이다.

## ▶▶ 본원통화

① 중앙은행에서 공급하는 통화를 말하는 것으로 공급하는 양보다 크게 통화량을 증가시킨다.

② 본원통화는 중앙은행의 부채에 해당한다.

③ 현금통화 + 예금은행 지급준비금 = 화폐발행액 + 중앙은행 지준예치금

④ 화폐발행액 = 현금통화 + 예금은행 시재금

⑤ 예금은행 지급준비금 = 예금은행 시재금 + 중앙은행 지준예치금

## ▶▶ 금융정책

① 개념

   ㉠ 금융시장의 균형을 통화량의 조절을 통해 이룬다.

   ㉡ 중앙은행이 각종 금융정책수단을 이용하여, 자금의 흐름을 순조롭게 함으로써 생산과 고용을 확대시키고, 다른 한편으로는 통화가치를 안정시키고 완전고용, 물가안정, 경제성장 및 국제수지균형 등의 정책목표를 달성하려는 경제정책을 말한다.

② 금융정책의 수단

   ㉠ 일반적인 금융정책수단(간접규제수단)

     • 공개시장조작정책 : 공개시장에서 국공채를 매입·매각함으로써 통화량과 이자율을 조정하는 것을 말한다. 통화량 조절수단 중 가장 빈번하게 이용되는 정책수단이다.

     －장점 : 은행, 비은행금융기관, 법인 등의 다양한 경제주체가 참여하여 시장 메커니즘에 따라 이루어지므로 시장경제에 가장 부합되는 정책이다. 또한 조작규모나 조건, 실시시기 등을 수시로 조정하여 신축적인 운용이 가능하며 파급효과가 광범위하고 무차별적이다.

     －국공채매입→본원통화↑→통화량↑→이자율↓

     －국공채매각→본원통화↓→통화량↓→이자율↑

     ※ 이자율의 상승은 외국인의 국내투자를 증대시키고 이로 인하여 달러의 공급이 증가하여 환율이 하락한다.

     • 재할인율정책 : 예금은행이 중앙은행으로부터 차입할 때 적용받는 이자율인 재할인율을 조정함으로써 통화량과 이자율을 조절하는 정책이다. 재할인율정책이 효과적이 되기 위해서는 예금은행의 중앙은행에 대한 자금의존도가 높아야 한다.

     －재할인율↓→예금은행 차입↑→본원통화↑→통화량↑→이자율↓

     －재할인율↑→예금은행 차입↓→본원통화↓→통화량↓→이자율↑

     • 지급준비율정책 : 법정지급준비율을 변화시킴으로써 통화승수의 변화를 통하여 통화량과 이자율을 조절하는 정책이다(본원통화의 변화는 없다).

     －지준율↓→통화승수↑→통화량↑→이자율↓

     －지준율↑→통화승수↓→통화량↓→이자율↑

ⓛ 선별적인 정책수단(직접규제수단)
- 대출한도제 : 직접적으로 중앙은행과 예금은행의 대출한도를 제한하거나 자산을 규제함으로써 금융기관의 대출한도를 제한하는 것이다.
- 이자율규제 : 은행의 예금금리와 대출금리를 직접규제하는 것이다.
- 창구규제, 도의적 설득

## ▶▶ 실업의 유형 및 대책

① 유형
　　㉠ 마찰적 실업 : 직장을 옮기는 과정에서 일시적으로 실업상태에 놓여 있는 것을 말한다.
　　　- 정부에서는 공공정책을 통하여 마찰적 실업을 낮추어 자연실업률을 감소시키려 한다.
　　　- 실업급여(보험)의 효과로 마찰적 실업의 규모를 증대시키는 경향이 있다.
　　㉡ 탐색적 실업 : 기존의 직장보다 나은 직장을 찾기 위해 실업상태에 있는 것을 말한다.
　　㉢ 경기적 실업 : 경기침체로 인해 일자리가 감소하여 발생하는 대량의 실업상태를 말한다.

② 구조적 실업
　　㉠ 급속한 경제변화로 사양산업분야에 노동공급과잉으로 발생하는 실업을 말한다.
　　㉡ 임금 경직성과 일자리 제한으로 인한 실업을 말한다.

③ 대책
　　㉠ 완전고용 상태 하에서도 자발적 실업(마찰적 실업 + 탐색적 실업)은 존재한다.
　　㉡ 자발적 실업을 줄이기 위한 대책은 시장의 직업정보를 경제주체들에게 원활하게 제공하는 것이다.
　　㉢ 경기적 실업의 경우는 경기가 살아나면 기업의 노동수요가 증가하여 실업이 어느 정도 해소될 것이다.
　　㉣ 구조적 실업은 사양산업의 노동자들에게 재교육을 시켜 다른 산업으로 이동할 수 있도록 도와주는 것으로 해소할 수 있다.

## ▶▶ 인플레이션(inflation)

① 인플레이션의 개념
　　㉠ 인플레이션은 물가수준이 지속적으로 상승하는 것을 말한다.
　　㉡ 인플레이션은 소비자물가지수가 상승하는 것으로 알 수 있다.

② 인플레이션의 발생원인
　　㉠ 통화량의 과다증가로 화폐가치가 하락한다.
　　㉡ (과소비 등으로) 생산물수요가 늘어나서 수요초과가 발생한다.
　　㉢ 임금, 이자율 등 요소가격과 에너지 비용 등의 상승으로 생산비용이 오른다.

③ 인플레이션의 유형

   ㉠ **수요견인 인플레이션**

     • 총수요가 초과하여 발생하는 인플레이션이다.

     • 정부지출의 증가나 통화량의 증가 등으로 총수요가 증가하여 발생한다.

   ㉡ **비용인상 인플레이션**

     • 생산비용이 증가하여 발생하는 인플레이션이다.

     • 유가상승, 원자재 가격상승 등 생산비 증가로 총공급이 감소하여 발생한다.

④ 혼합형 인플레이션

   ㉠ 총수요측 요인과 총공급측 요인이 동시에 작용하여 발생하는 물가상승을 의미한다.

   ㉡ 총수요 증가와 총공급 감소가 동시에 이루어지면 물가가 대폭 상승하게 된다. 그러므로 총수요곡선과 총공급곡선의 이동폭에 따라 국민소득은 증가할 수도 있고 감소할 수도 있다.

⑤ 인플레이션의 해결 … 물가안정은 지속적인 경제성장, 안정적인 국제수지와 함께 중요한 경제정책과정 중 하나이다. 따라서 경제안정과 발전을 위해 적절한 물가를 유지시키는 물가정책은 반드시 필요하며 이러한 물가정책은 인플레이션의 원인에 따라 그 해결방법이 상이하다.

   ㉠ **총수요 억제정책**: 실물수요의 증가가 물가상승의 원인인 경우 총수요(소비수요 + 투자수요 + 재정수요)를 감소시키고 통화공급 과잉이 원인인 경우 통화의 공급을 감소시켜 총수요와 총공급을 균형화하는 정책을 말한다.

   ㉡ **경쟁촉진정책**: 물가상승이 독과점의 형성에서 기인한 경우 정부가 이들 기업에 대한 적절한 규제를 가함으로써 공정거래의 성립 및 기업 간 자유경쟁을 조장하도록 하는 정책을 말한다.

   ㉢ **소득정책**: 1960년대에 등장한 새로운 정책으로 임금상승이 물가상승의 주원인인 경우 임금상승률의 상한선을 정하는 등 생산성 향상을 초과하는 요소비용 상승을 막기 위한 정책이다.

   ㉣ **구조정책**: 특정산업의 저생산성이 물가상승의 원인인 경우 해당분야의 생산성 증가를 위한 유통구조 개선, 근대화 촉진 등의 구조정책을 취하는 것을 말한다.

   ㉤ **기타정책**: 공공요금의 인상억제, 환율의 안정, 국제협력 등의 정책이 있다.


## ▶▶ 자본시장과 금융투자업에 관한 법률

① 자본시장법 제정의 기본 방향

   ㉠ **포괄주의 규율체제로의 전환**: 향후 출현가능한 모든 금융투자상품을 자본시장법률의 규제대상에 포함하고, 금융투자업자가 취급할 수 있는 상품의 범위와 투자자 보호 규제의 대상을 대폭 확대하였다.

   ㉡ **기능별 규율체제의 도입**: 종전의 기관별 규율체제에 따른 규제차익 등의 문제를 해결하기 위하여 경제적 실질이 동일한 금융기능을 동일하게 규율하는 기능별 규율체제로 전환하였다.

ⓒ 업무범위의 확대 : 현행 업무범위의 엄격한 제한에 따른 문제를 해결하기 위하여 금융투자업자의 업무 범위를 대폭 확대하였다.

ⓔ 투자자 보호제도의 선진화 : 투자자 보호 강화를 위하여 설명의무, 적합성 원칙, 적정성 원칙 및 요청하지 않은 투자권유 등 투자권유 규제를 도입하였다.

② 자본시장법 제정에 따른 기대효과
   ㉠ 자본시장의 자금중개기능의 활성화 : 기업, 금융소비자 및 금융투자업자 측면에서 자금조달, 자금운용 및 자금조달의 지원기능을 수행할 수 있다.
   ㉡ 투자자 보호강화를 통한 자본시장의 신뢰성 제고
   ㉢ 선진 투자은행과 경쟁할 수 있는 금융투자회사의 출현기반 마련

## ▶▶ 아담스미스(Adam Smith)의 절대우위론

① 절대우위란 다른 생산자에 비해 같은 상품을 더 적은 생산요소로 생산할 수 있는 능력을 말한다.
② 아담 스미스의 절대우위론은 자유무역의 근거를 최초로 제시한 것에 의의가 있다.
③ 절대우위론은 한 나라가 모두 절대우위 혹은 절대열위에 있는 경우에 무역이 발생하는 현상은 설명하지 못하는 단점이 있다.

## ▶▶ 리카르도(David Ricardo)의 비교우위론

① 비교우위란 다른 생산자에 비해 같은 상품을 더 적은 기회비용으로 생산할 수 있는 능력을 말한다.
   ㉠ 한 재화의 기회비용은 다른 재화 기회비용의 역수이다. 즉, 어떤 재화에서 기회비용이 높다면 다른 재화에서는 낮은 기회비용을 갖는다.
   ㉡ 비교우위는 곧 기회비용의 상대적 크기를 나타낸다.
② 가정
   ㉠ 노동만이 유일한 생산요소이고 노동은 균질적이다.
   ㉡ 생산함수는 규모의 불변함수이고 1차 동차함수이다.
   ㉢ 국제 간 생산요소의 이동이 없다.
③ 결론
   ㉠ 무역은 비교생산비의 차이에서 발생한다.
   ㉡ 각국은 비교생산비가 저렴한 비교우위가 있는 상품을 수출하고 비교열위에 있는 상품을 수입한다.
   ㉢ 생산특화에 의한 소비가능영역 확대를 통해 각 교역국의 사회후생을 증가시킨다.

④ 한계
   ㉠ 비현실적 노동가치설을 바탕으로 한다.
   ㉡ 두 재화의 국제적 교환비율이 각국 국내 교환비율의 범위 안에서 이루어진다.
   ㉢ 국가간 운송비용을 고려하지 않았다.

## ▶▶ 헥셔 – 올린 정리

① 개념
   ㉠ 헥셔 – 올린 정리는 국가 간의 요소부존량의 차이 또는 생산요소가격의 차이에 의해서 국가 간 무역이 발생한다는 정리이다.
   ㉡ 헥셔 – 올린 정리는 비교우위의 발생원인을 요소부존의 차이로 설명한다.

② 이론의 가정
   ㉠ 2국 × 2생산요소 × 2재화가 존재한다.
   ㉡ 생산요소의 이동은 없다(단, 산업 간에는 자유롭게 이동이 가능하다).
   ㉢ 생산물시장과 생산요소시장은 모두 완전경쟁시장이다.
   ㉣ 국가 간 사회적 효용함수는 동일하다.
   ㉤ 1차 동차생산함수이다.

③ 핵심내용
   ㉠ 제1명제 : 노동이 상대적으로 풍부한 나라는 노동집약적인 상품을 생산하여 수출하고 자본이 상대적으로 풍부한 나라는 자본집약적인 상품을 생산하여 이를 수출한다.
   ㉡ 제2명제 : 자유무역이 이루어지면 국가간 생산요소의 이동이 없더라도 생산요소의 가격이 균등화된다.
   ㉢ 제1명제는 레온티에프의 검증을 거쳐 레온티에프 역설이 주장된다.
   ㉣ 제2명제는 스톨퍼–사무엘슨에 의해서 검증된다.

## ▶▶ 레온티에프의 역설

① 개념 ⋯ 1940년대 후반과 1950년대 초반을 실증검증한 결과 자본이 풍부했던 미국이 자본집약적인 상품을 수출하고 노동집약적인 상품을 수입할 것이라는 예상과는 달리 자본집약적인 재화를 수입하고 노동집약적 재화를 더 많이 수출하였다.
② 해명 ⋯ 미국은 고생산성 노동력이 풍부하므로 노동집약적 상품을 더 많이 수출한다.
③ 의미 ⋯ 노동생산성의 차이를 인정함으로써 생산요소의 질적 차이를 인정하였다.

## ▶▶ 외환의 수요와 공급

① 외환의 수요곡선
  ㉠ 환율이 상승하면 즉 1달러에 1,000원하던 환율이 1달러에 1,200원하게 되면 원화로 표시한 외국산 제품의 가격상승으로 수입량이 감소하고 외환수요량도 감소한다.
  ㉡ 환율이 상승하면 외환의 수요량이 감소하므로 외환수요곡선은 우하향의 형태로 도출된다.

② 외환의 공급곡선
  ㉠ 환율이 상승하면 즉 1달러에 1,000원하던 환율이 1달러에 1,200원하게 되면 달러로 표시한 수출품의 가격하락으로 수출량이 증가하므로 외환공급량이 증가한다.
  ㉡ 환율이 상승하면 외환의 공급량이 증가하므로 외환의 공급곡선은 우상향의 형태로 도출된다.

③ 균형환율의 결정 … 외환의 수요곡선과 공급곡선이 교차하는 점에서 균형환율 및 외환수급량이 결정된다.

## ▶▶ 구매력평가설

① 구매력평가설(PPP ; Purchasing Power Parity theory)은 환율이 양국 통화의 구매력에 의하여 결정된다는 이론이다.

② 균형환율수준 혹은 변화율은 각국의 물가수준을 반영하여야 한다는 이론이다.

③ 절대적 구매력평가설은 일물일가의 법칙(law of one price)을 국제시장에 적용한 이론이다.

④ 무역거래에 있어서 관세부과나 운송비로 인해 구매력평가설의 기본가정인 일물일가의 법칙이 현실적으로 성립하기 힘들다. 또한 비교역재가 존재하므로 교역재 간의 교환비율인 환율을 비교역재까지 포함하는 구매력평가로써 설명하는 데는 한계가 있다.

⑤ 구매력평가설은 무역이 자유롭고 운송비용이 저렴하다는 점을 가정한다.

## ▶▶ 이자율평가설

① 이자율평가설(IRP ; Interest Rate Parity)은 금융시장이 통합되고 모든 거래가 자유롭다면 전 세계 금융시장에서는 동일 금융상품에 대해 동일한 가격이 형성된다는 것이다.

② 두 가지 투자대상(국내채권, 외국채권)이 있는 경우, 두 나라간의 환율의 변화에 따른 투자가치의 변화를 고려한 후 기대수익을 비교하여 최종 투자를 결정하게 된다.

③ 자본이동이 자유롭다면 두 채권으로부터의 기대수익이 같아질 때까지 자본이동이 계속 진행될 것이며, 두 기대수익이 같아져 국제자본거래가 균형을 이루게 될 때, 이를 이자율평가라고 한다.

④ 결국, 이자율평가는 예상환율변화율이 양국 간의 이자율격차와 같아져야 한다는 사실을 보여준다.

## ▶▶ 환율제도

| 구분 | 고정환율제도 | 변동환율제도 |
|---|---|---|
| 국제수지불균형 | 국제수지의 불균형이 조정되지 않는다. | 환율변동을 통하여 외환시장에서 자동적으로 조정된다. |
| 환위험 | 작다. | 크다(환투기의 발생가능성). |
| 국제무역과 투자 | 환율이 안정적이므로 국제무역과 투자가 활발히 일어난다. | 환위험이 크기 때문에 국제무역과 투자가 저해된다. |
| 해외교란요인의 파급여부 | 해외의 교란요인이 국내로 쉽게 전파된다. | 해외의 교란요인이 발생하더라도 국내경제는 별 영향을 받지 않는다. |
| 금융정책의 자율성 여부 | 국제수지 변화에 따라 통화량이 변화→금융정책의 자율성 상실 | 국제수지 불균형이 환율변동에 따라 조정→금융정책의 자율성 유지 |
| 정책효과 | 금융정책 효과 없다. | 재정정책 효과 없다. |
| 투기적인 단기자본이동 | 환율이 고정되어 있으므로 투기적인 단기자본 이동이 적다. | 환투기로 인한 단기자본이동이 많다. |
| 환율 | 정부의 정책변수(외생변수) | 국제수지 변화에 따라 환율이 조정(내생변수) |

## ▶▶ 메가뱅크(Mega bank)

초대형은행을 뜻하며, 정부가 공적자금 회수의 일환으로 자산 규모 318조 원에 이르는 우리금융그룹의 민영화를 추진하면서 메가뱅크 탄생 여부가 화두로 떠올랐다. 우리금융 인수에 성공하는 은행은 규모에서 다른 은행을 압도하며 금융권에 새로운 지도를 짜게 될 가능성이 높다. M&A를 통해 세계적 규모의 대형은행을 육성한다는 메가뱅크 구상에는 규모를 키우면 구조조정 등을 통해 효율성이 높아질 것이라는 기대가 깔려있다. 아울러 자산 규모가 세계 50위 은행의 절반밖에 되지 않는 국내 은행의 국제 경쟁력을 강화하고 업무영역을 다변화하기 위해서는 초대형은행이 필요하다는 의견이 있다. 반면 대형화로 시장 경쟁이 줄어들어 중소기업이나 가계 등 금융소비자들에게 부정적인 영향을 줄 수 있다는 점은 부작용으로 꼽힌다.

## ▶▶ 통화스왑

두개 또는 그 이상의 거래기관이 사전에 정해진 만기와 환율에 의해 다른 통화로 차입한 자금의 원리금 상환을 상호 교환하는 것을 말한다. 통화스왑은 환리스크 헤지 및 필요 통화의 자금을 조달하는 수단으로 주로 이용되고 있다. 금리변동에 대한 헤지 및 특정시장에서의 외환규제나 조세차별 등을 피하기 위한 수단으로 활용되기도 한다.

한편 국가 간 통화스왑 계약은 자국통화를 상대국 통화와 맞교환하는 것으로 두 나라의 중앙은행 간에 체결되며 환위험 헤지나 차입비용 절감을 위한 것이 아니라 한 나라에서 외화 유동성이 부족하면 자국통화를 상대국에 맡기고 외화를 차입하는 계약이다.

2008년 10월 한국은행은 미국 연방준비제도이사회와 300억달러 규모의 통화스왑 계약을 체결함으로써 외환시장의 안정을 높이는 계기가 되었다.

## ▶▶ CSS(개인신용평가시스템; Credit Scoring System)

금융기관에서 과거 일정 기간 축적된 고객의 신용거래 행태 등의 정보를 현재 시점에서 통계적으로 분석해 고객의 신용도를 예측하는 선진국형 개인신용평가 기법 또는 대출심사제도를 말한다. 이미 개발된 모형을 가지고 시스템을 구축해 효율적인 위험관리는 물론, 시스템 심사를 통한 경비절감과 합리적인 의사결정, 신속하고 일관성 있는 심사지원을 통한 고객만족 실현을 목적으로 도입하였다.

평가 내용은 개인신상 정보, 거래실적 정보, 신용거래불량 정보, 신용한도·신용소진·연체 등이 없는 신용거래 내역 등이다. 이를 통해 얻어진 신용평점이 높고 낮음에 따라 대출한도 및 이자율을 차등화함으로써 위험을 사전에 예측하고 위험관리와 수익성을 제고할 수 있다는 장점이 있다.

## ▶▶ 국제결제은행(BIS) 자기자본비율(BIS capital adequacy ratio)

은행은 예금자들로부터 얻은 예금을 기업과 개인에게 대출하거나 채권, 주식 등에 투자를 한다. 만약 어떤 은행이 높은 수익이 기대되지만 원금을 돌려받지 못할 경우가 발생할 수도 있는 곳에 대출을 한다고 해보자. 그 은행은 원금과 수익을 약속대로 받을 경우 큰 이득을 얻지만 돌려받지 못할 경우 부실해져 경영위험에 빠질 수 있다. 따라서 예금주 입장에서는 어떤 은행이 위험자산의 비중이 높아 부실해질 가능성이 높은지 또는 안전자산의 비중이 높아 건전성과 안정성을 확보하였는지를 구별하는 것이 중요하다. BIS 자기자본비율은 이러한 은행 건전성 지표의 하나로 사용되고 있다.

이 비율은 국제결제은행(Bank for International Settlements, BIS)이 표준안으로 제시한 방법으로 계산하기 때문에 이름 앞에 BIS를 붙이며 산식은 다음과 같다.

$$BIS\ 자기자본비율 = \frac{자기자본}{위험가중자산} \times 100$$

여기서 자기자본은 은행의 총자산 중 부채를 뺀 부분이며, 위험가중자산은 총자산에 자산의 위험정도에 따라 각각의 위험가중치를 곱한 후 이를 합산한 것이다. 위험가중치는 현금이나 국채, 통안증권 등의 경우 위험이 전혀 없으므로 0%, 기타 공공기관 발행 채권은 10%, 국내 은행 또는 OECD가입국 은행 관련 채권 등은 20%, 주택담보대출 등은 50%, 기타 대출금과 주식에는 100%를 부여한다.

BIS 자기자본비율은 이와 같은 특성으로 인해 은행의 자산운용에서 위험가중치가 높은 자산이 많이 포함될수록 낮아지며, 안전자산의 비중이 높아질수록 높아진다. 따라서 동 비율이 높은 은행일수록 더 건전한 은행임을 의미한다. 우리나라의 경우 1995년말 동 비율을 8% 이상으로 유지하도록 의무화하였으며, 2008년부터는 신용 및 시장위험만 반영하는 기존 제도에서 운영위험도 반영한 새로운 자기자본규제 제도로 변경하여 시행하고 있다.

## ▶▶ 프라이빗 뱅킹(Private Banking)

은행이 부유층 및 거액 자산가들을 대상으로 자산을 종합 관리해 주는 고객 서비스를 말한다. 자산 관리는 전담자인 프라이빗 뱅커(private banker)가 거액 예금자의 예금·주식·부동산 등을 1대 1로 종합 관리하면서 때로는 투자 상담도 하는데, 대부분의 경우 이자율이 높고, 수수료를 면제해 주는 혜택도 있다. 은행들은 거액 예금자의 수가 전체 고객 수에 비해 극히 적기는 하지만, 수신고로 볼 때는 이들 소수가 차지하는 비중이 엄청나기 때문에 갈수록 프라이빗 뱅킹은 늘어날 전망이다.

## ▶▶ 뱅크론(bank loan)

은행간의 차관으로, 은행이 차입국의 은행에 융자하여 그 금융기관이 자기 책임 하에 자국의 기업에 대해서 자금을 대부하는 방식이다. 특히, 저개발국에 대한 민간경제협력의 하나이다. 보통의 차관은 정부나 기업이 개발도상국의 정부나 기업에 대해 자금을 대출하지만 뱅크론은 은행이 개발도상국의 은행에 대해 대출한다.

## ▶▶ 역모기지론(주택연금)

역(逆)모기지론(reverse mortgage)은 모기지론과는 목적과 개념이 반대로, '이미 집을 가진 사람에게 이를 담보로 생활자금을 빌려준다'는 것이 역모지기론의 기본 개념이다. 역모기지론은 지원받는 수령자가 사망할 때까지가 가입기간이어서 통상 20~30년 하는 모기지론처럼 만기가 길다. 우리말로 역모기지론을 장기주택저당대출이라 부르는 이유도 이 때문이다. 미국, 영국, 프랑스 등 서구에서 오랜 전통을 가지고 시행 중인 이 제도는 우리나라에서 1995년부터 일부 민간은행에 도입됐으나, 실적은 미미했고 본격적으로 제도가 알려지기 시작한 것은 2004년 3월 주택금융공사가 설립된 이후다.

## ▶▶ 전대차관(轉貸借款)

외국환은행이 국내거주자에게 수입자금 등으로 전대할 것을 조건으로 외국의 금융기관으로부터 외화자금을 차입하는 것이다. 일종의 뱅크론이라고 할 수 있지만 일반적으로 뱅크론은 자금의 용도에 대해 차관공여주로부터 아무런 조건이 붙지 않는 임팩트론이지만, 전대차관은 차관공여국 또는 특정 지역으로부터 물자수입자금에의 사용 등 차입자금의 용도에 대해 조건이 따른다. 또한 뱅크론의 차관공여주는 주로 외국의 일반상업은행인데 비해 전대차관의 공여주는 외국의 특수정책금융기관 혹은 국제금융기관인 것이 일반적이다.

### ▶▶ 골든크로스(Golden Cross)

주가를 예측하는 기술적 분석상의 한 지표이다. 주가나 거래량의 단기 이동평균선이 중장기 이동평균선을 아래에서 위로 급속히 돌파해 올라가는 현상이다.

보통 '단기 골든크로스'는 5일 이동평균선이 20일 이동 평균선을 상향돌파 하는 것을 말하며 '중기 골든크로스'는 20일선과 60일선을, '장기 골든크로스'는 60일선과 100일선을 비교한다.

한편 골든크로스와 반대되는 것으로 '데드크로스(dead-cross)'가 있다. 단기이동평균선이 장기이동평균선 아래로 떨어지는 현상이 데드크로스인데, 보통 약세장으로 전환하는 신호로 해석된다.

### ▶▶ 신데렐라 전략

메릴린치의 퀀트 전략가이자 수석 이코노미스트였던 리처드 번스타인의 투자시계 개념을 차용한 것으로, 신데렐라가 12시 이전에 파티장을 빠져 나오듯 실적 기대감이 절정인 12시가 되기 전에 시장에서 벗어나는 전략을 말한다. 그러나 이익 전망이 상향 조정되기 시작하는 9시가 막 넘어가는 시점이라면 분위기가 달아오를 파티에 적극적으로 참여해야 한다는 의미이기도 하다. 이 전략은 과도한 기대로 인한 투자 실패를 막고 합리적으로 대처하여 수익을 극대화할 수 있는 지침으로 작용한다. 단순히 이익 전망만 보고 투자했다가는 오히려 주가가 내려가 낭패를 보기 쉬우며, 실적이 시장 예상에 못 미치는 '어닝쇼크(earing shock)'를 겪을 수 있음을 경고하고 있기도 하다. 반면, 과거 실적이 나쁜 기업에 대한 투자를 꺼리는 경향에 반하여 실제로는 부정적이던 이익전망이 개선되기 시작한 종목에 주목할 필요성을 강조한다.

### ▶▶ 순채권국(Net Creditor)

외국에 갚아야 할 총외채보다 외국에서 받을 총대외재산이 많은 국가를 뜻한다. 무역거래에서 벌어들인 달러는 외환보유액으로 축적되는데 이것이 대외자산의 큰 부분을 차지한다. 순채권국의 반대 개념은 순채무국이다. 우리나라는 2009년 순채무국에서 순채권국으로 전환된 바 있으며 세계 최대 순채권국은 일본이다.

### ▶▶ PCR · PSR

PER(Price Earning Ratio ; 주가수익비율)을 대신해 떠오른 투자기법, 주가를 주당 이익금으로 나눈 수치인 PER은 과거 수치를 기준으로 하기 때문에 현재의 가치를 반영하기 힘든 부분이 있다. 이 때문에 PER을 보완할 수 있는 여러 가지 보조지표가 필요해졌는데 PCR이 그 대표적인 지표이다. PCR은 주가를 주당 현금흐름(이익에 감가상각비를 합한 것)으로 나눈 비율로 위기상황을 얼마나 유연하게 대처할 수 있는가를 알아보는데 유용하다. PSR은 주가를 1주당 매출액으로 나눈 지표이다.

### ▶▶ 역금융장세

주식시장에서 자금이 채권이나 실물시장으로 빠져나가면서 유동성이 부족해지는 방향으로 국면이 변동할 때 역금융장세에 접어들었다고 한다. 경기가 활황국면에 접어들면 기업은 수익이 늘어나 여유자금이 많아지는데, 이 자금으로 설비투자 확대를 시도하고 결국 물가와 금리의 상승으로 이어진다. 이에 대하여 정부는 통화량을 감소시키고 금리를 인상하는 방향으로 정책을 전환하고 기업은 주식시장의 자금을 회수하여 금리가 낮은 채권이나 실물시장으로 빠져나가게 되는 것이다. 역금융장세 단계에서는 모든 종목들에 대하여 큰 폭으로 주가가 하락하고 주식을 매도한 후 이탈하는 투자자들이 늘게 된다.

### ▶▶ 팩토링(factoring)

금융기관들이 기업으로부터 상업어음이나 외상매출증서 등 매출채권을 매입하고 이를 바탕으로 자금을 빌려주는 제도이다. 하나SK카드에서 팩토링 제도를 휴대전화 할부금융시장에 적용하여 화제가 되었다.

### ▶▶ 트리플 위칭데이(triple witching day)

주가지수선물, 주가지수옵션, 개별주식옵션의 만기가 동시에 겹치는 날로 3개의 주식파생상품의 만기가 겹쳐 어떤 변화가 일어날지 아무도 예측할 수 없어 혼란스럽다는 의미에서 생긴 말이다. 트리플 위칭데이는 현물시장의 주가가 다른 날보다 출렁일 가능성이 상존하는데 이를 가리켜 만기일 효과(expiration effect)라고 부른다. 또한 결제일이 다가오면 현물과 연계된 선물거래에서 이익을 실현하기 위해 주식을 팔거나 사는 물량이 급변, 주가가 이상 폭등·폭락하는 현상이 나타날 가능성이 크다. 특히 결제 당일 거래종료시점을 전후해서 주가의 급변동이 일어날 수 있다. 미국의 경우는 S&P500 주가지수선물, S&P100 주가지수옵션, 개별주식옵션 등의 3가지 파생상품계약이 3·6·9·12월 세번째 금요일에, 한국은 3·6·9·12월의 두번째 목요일에 트리플 위칭데이를 맞게 된다.

### ▶▶ CMA(Cash Management Account)

어음관리구좌라 하며, 단자회사 및 종합금융회사가 고객으로부터 받은 일정규모의 예탁금융 CP(신종기업어음)나 담보 및 무담보 기업어음·국공채 등의 증권에 투자해서 얻은 수익을 고객에게 되돌려주는 저축상품이다.

### ▶▶ 스탠드바이 크레디트(stand-by credit)

상사의 해외지점이 현지의 외국은행으로부터 융자를 받을 때 외환은행이 보증을 서는 것이다. 또는 국제통화기금(IMF)이 포괄적인 신용공여를 행하여 실제의 자금인출은 그 한도 내에서 언제라도 인정하는 방식을 취했을 때 이것을 IMF의 스탠드바이 크레디트라 한다.

### ▶▶ 풋백옵션(putback option)

일정한 실물 또는 금융자산을 약정된 기일이나 가격에 팔 수 있는 권리를 풋옵션이라고 한다. 풋옵션에서 정한 가격이 시장가격보다 낮으면 권리행사를 포기하고 시장가격대로 매도하는 것이 유리하다. 옵션가격이 시장가격보다 높을 때는 권리행사를 한다. 일반적으로 풋백옵션은 풋옵션을 기업인수합병에 적용한 것으로, 본래 매각자에게 되판다는 뜻이다. 파생금융상품에서 일반적으로 사용되는 풋옵션과 구별하기 위해 풋백옵션이라고 부른다. 인수시점에서 자산의 가치를 정확하게 산출하기 어렵거나, 추후 자산가치의 하락이 예상될 경우 주로 사용되는 기업인수합병방식이다.

### ▶▶ 우선주(優先株)

보통주에 대해 이익배당이나 기업이 해산할 경우의 잔여재산분배 등에 우선권을 갖는 주식을 말한다. 누적적 우선주와 참가적 우선주가 있다.

### ▶▶ 유동비율(流動比率)

유동자산을 유동부채로 나눈 비율이다. 회사의 지불능력을 판단하기 위해서 사용하는 분석지표로, 비율이 높을수록 지불능력이 커지며 200%가 이상적이라고 한다. 은행가의 비율, 또는 2대 1의 원칙이라고도 한다.

### ▶▶ 의제자본(擬制資本)

주식회사에서 현물출자를 하는 토지·건물 등을 평가할 때 실제의 가격보다 높게 평가하여 주식을 발행하는 경우가 있다. 이와 같이 초과된 평가액에 따라 발행된 자본을 의제자본이라 한다.

# CHAPTER 02

# 출제예상문제

**1** 다음의 금융 관련 사건을 시간순으로 바르게 나열한 것은?

> ㉠ 한국 IMF 자금 지원  ㉡ 스페인 긴축 재정정책(유로 위기)
> ㉢ 브렉시트  ㉣ 리먼 브라더스 파산

① ㉠ - ㉡ - ㉣ - ㉢  ② ㉠ - ㉣ - ㉡ - ㉢
③ ㉣ - ㉠ - ㉢ - ㉡  ④ ㉣ - ㉡ - ㉠ - ㉢

> ✔ **해설**  ㉠ 1997년
> ㉣ 2008년
> ㉡ 2010~2011년
> ㉢ 2016년

**2** 다음 설명에 해당하는 것은?

> 네트워크에 참여하는 모든 사용자가 관리 대상이 되는 모든 데이터를 분산하여 저장하는 데이터 분산처리기술로, 누구나 열람할 수 있는 장부에 투명하게 기록할 수 있어 '공공거래장부'라고도 한다.

① 비트코인  ② 프로시저
③ 블록체인  ④ 가상화폐

> ✔ **해설**  제시된 내용은 블록체인에 대한 설명이다.
> ① 비트코인 : 디지털 단위인 '비트(bit)'와 '동전(coin)'의 합성어로, 온라인 가상화폐의 하나
> ② 프로시저 : 일반적인 어떤 행동을 수행하기 위한 일련의 작업순서
> ③ 가상화폐 : 지폐 또는 동전 등의 실물이 없이 컴퓨터 등에 정보 형태로 남아 온라인에서만 디지털 통화

**Answer** 1.② 2.③

**3** 24절기 중 14번째에 해당하는 절기로, 여름이 지나면서 더위가 그친다는 의미로 붙여진 이름이다. '모기도 ○○이/가 지나면 입이 삐뚤어진다', '○○이/가 지나면 풀도 울며 돌아간다'는 관련 속담이 있는 이 절기는?

① 입춘                        ② 곡우

③ 처서                        ④ 백로

> ✔ **해설** 처서(處暑)는 24절기 중 14번째에 해당하는 절기로 입추(立秋)와 백로(白露) 사이에 들며, 태양이 황경 150도에 달한 시각으로 양력 8월 23일경이다.

**4** 다음 중 한국투자증권에서 취급하는 상품 종류를 모두 고르면?

| | |
|---|---|
| ㉠ 펀드 | ㉡ CMA |
| ㉢ ELS | ㉣ 외화RP |
| ㉤ 발행어음 | ㉥ 보험 |

① ㉠, ㉡, ㉢, ㉣                  ② ㉠, ㉡, ㉢, ㉤

③ ㉠, ㉡, ㉢, ㉣, ㉤          ④ ㉠, ㉡, ㉢, ㉣, ㉤, ㉥

> ✔ **해설** ㉠~㉥ 모두 한국투자증권에서 취급하는 금융상품이다. 이 외에 DLS, 국내/해외채권, RP, 신탁, 연금, 주식/선물/옵션 등이 있다.

**5** 다음 중 노벨상 수상자가 아닌 사람은?

① 벤 버냉키                ② 베르나르 베르베르

③ 루이스 브루스           ④ 한강

> ✔ **해설** ① 2022년 경제학상 수상자
> ③ 2023년 화학상 수상자
> ④ 2024년 문학상 수상자

**6** 다음 설명에 해당하는 것은?

> 누구나가 잘못되었다는 것을 알고 있으면서도 먼저 그 말을 꺼내서 불러오게 될 위험이 두려워 아무도 먼저 말하지 않는 커다란 문제

① 방 안의 코끼리        ② 샤워실의 바보

③ 회색코뿔소        ④ 검은 백조

✔해설 제시된 내용은 방 안의 코끼리에 대한 설명이다.
  ② 샤워실의 바보 : 경기과열 또는 경기침체에 대응하는 정부의 시장개입이 섣부를 경우 발생하는 역효과를 경고하는 말
  ③ 회색코뿔소 : 지속적인 경고로 충분히 예상할 수 있지만 쉽게 간과하는 위험 요인
  ④ 검은 백조(블랙스완) : 도저히 일어날 것 같지 않지만 만약 발생할 경우 시장에 엄청난 충격을 몰고 오는 사건

**7** 2024년 11월 18일부터 19일까지 주요 20개국(G20) 정상들이 '정의로운 세계와 지속 가능한 지구 구축'을 주제로 정상회의를 개최한 도시는 어디인가?

① 브라질 리우데자네이루        ② 일본 도쿄

③ 독일 베를린        ④ 미국 워싱턴

✔해설 2024년 제19차 G20 정상회의는 브라질 리우데자네이루에서 열렸으며, '정의로운 세계와 지속 가능한 지구 구축'을 주제로 개최되었다.

**Answer**    3.③   4.④   5.②   6.①   7.①

**8** 다음 설명이 뜻하는 용어는?

> 대규모의 자금이 필요한 석유, 탄광, 조선, 발전소, 고속도로 건설 등의 사업에 흔히 사용되는 금융지원의 일종이다. 은행 등 금융기관에서 특정사업의 사업성과 장래의 현금흐름만을 보고 자금을 지원하는 것이다.

① 프로젝트 파이낸싱　　　　　　　　② 트리플 위칭데이
③ 파생금융상품　　　　　　　　　　④ 액면병합

✔**해설** 프로젝트 파이낸싱(PF) … 은행은 부동산 담보나 지급보증이 있어야 대출이 가능하지만 프로젝트 파이낸싱은 담보 없이 미래의 대규모 투자사업의 수익성을 보고 거액을 대출해준다.
　② 트리플 위칭데이 : 주가지수선물 · 주가지수옵션 · 개별주식옵션의 만기가 동시에 겹치는 날을 일컫는 용어이다.
　③ 파생금융상품 : 외환 · 예금 · 채권 · 주식 등과 같은 기초자산으로부터 파생된 금융상품이다.
　④ 액면병합 : 액면분할의 상대적 개념으로 액면가가 적은 주식을 합쳐 액면가를 높이는 것을 말한다.

**9** 다음 설명에 해당하는 것은?

> 화려하고 자극적인 것에 질린 20대가 보통의 존재에 눈을 돌리게 되는 현상으로, 공감할 수 있는 소소한 콘텐츠에 반응하고, 소박한 골목길을 오히려 멋지다고 생각하며, 평범한 사람들의 강연에 관심을 갖는 등의 형태로 나타난다.

① 노멀크러시　　　　　　　　　　② 소확행
③ 킨포크 라이프　　　　　　　　　④ 반농반X

✔**해설** 노멀크러시란 Normal(보통의) + Crush(반하다)의 합성어로, 화려하고 자극적인 것에 질린 20대가 보통의 존재에 눈을 돌리게 된 현상을 설명하는 신조어이다.
　② 소확행 : 작지만 확실한 행복의 줄임말로, 무라카미 하루키는 그의 수필에서 소확행을 '갓 구운 빵을 손으로 찢어 먹는 것, 서랍 안에 반듯하게 접어 넣은 속옷이 잔뜩 쌓여 있는 것, 새로 산 정결한 면 냄새가 풍기는 하얀 셔츠를 머리에서부터 뒤집어쓸 때의 기분…'이라고 정의했다.
　③ 킨포크 라이프 : 미국 포틀랜드의 라이프스타일 잡지 「킨포크(KINFOLK)」의 영향을 받아 자연친화적이고 건강한 삶을 추구하는 현상을 말한다.
　④ 반농반X : 일본에서 주창된 것으로 농사를 짓지만 농사에 올인하지 않고 반은 다른 일을 하며 사는 라이프스타일을 말한다.

**10** 개인의 저축 증가가 국가적 저축 증가로 연결되지 않는 현상은?

① 승자의 저주
② 구축 효과
③ 저축의 역설
④ 유동성의 함정

✔해설 저축의 역설 … 개인이 소비를 줄이고 저축을 늘리면 그 개인은 부유해질 수 있지만 모든 사람이 저축을 하게 되면 총수요가 감소해 사회 전체의 부는 감소하는 것을 말한다. 사회 전체의 수요·기업의 생산 활동을 위축시키며 국민 소득은 줄어들게 된다. 이때 저축은 악덕이고 소비는 미덕이라는 역설이 성립하게 된다.
① 승자의 저주 : 치열한 경쟁 끝에 승리를 얻었지만 승리를 얻기 위해 과도한 비용과 희생으로 후유증을 겪는 상황을 말한다.
② 구축 효과 : 정부의 재정지출 확대가 기업의 투자 위축을 발생시키는 현상이다.
④ 유동성의 함정 : 시중에 화폐 공급을 크게 늘려도 기업의 생산이나 투자, 가계 소비가 늘지 않아 경기가 나아지지 않는 현상을 말한다.

**11** 다음에서 설명하고 있는 용어는 무엇인가?

> 국내 종합주가지수. 유가증권시장본부(증권거래소)에 상장된 종목들의 주식 가격을 종합적으로 표시한 수치이다. 시장전체의 주가 움직임을 측정하는 지표로 이용되며, 투자성과 측정, 다른 금융상품과의 수익률 비교척도, 경제상황 예측지표로도 이용된다. 증권거래소는 1964년 1월 4일을 기준시점으로 미국의 다우 존스식 주가평균을 지수화한 수정주가 평균지수를 산출하여 발표하였는데, 점차 시장규모가 확대되어 감에 따라 1972년 1월 4일부터는 지수의 채용종목을 늘리고 기준시점을 변경한 한국종합주가지수를 발표하였다.

① 코스닥
② 코스피
③ 양안지수
④ 인덱스펀드

✔해설 ① 코스닥위원회가 운영하는 장외거래 주식시장으로서 미국의 나스닥과 유사한 기능을 하는 중소, 벤처기업을 위한 증권시장
③ 상하이, 선전, 홍콩, 대만 등 4개 증권거래소의 동향을 반영하는 지수
④ 증권시장의 장기적 성장 추세를 전제로 하여 주가지표의 움직임에 연동되게 포트폴리오를 구성하여 운용함으로써 시장의 평균 수익을 실현하는 것을 목표로 하는 포트폴리오 운용기법

**Answer** 8.① 9.① 10.③ 11.②

**12** 다음에서 설명하고 있는 재화로 적절한 것은?

> 대부분의 모든 소비재는 수요면에서나 공급면에서 다른 소비재와 관련을 가지고 있고 생산요소 간에도 또한 이러한 연관관계가 있다. 커피나 설탕, 설탕과 홍차와 같이 사용상 관련을 가지는 재화를 연관재(聯關財 : related goods)라고 할 때, 그렇지 않은 재화를 말한다.

① 대체재　　　　　　　　　　② 정상재
③ 보완재　　　　　　　　　　④ 독립재

> **✔ 해설**　④ 사용상 별다른 관련을 가지지 않고 독자적인 목적으로 사용되는 재화
> 　　　　① 재화 중 동일한 효용을 얻을 수 있는 재화
> 　　　　② 소득이 증가(감소)함에 따라 수요가 증가(감소)하는 재화
> 　　　　③ 두 재화를 동시에 소비할 때 효용이 증가하는 재화

**13** 다음 내용과 관련된 인물은 누구인가?

> '샤워실의 바보'는 경제현상이 복잡해지면서 중앙은행이 경제의 단면만을 보고 섣부르게 시장에 개입할 경우 오히려 물가 불안 또는 경기침체를 초래하거나, 더 심화시키는 상황을 빗댄 표현, 혹은 이를 경계하기 위해 사용하는 말이다. 때로는 경제 전반에서 어떤 정책을 시행한 후 그 정책의 효과가 나타나기도 전에 또 다른 정책을 시행하여 역효과가 생기는 상황을 가리키기도 한다.

① 밀턴 프리드먼(Milton Friedman)

② 폴 엘리엇 싱어(Paul Elliott Singer)

③ 조지프 퓰리처(Joseph Pulitzer)

④ 리카도(David Ricardo)

> **✔ 해설**　제시된 내용은 밀턴 프리드먼의 '샤워실의 바보'이다.
> 　　　　② 헤지펀드 '엘리엇 매니지먼트'를 설립하였다.
> 　　　　③ 미국의 언론인이자 신문 발행가였으며 그의 유언에 따라 퓰리처상이 제정되었다.
> 　　　　④ 한 나라가 두 재화 생산 모두에 절대우위를 갖는 경우에도 양국이 어느 한 재화에 특화하는 것이 양국 모두의 후생을 증대시킨다는 점을 비교우위 개념을 통해 설명하였다.

**14** 다음 중 무차별곡선에 대한 설명이 아닌 것은?

① 소비자에게 동일한 만족 또는 효용을 제공하는 재화의 묶음들을 연결한 곡선을 말한다.

② 재화의 조합을 나타내는 것으로 무차별곡선상의 어떤 조합을 선택하여도 총효용은 일정하다.

③ 한 재화의 가격과 한 소비자가 구매하고자 하는 해당 재화의 양과의 관계를 나타낸다.

④ 한 재화의 소비량을 증가시키면 다른 재화의 소비량은 감소하므로 무차별곡선은 우하향하는 모습을 띤다.

✔해설 ③ 개인수요곡선에 관한 설명이다.

**15** 다음의 가격탄력성 크기에 어울리는 개념으로 옳은 것은?

$$E_d = \infty$$

① 비탄력적

② 단위탄력적

③ 완전비탄력적

④ 완전탄력적

✔해설 가격탄력성의 구분

| 가격탄력성 크기 | 용어 |
|---|---|
| $E_d = 0$ | 완전비탄력적 |
| $0 < E_d < 1$ | 비탄력적 |
| $E_d = 1$ | 단위탄력적 |
| $1 < E_d < \infty$ | 탄력적 |
| $E_d = \infty$ | 완전탄력적 |

**16** 웨어러블 기기 등 비교적 크기가 작고 사물인터넷을 구성하는 사물 간 교환하는 데이터의 양이 많지 않은 기기를 무엇이라 하는가?

① 소물

② 폭스

③ 라인

④ 로더

✔해설 웨어러블 기기 등 비교적 크기가 작고 사물인터넷을 구성하는 사물 간 교환하는 데이터의 양이 많지 않은 기기를 소물(Small Thing)이라고 한다.
※ 소물인터넷 … 소물에 적용되는 사물 인터넷 기술

**Answer** 12.④ 13.① 14.③ 15.④ 16.①

**17** 불황 하에서 인플레이션이 수습이 안 되는 상황을 나타내는 것은?

① 슬럼플레이션　　　　　　　　② 스태그플레이션

③ 붐플레이션　　　　　　　　　④ 디플레이션

> ✔해설 슬럼플레이션(slumpflation) : 불황을 의미하는 슬럼프(slump)와 인플레이션(inflation)의 합성어로 불황 하에서도 인플레이션 수습이 안 되는 것을 의미한다. 스태그플레이션에 비해서 경기의 침체가 더욱 심한 상태를 말한다.


**18** 다음 중 경제관련 체계 중 성격이 다른 하나는?

① FTA　　　　　　　　　　　② EU

③ WTO　　　　　　　　　　　④ NAFTA

> ✔해설 WTO는 다 국가를 상대로 공통적인 문제를 논하는 다자주의, 개방적인 성격의 조직인 반면 나머지는 관세철폐 등의 조약체결을 각 대상국씩 진행하며 지역주의적이고 폐쇄적이라고 볼 수 있다.


**19** 급격한 경기침체나 실업증가를 야기하지 않으면서 경제성장률을 낮추는 것을 의미하는 경제용어는?

① 양적완화　　　　　　　　　　② 리커노믹스

③ 아베노믹스　　　　　　　　　④ 연착륙

> ✔해설 연착륙은 경제에서는 급격한 경기침체나 실업증가를 야기하지 않으면서 경제성장률을 낮추는 것을 의미한다. 즉 경기가 팽창(활황)에서 수축(불황)국면으로 접어들 때 기업은 매출이 줄고 투자심리가 위축돼 결국 감원으로 연결되고, 가계는 실질소득이 감소해 소비를 줄이고 저축을 꺼리게 되는데 연착륙은 이 같은 부작용을 최소화하자는 것이다.

**20** 디지털 플랫폼을 기반으로 상품 및 서비스의 공급자와 수요자가 거래하는 경제 활동을 무엇이라 하는가?

① 디지털 경제　　　　　　　　　　② 플랫폼 경제

③ 커머스 경제　　　　　　　　　　④ 쉐어링 경제

> ✔해설　플랫폼 경제 ⋯ 인터넷 기술의 발전으로 네트워크상에서 기업과 소비자를 연결하는 디지털 플랫폼이 출현하였다. 이러한 디지털 플랫폼을 기반으로 상품 및 서비스의 공급자와 수요자가 거래하는 경제 활동을 플랫폼 경제라고 한다.


**21** 피구효과에 대한 설명으로 알맞은 것은?

① 소득이 높았을 때 굳어진 소비 성향이 소득이 낮아져도 변하지 않는 현상을 말한다.

② 임금의 하락이 고용의 증대를 가져온다는 이론을 말한다.

③ 자신이 경제적, 사회적으로 우월하다는 것을 과시하려는 본능적 욕구에서 나오는 소비로 재화의 품질이나 용도보다는 상표에 집착하는 소비행위를 말한다.

④ 경기불황일 때 저가상품이 잘 팔리는 현상으로 저가 제품 선호추세라고도 한다.

> ✔해설　① 톱니 효과, ③ 베블렌 효과, ④ 립스틱 효과


**22** 다음 중 전시효과와 같은 의미로 쓰일 수 없는 것은?

① 과시효과　　　　　　　　　　　② 시위효과

③ 데모효과　　　　　　　　　　　④ 마태효과

> ✔해설　④ 갈수록 심화되고 있는 빈익빈 부익부 현상을 가리키는 용어
> • 전시효과 ⋯ 사람들이 더 높은 소득층의 소비수준에 이끌려 경제적 여유가 생기면 소비를 늘리는 경향. 과시효과, 시위효과, 데모효과라고도 하며 고도 성장기의 내구소비재 붐 등은 이 효과에 의존하는 면이 크다. 또한 매스컴이나 대기업의 PR에도 많은 영향을 받고 있다.

**Answer**　17.① 18.③ 19.④ 20.② 21.② 22.④

**23** 근로자와 자영업자, 농어민의 재산 형성을 지원하기 위해 2016년에 도입된 제도로 개인종합자산 관리계좌라고도 하며 하나의 통장으로 예금이나 적금은 물론 주식·펀드·ELS등 파생상품 투자 가 가능한 통합계좌를 무엇이라 하는가?

① ELD　　　　　　　　　　　　② ETF

③ ISA　　　　　　　　　　　　④ ELW

> **해설** ① 주가지수연동예금이라고도 하며 수익이 주가지수의 변동에 연계해서 결정되는 은행판매예금이다. 고객의 투자자금은 정기예금에 넣고 창출되는 이자만 파생상품에 투자하여 추가 수익을 낸다.
> ② 상장지수펀드로 특정지수를 모방한 포트폴리오를 구성하여 산출된 가격을 상장시킴으로써 주식 처럼 자유롭게 거래되도록 설계된 지수상품이다.
> ④ 주식워런트증권이라고도 하며 특정 대상물(기초자산)을 사전에 정한 미래의 시기(만기일 또는 행사기간)에 미리 정한 가격(행사가격)으로 살 수 있거나 팔 수 있는 권리를 갖는 유가증권을 말한다.

**24** 어떤 재화에 대해 사람들의 수요가 많아지면 다른 사람들도 그 경향에 따라서 그 재화의 수요를 더 증가시키는 효과를 무엇이라 하는가?

① 베블런효과　　　　　　　　　② 밴드왜건효과

③ 백로효과　　　　　　　　　　④ 언더독효과

> **해설** ① 가격이 오르는데도 일부 계층의 과시욕이나 허영심 등으로 인해 수요가 줄어들지 않는 현상
> ③ 특정 상품에 대한 소비가 증가해 희소성이 떨어지면 그에 대한 수요가 줄어드는 소비현상으로 남들이 구입하기 어려운 값비싼 상품을 보면 오히려 사고 싶어 하는 속물근성에서 유래했다. 소비자가 제품을 구매할 때 자신은 남과 다르다는 생각을 갖는 것을 우아한 백로에 빗댄 것으로, 속물을 뜻하는 영어인 snob을 사용해 스놉효과라고도 한다.
> ④ 개싸움에서 밑에 깔린 개가 이겨주기를 바라는 것처럼 경쟁에서 뒤지는 사람에게 동정표가 몰리는 현상

**25** 구매이력, 상품정보, 인구통계학 데이터 등을 분석하여 개인에게 맞는 상품을 모바일, TV 상에서 편리하게 쇼핑하도록 유도하는 것은 무엇인가?

① 소셜 커머스　　　　　　　　② 모바일 커머스

③ 스마트 커머스　　　　　　　④ 데이터 커머스

> **해설** 데이터 커머스 … 구매이력, 상품정보, 인구통계학 데이터, 방송 시청 데이터 등 수백가지의 분할된 데이터를 정밀분석하여 개인에게 맞는 상품을 모바일, TV 상에서 편리하게 쇼핑하도록 유도하는 것이다. 최근에는 개인 라이프스타일에 맞는 단말, 시간대, 콘텐츠별로 상품을 추천하고, 기업과 연결시켜주는 중개 플랫폼으로 진화하고 있다.

**26** 합병과 인수가 합성된 용어로 경영지배권에 영향을 미치는 일체의 경영행위를 무엇이라 하는가?

① M&A                    ② VaR
③ SCM                    ④ ECM

 ① M&A : 좁은 의미로는 기업 간의 인수합병을 뜻하며 넓은 의미로는 회사분할과 기술제휴, 공동마
케팅 등 전략적 제휴까지 확대된 개념이다.
② VaR : 정상적인 시장 여건에서 일정 신뢰수준 하에서 목표 보유기간 동안 발생 가능한 최대손실
금액을 말한다.
③ SCM : 공급망 관리라고도 하며 제품생산을 위한 프로세스(부품조달, 생산계획, 납품, 재고관리)
를 효율적으로 처리할 수 있는 관리 솔루션으로 물자, 정보, 재정 등이 공급자로부터 생산자,
도매업자, 소매상인, 그리고 소비자에게 이동함에 따라 그 진행과정을 감독하는 것을 말한다.
④ ECM : 기업 콘텐츠 관리라고도 하며 조직 내의 처리 업무에 관한 콘텐츠나 문서를 보관·전
달·관리에 이용하는 기술을 말한다.

**27** 다음의 현상을 설명하는 용어로 맞는 것은?

> 선진국인 A나라는 커피 수입에 개당 200원의 관세를 부과하였다. A국에서의 커피 수요는 매우 탄
> 력적이며, A국의 수입이 전 세계 수입에서 차지하는 비중이 매우 높아 커피 가격이 오히려 120원 하
> 락하게 되었다. 결론적으로 관세 부과 후 커피는 개당 20원 하락하는 결과가 나타나게 되었다.

① 메츨러의 역설              ② 최적관세
③ 실효보호 관세율            ④ 반덤핑관세

 ① 메츨러의 역설 : 관세를 부과하게 되면 국내가격이 상승하지만, 교역조건이 크게 개선된다면 오히
려 관세 부과 후 재화 가격이 하락하게 되는 것을 말한다.
② 최적관세 : 관세 부과로 인한 교역조건 개선효과로 사회후생이 증대되는 관세율을 의미한다.
③ 실효보호 관세율 : 관세를 통해 보호받고 있는 사업의 보호 정도가 실질적으로 어느 정도인지를
나타내는 관세율이다.

**28** 2014년 11월 17일 시행된 것으로 상하이 증권거래소와 홍콩 증권거래소 간의 교차 매매를 허용하는 정책은 무엇인가?

① QFII                     ② 후강퉁

③ EIS                      ④ DSS

> ✔해설 후강퉁 … 2014년 11월 17일 시행되었으며 상하이 증권거래소와 홍콩 증권거래소 간의 교차 매매를 허용하는 정책으로 이것이 시작되면 본토 50만 위안 잔고를 보유한 개인투자자와 일반 기관투자가 등도 홍콩을 거쳐 상하이 A주 주식을 살 수 있게 되며 일반 개인 외국인 투자자들도 홍콩을 통해 개별 본토 A주 투자가 가능해진다. 또한 중국 투자자 역시 홍콩 주식을 자유롭게 살 수 있다.

**29** 다음 중 사소한 무질서를 방치하면 큰 문제로 이어질 가능성이 높다는 의미를 담고 있는 이론은 무엇인가?

① 넛지효과                 ② 깨진 유리창 이론

③ 래칫효과                 ④ 밴드웨건효과

> ✔해설 깨진 유리창 이론 … 미국 범죄학자인 제임스 윌슨과 조지 켈링이 1982년 3월에 공동 발표한 「깨진 유리창(Fixing Broken Windows : Restoring Order and reducing Crime in Our Communities)」라는 글에서 처음 소개된 용어로 사회 무질서에 관한 이론이다. 깨진 유리창 하나를 방치해 두면 그 지점을 중심으로 범죄가 확산되기 시작한다는 이론을 말한다.

**30** 다음 설명과 관련이 없는 것은?

> • 재화나 서비스의 품질을 구배자가 알 수 없기 때문에 불량품만 나돌게 되는 시장
> • 식사 후 자연스럽게 먹는 이것을 아낄 경우 기대 이상의 재산을 축적할 수 있다.
> • 기업의 허점을 노려 실속을 챙기는 얄미운 소비자
> • 2004년 우크라이나 대통령 선거 당시 여당의 부정 선거를 규탄하여 결국 재선거를 치르게 했던 시민 혁명

① 수박                      ② 레몬

③ 카페라떼               ④ 체리

> ✔해설 주어진 설명은 순서대로 레몬마켓, 카페라떼효과, 체리피커, 오렌지혁명이다.

**31** 한 나라에 있어서 일정 기간(1년) 동안 국민들이 생산한 재화와 용역의 최종생산물의 합계를 화폐액으로 표시한 것은?

① 국민총생산(GNP)
② 국내총생산(GDP)
③ 국민소득(NI)
④ 국민순생산(NNP)

✔해설 ① GNP는 1934년 경제학자인 쿠즈네츠에 의하여 처음 제시된 이후 전 세계에서 국민 소득 수준을 나타내는 대표적인 경제 지표로 사용되고 있다.

**32** 차별화를 추구하거나 특정 계층에 속한다는 느낌을 얻기 위한 소비 형태를 나타내는 말을 무엇이라 하는가?

① 후광효과
② 파노플리효과
③ 분수효과
④ 샤워효과

✔해설 ① 후광효과 : 어떤 대상이나 사람에 대한 일반적인 견해가 그 대상이나 사람의 구체적인 특성을 평가하는 데 영향을 미치는 현상
③ 분수효과 : 판매를 촉진하기 위한 전략 중 하나로 백화점 등에서 아래층에서 위층으로 올라오도록 유도하는 것
④ 샤워효과 : 판매를 촉진하기 위한 전략 중 하나로 백화점 등에서 위층의 이벤트가 아래층의 고객 유치로 나타나는 효과

**33** 다음 중 세계 주식시장의 주가지수 명칭과 해당 국가를 잘못 연결한 것은?

① 일본 – TOPIX
② 홍콩 – 항생지수
③ 중국 – STI
④ 미국 – 다우존스지수

✔해설 ③ 중국은 상하이 지수이며, STI지수는 싱가포르 주식시장의 주가지수이다.

**34** 다음 중 용어와 그 설명이 바르지 않은 것은?

① 블랙컨슈머 (Black Consumer) – 고의적으로 악성 민원을 제기하는 소비자
② 그린컨슈머(Green Consumer) – 친환경적 요소를 기준으로 소비활동을 하는 소비자
③ 애드슈머(Adsumer) – 광고의 제작과정에 직접 참여하고 의견을 제안하는 소비자
④ 트라이슈머(Try sumer) – 다른 사람의 사용 후기를 참조해 상품을 구입하는 소비자

> ✔해설 트라이슈머란 관습에 얽매이지 않고 항상 새로운 무언가를 시도하는 체험적 소비자를 지칭한다.

**35** 다음에 해당하는 용어로 옳은 것은?

> (　　　)은 성장단계에 있는 중소, 벤처기업들이 원활히 자금을 조달할 수 있도록 비상장 벤처 기업들의 자금난을 해소하는 창구가 되고 있다.

① 글로벌소싱　　　　　　　　② 비즈니스프로세스아웃소싱
③ 크라우드소싱　　　　　　　　④ 아웃소싱

> ✔해설 크라우드소싱(Crowdsourcing)은 군중(crowd)과 아웃소싱(outsourcing)을 합쳐 만든 용어로 기업이 고객을 비롯한 불특정 다수에게서 아이디어를 얻어 이를 제품 생산과 서비스, 마케팅 등에 활용하는 것을 뜻한다.

**36** 다음 중 바젤 II 협약(신 BIS협약)에 대한 설명으로 옳지 않은 것은?

① 신용도가 좋은 기업이든 나쁜 기업이든 위험부담을 100%로 둔다.
② 복잡한 금융상품에 관한 리스크 평가에 적합하다.
③ 위험에 대한 많은 충당금을 쌓아야 한다.
④ 은행들의 BIS 비율이 하락할 가능성이 있다.

> ✔해설 바젤II(BASEL II)는 기업대출시 신용에 대해 차별을 둬 신용위험을 차별적으로 적용하고 금리 또한 신용상태에 따라 차등을 둔다.

**37** 기술혁신이나 새로운 자원의 개발에 의해 나타나는 장기적 성격의 순환은?

① 쥬글러순환        ② 콘드라티에프순환

③ 키친순환        ④ 엘리엇순환

> ✔️**해설** 경기순환의 구분
> ㉠ 단기순환 : 3~4년의 짧은 순환주기를 가지며 수요와 공급의 균형을 이루기 위해서 기업의 재고를 조정하는 과정에서 생긴다. 키친순환 또는 재고순환이라고도 한다.
> ㉡ 주순환 : 7~12년의 순환주기를 가지며 설비투자를 늘이거나 줄이는 과정에서 생기는 기업의 움직임이 원인이다. 쥬글러순환 또는 설비투자순환이라고 한다.
> ㉢ 중기순환 : 14~20년의 순환주기를 가지며 쿠즈네츠순환 또는 건축순환이라고 한다.
> ㉣ 장기순환 : 순환주기가 40~70년이며 기술혁신이 주된 원인이다. 발견자의 이름을 따서 콘드라티에프순환이라고도 한다.

**38** 다음 ( )안에 들어갈 용어로 옳은 것은?

> ( )은(는) 카드 대금을 매달 고객이 정한 비율(5~100%)만큼 결제하는 제도로 자금 부담을 줄이는 장점이 있지만 나중에 결제해야 하는 대금에 대한 높은 수수료가 문제되고 있다.

① 모빙        ② 리볼빙

③ 그린·옐로우카드제        ④ 몬덱스카드

> ✔️**해설** 리볼빙(Revolving)이란 일시불 및 현금서비스 이용액에 대해 매월 대금결제시 카드사와 회원이 미리 약정한 청구율이나 청구액 만큼만 결제하고, 결제된 금액만큼만 사용이 가능하도록 하는 제도이다.

**39** 다음 중 리디노미네이션에 대한 설명으로 옳지 않은 것은?

① 화폐 액면 단위의 변경을 의미한다.

② 단위의 변경에 따라 화폐의 가치도 함께 변경된다.

③ 통화의 대외적 위상이 높아지는 효과가 있다.

④ 인플레이션의 기대심리를 억제시킨다.

> ✔ 해설 ② 리디노미네이션(redenomination)은 화폐 액면 단위의 변경일뿐 화폐가치는 변하지 않기 때문에 물가 · 임금 · 예금 · 채권 · 3채무 등의 경제적 양적 관계가 전과 동일하다.

**40** 짧은 시간 동안에 시세변동을 이용하여 이익을 실현하고자 하는 초단기(초단위) 거래자를 지칭하는 용어는?

① 데이트레이더          ② 스캘퍼

③ 노이즈트레이더       ④ 포지션 트레이더

> ✔ 해설 ② 스캘퍼(Scalper)는 초단위로 매매하는 사람으로 하루에 많게는 50회 정도 한다. 이러한 행위를 스캘핑(Scalping)이라고 한다.

**41** FRB가 정기적으로 발표하는 미국경제동향 종합보고서의 명칭은?

① 그린북             ② 블랙북

③ 베이지북          ④ 패트북

> ✔ 해설 ③ 베이지북(Beige Book)이란 미연방제도이사회(FRB) 산하 연방준비은행이 경제 전문가의 견해와 각종 경기지표들을 조사분석한 것을 하나로 묶은 보고서로 매년 8차례 발표한다.

**42** 증권시장에서 지수선물·지수옵션·개별옵션 등 3가지 주식상품의 만기가 동시에 겹치는 날을 뜻하는 것은?

① 넷데이                      ② 레드먼데이

③ 더블위칭데이            ④ 트리플위칭데이

> **해설** 트리플위칭데이(Triple Witching Day)란 3·6·9·12월 둘째 목요일이면 지수선물·지수옵션·개별옵션 등 3가지 주식상품의 만기가 동시에 겹치는 것을 뜻한다.

**43** 다음과 같은 특징을 가진 간접투자상품은?

- 고객의 금융자산을 포괄하여 관리하는 금융상품이다.
- 고객 개인별로 맞춤식 투자 포트폴리오를 구성할 수 있다.

① MMF                      ② 뮤추얼펀드

③ 은행신탁               ④ 랩어카운트

> **해설** ④ 랩어카운트(wrap account)란 증권회사가 투자자의 투자성향과 투자목적 등을 정밀하게 분석한 후 고객에게 맞도록 가장 적합한 포트폴리오를 추천하고 일정한 보수를 받는 종합자산관리계좌이다.

**44** 채권투자와 신용등급에 대한 설명으로 옳지 않은 것은?

① S&P사의 신용등급 분류기준 중 BB+ 등급은 투자적격 등급이다.

② 정크본드는 투자부적격 채권 중에서도 등급이 아주 낮은 채권이다.

③ 신용평가회사가 기업 신용등급을 부여하기 위해서는 해당 기업의 재무제표에 대한 분석이 선행되어야 한다.

④ 신용등급은 일반적으로 투자적격 등급과 투자부적격 등급으로 구분된다.

> **해설** ① BB등급 이하의 채권은 투기등급에 해당한다.

**Answer**   39.②   40.②   41.③   42.④   43.④   44.①

**45** 북경, 서울, 도쿄를 연결하는 동북아 중심 도시 연결축을 이르는 용어는?

① NAFTA                          ② BESETO

③ EU                               ④ INTIDE

> ✔해설 베세토라인(BESETO line) … 한, 중, 일 3국의 수도를 하나의 경제단위로 묶는 초국경 경제권역을 뜻한다.

**46** 소득수준이 낮을수록 전체 가계비에서 차지하는 주거비의 비율이 높아진다는 법칙은?

① 슈바베의 법칙                  ② 그레샴의 법칙

③ 엥겔의 법칙                    ④ 세이의 법칙

> ✔해설 슈바베의 법칙은 독일 통계학자 슈바베가 발견한 근로자 소득과 주거비 지출의 관계 법칙이다.

**47** 다음 중 (A), (B)에 들어갈 알맞은 말은 무엇인가?

> ( A )란 개인들의 소비가 사회적으로 의존관계에 있는 타인의 소비행태와 타인의 소득수준에 의하여 영향을 받는 것을 말하고, ( B )란 후진국의 소비가 선진국 소비수준의 영향을 받는 것을 말한다.

① (A) 전시효과                     (B) 국제적 전시효과

② (A) 톱니효과                     (B) 국제적 톱니효과

③ (A) 전시효과                     (B) 전방연관효과

④ (A) 톱니효과                     (B) 후방연관효과

> ✔해설 전시효과란 개인들의 소비가 사회적으로 의존관계에 있는 타인의 소비행태와 타인의 소득수준에 의하여 영향을 받는 것을 말하고, 국제적 전시효과란 후진국의 소비가 선진국 소비수준의 영향을 받는 것을 말한다.

**48** 2003년 브릭스(BRICs)란 용어를 처음 사용했던 짐 오닐 골드만삭스 자산운용회장이 향후 경제 성장 가능성이 큰 나라로 꼽은 국가들을 바르게 연결한 것은?

① ICK : 인도, 중국, 한국

② BRICs : 브라질, 인도, 인도네시아, 중국

③ MIKT : 멕시코, 인도네시아, 한국, 터키

④ MAVINS : 멕시코, 호주, 베트남, 인도네시아, 나이지리아, 남아공

 ① ICK : 인도, 중국, 한국을 통칭하는 말로, 월스트리트 저널 인터넷 판이 2008년 사용하였다.
　② BRICs : 브라질, 러시아, 인도, 중국을 통칭하는 말로 골드만삭스가 처음으로 쓰기 시작했다.
　④ MAVINS : 멕시코, 호주, 베트남, 인도네시아, 나이지리아, 남아프리카공화국 등 6개 신흥시장은 미국 경제매체인 〈비즈니스 인사이더〉가 향후 10년간 주목해야 할 시장으로 꼽은 나라들이다.

**49** 지난 수년 동안 인수·합병(M&A)을 통해 몸집을 불린 기업들이 금융위기를 맞아 잇달아 경영난에 봉착하면서 일부 기업은 워크아웃 등 기업회생절차에 들어가기도 했다. 이런 상황을 설명하는 용어는 다음 중 무엇인가?

① 신용파산 스왑(CDS)　　　　② 신디케이트
③ 승자의 저주　　　　　　　　④ 프리워크아웃

해설 승자의 저주(The Winner'ns Curse) … 미국의 행동경제학자 리처드 세일러가 사용하며 널리 쓰인 용어로 과도한 경쟁을 벌인 나머지 경쟁에서는 승리하였지만 결과적으로 더 많은 것을 잃게 되는 현상을 일컫는다. 특히 기업 M&A에서 자주 일어나는데 미국에서는 M&A를 한 기업의 70%가 실패한다는 통계가 있을 정도로 흔하다. 인수할 기업의 가치를 제한적인 정보만으로 판단하는 과정에서 생기는 '비합리성'이 근본적인 원인으로 지적되고 있다.

※ 승자의 저주 사례

| 회사 | 피인수 회사 | 사례 |
|---|---|---|
| 동부 | 아남반도체 | 자회사 매각 추진 |
| 두산 | 밥캣 | 계열사 자산 매각 |
| 금호아시아나 | 대우건설·대한통운 | • 대우건설 재매각<br>• 대한통운 매각추진 |
| 한화 | 대우조선해양 | 인수포기 |

**50** Finance(금융)와 Technology(기술)의 합성어로, 모바일, SNS, 빅데이터 등 새로운 IT 기술을 활용한 금융 서비스를 총칭하는 용어는?

① 인슈테크　　　　　　　　　　② 프롭테크

③ 핀테크　　　　　　　　　　　④ 캄테크

> ✔해설　핀테크 … 핀테크(Fintech)는 Finance(금융)와 Technology(기술)의 합성어로, 모바일, SNS, 빅데이터 등 새로운 IT 기술을 활용한 금융 서비스를 총칭한다. 핀테크 1.0 서비스가 송금, 결제, 펀드, 자산관리 등 기존 금융 서비스를 ICT와 결합해 기존 서비스를 해체 및 재해석하는데 주안점을 두었다면, 핀테크 2.0 서비스는 핀테크 기업과 금융기관이 협업을 통해 보다 혁신적이고 새로운 금융서비스를 탄생시키는 방향으로 발전했다.

**51** 바하마나 버뮤다와 같이 소득세나 법인세를 과세하지 않거나 아주 낮은 세율을 부과하는 나라를 뜻하는 용어는?

① 택스헤븐　　　　　　　　　　② 택스프리

③ 택스리조트　　　　　　　　　④ 택스셀터

> ✔해설　택스헤븐(tax heaven)이란 조세피난처를 말하는 것으로 바하마나 버뮤다 등이 있다.

**52** 경기 부양책 중 하나로 기준금리를 조절하는 것이 아니라 중앙은행이 직접 시장에 돈을 공급하는 정책은 무엇인가?

① 출구전략　　　　　　　　　　② 인플레이션헤지

③ 관세장벽　　　　　　　　　　④ 양적완화

> ✔해설　양적완화 … 초저금리 상황에서 중앙은행이 정부의 국채나 다른 다양한 금융자산의 매입을 통해 시장에 유동성을 공급하는 정책

**53** 다음 (가), (나)에 나타난 수요의 가격 탄력성을 바르게 짝지은 것은?

> (가) A커피숍은 수입 증대를 위하여 커피 값을 20% 인하하였다. 그 결과 매출은 30% 증가하였다.
>
> (나) ○○극장은 여름 휴가철에 입장료를 종전에 비하여 15% 인하하였더니 입장료 수입이 15% 감소하였다.

| (가) | (나) |
| --- | --- |
| ① 탄력적 | 완전 비탄력적 |
| ② 탄력적 | 단위 탄력적 |
| ③ 비탄력적 | 완전 비탄력적 |
| ④ 비탄력적 | 단위 탄력적 |

 **해설** (가)에서 커피 값을 인하하였으나 매출이 상승하였으므로 수요의 가격 탄력성은 탄력적이며 (나)에서 입장료의 하락률과 입장료 수입의 하락률이 같다는 것은 수요량의 변화가 없다는 것이므로 수요의 가격 탄력성은 완전 비탄력적이다.

**54** 재정절벽이란 무엇인가?

① 정부의 재정 지출 축소로 인해 유동성이 위축되면서 경제에 충격을 주는 현상이다.

② 농산물의 가격이 상승하면서 소비자 물가와 생산자물가가 상승하는 현상이다.

③ 상품거래량에 비해 통화량이 과잉증가하여 물가가 오르고 화폐가치는 떨어지는 현상이다.

④ 주식시장이 장 마감을 앞두고 선물시장의 약세로 프로그램 매물이 대량으로 쏟아져 주가가 폭락하는 현상이다.

**해설**
② 애그플레이션(agflation)
③ 인플레이션(inflation)
④ 왝더독(wag the dog)

**Answer** 50.③ 51.① 52.④ 53.① 54.①

**55** 다음 (    ) 안에 공통적으로 들어갈 말로 알맞은 말은?

> (    )는 소득분배의 불평등도를 나타내는 수치이다. 일반적으로 분포의 불균형도를 의미하지만 특히 소득이 어느 정도 균등하게 분배되어 있는가를 평가하는데 주로 이용되며 이는 횡축에 인원의 저소득층부터 누적 백분율을 취하고 종축에 소득의 저액층부터 누적백분율을 취하면 로렌츠 곡선이 그려진다. 이 경우 대각(45도)선은 균등분배가 행해진 것을 나타내는 선(균등선)이 된다. 불평등도는 균등도와 로렌츠 곡선으로 둘러싸인 면적(λ)으로 나타난다. 그리고 균등선과 횡축, 종축으로 둘러싸여진 삼각형의 면적을 S라 할 때, λ/S를 (    )라고 부른다.

① 지니계수                          ② 메뉴비용
③ 코코본드                          ④ 어닝쇼크

> ✔해설 제시된 글은 지니계수에 대한 설명이다.
> ② 메뉴비용 : 가격표나 메뉴판 등과 같이 제품의 가격조정을 위하여 들어가는 비용
> ③ 코코본드 : 유사시 투자 원금이 주식으로 강제 전환되거나 상각된다는 조건이 붙은 회사채
> ④ 어닝쇼크 : 기업의 영업실적이 예상치보다 저조하여 주가에 영향을 미치는 것

**56** 다음 (가)와 (나)가 각각 바탕으로 하고 있는 경제 개념은?

> (가) : 나 여자친구와 헤어졌어.
> (나) : 왜?
> (가) : 내가 직장이 없어서……일부러 그만둔건데…….
> (나) : 이미 헤어졌으니 잊어버려.

|  | (가) | (나) |
|---|---|---|
| ① | 자발적 실업 | 매몰비용 |
| ② | 비자발적 실업 | 경제비용 |
| ③ | 계절적 실업 | 매몰비용 |
| ④ | 마찰적 실업 | 경제비용 |

> ✔해설 시간과 노력 등은 이미 헤어졌으니 다시 되돌릴 수 없는 매몰비용으로 생각하고 있다.

**57** 다음 중 직접세에 관한 설명으로 옳지 않은 것은?

① 조세저항이 적다.
② 징수하기가 까다롭다.
③ 소득재분배 기능을 수행한다.
④ 조세의 전가가 없다.

✔ 해설 ① 직접세는 조세저항이 크다.


**58** 경제주체들이 돈을 움켜쥐고 시장에 내놓지 않는 상황을 가리키는 용어는 무엇인가?

① 디플레이션        ② 피구효과
③ 톱니효과        ④ 유동성 함정

✔ 해설 유동성 함정 … 시장에 현금이 흘러 넘쳐 구하기 쉬운데도 기업의 생산, 투자와 가계의 소비가 늘지 않아 경기가 나아지지 않고 마치 경제가 함정(trap)에 빠진 것처럼 보이는 상태를 말한다. 1930년 대 미국 대공황을 직접 목도한 저명한 경제학자 존 메이나드 케인즈(John Maynard Keynes)가 아무리 금리를 낮추고 돈을 풀어도 경제주체들이 돈을 움켜쥐고 내놓지 않아 경기가 살아나지 않는 현상을 돈이 함정에 빠진 것과 같다고 해 유동성 함정이라 명명했다.


**59** 위안화 절상의 영향에 대해 잘못 설명한 것은?

① 중국에 점포를 많이 갖고 있는 대형 마트업계는 지분법 평가 이익이 늘어날 것이다.
② 중국에 완제품이 아닌 소재나 부품, 재료 등을 공급하는 업종들은 효과가 반감될 것이다.
③ 철강 조선업계는 최근 철광석을 비롯한 원료가격의 상승에도 중국 철강재는 오히려 하락하면서 국제 철강시장을 교란시켰는데, 위안화가 절상되면 달러화 환산가격이 감소하여 국제 철강가격이 올라갈 것이다.
④ 중국이 수출할 때 가격경쟁력이 떨어지면서 중간재에 대한 수입이 줄게 되면 악재로 작용할 수도 있다.

✔ 해설 ③ 위안화가 절상되면 달러화 환산가격이 상승함에 따라 국제 철강가격의 오름세가 강화될 것이다.


**Answer**    55.①   56.①   57.①   58.④   59.③

**60** 다음 ㉠과 ㉡에 들어갈 알맞은 것은?

> • 관찰 대상의 수를 늘릴수록 집단에 내재된 본질적인 경향성이 나타나는 ( ㉠ )은 보험표 계산원리 중 하나로 이용된다.
>
> • 생명보험계약의 순보험표는 ( ㉡ )에 의해 계산된다.

| | ㉠ | ㉡ |
|---|---|---|
| ① | 이득금지의 원칙 | 수직적 분석 |
| ② | 한계생산의 법칙 | 수직적 마케팅 시스템 |
| ③ | 미란다 원칙 | 행정절차제도 |
| ④ | 대수의 법칙 | 수지상등의 법칙 |

✔해설 ㉠ 대수의 법칙 : 관찰 대상의 수를 늘려갈수록 개개의 단위가 가지고 있는 고유의 요인은 중화되고 그 집단에 내재된 본질적인 경향성이 나타나게 되는 현상을 가리킨다. 인간의 수명이나 각 연령별 사망률을 장기간에 걸쳐 많은 모집단에서 구하고 이것을 기초로 보험 금액과 보험료율 등을 산정한다.

㉡ 수지상등의 법칙 : 보험계약에서 장래 수입되어질 순보험료의 현가의 총익이 장래 지출해야 할 보험금 현가의 총액과 같게 되는 것을 말하며, 여기에서 수지가 같아진다는 것은 다수의 동일 연령의 피보험자가 같은 보험종류를 동시에 계약했을 때 보험기간 만료시에 수입과 지출이 균형이 잡혀지도록 순보험료를 계산하는 것을 의미한다.

**61** 주식시장에서 주가와 등락폭이 갑자기 커질 경우 시장에 미치는 영향을 완화하기 위해 주식매매를 일시 정지하는 제도는?

① 서킷브레이크  ② 섀도 보팅
③ 공개매수(TOB)  ④ 워크아웃

✔해설 ② 뮤추얼펀드가 특정 기업의 경영권을 지배할 정도로 지분을 보유할 경우 그 의결권을 중립적으로 행사할 수 있도록 제한하는 제도로 다른 주주들이 투표한 비율대로 의결권을 분산시키는 것이다.

③ 주식 등 유가증권을 증권시장 외에서 10인 이상 불특정 다수인으로부터 청약을 받아 공개적으로 매수하는 것을 말한다.

④ 흔히 '기업개선작업'으로 번역되며 구조조정을 하면 회생할 가능성이 있는 기업에 대하여 채권 금융기관들과 채무기업 간 협상과 조정을 거쳐 채무상환 유예와 감면 등 재무개선조치와 자구 노력 및 채무상환계획 등에 관하여 합의하는 것을 말한다.

**62** 다음 중 통화스왑에 관한 설명으로 옳은 것은?

① 물가수준이 지속적으로 상승하여 소비자물가지수가 상승한다.

② 일정한 실물 또는 금융자산을 약정된 기일이나 가격에 팔 수 있는 권리를 말한다.

③ 주식시장에서 자금이 채권이나 실물시장으로 빠져나가면서 유동성이 부족해지는 방향으로 국면이 변동하는 것을 말한다.

④ 두개 또는 그 이상의 거래기관이 사전에 정해진 만기와 환율에 의해 다른 통화로 차입한 자금의 원리금 상환을 상호 교환하는 것을 말한다.

 ① 인플레이션
② 풋백옵션
③ 역금융장세

**63** 다음 중 '차입매수'에 대한 설명은 무엇인가?

① 신용거래에서 자금을 충분히 가지고 있지 않거나 인수 의사 없이 행사하는 매수주문

② 기업매수자금을 인수할 기업의 자산이나 향후 현금흐름을 담보로 금융기관에서 차입해 기업을 인수하는 M&A 기법

③ 대량의 주식을 매수할 때 신용을 담보로 금융기관에서 자금을 차입해 행사하는 매수주문

④ 기업매수자금을 주주들에게 공모해 자금 확보 후 기업을 인수하는 M&A 기법

 ① 공매수(short stock buying)에 대한 설명이다.

**64** 포털사이트에서 보험상품을 판매하는 영업 형태는?

① 포타슈랑스                ② 방카슈랑스
③ 인슈런스                  ④ 보이스포털

✔해설  포타슈랑스(portasurance) ··· 인터넷 포털사이트와 보험회사가 연계해 일반인에게 보험상품을 판매하는 영업 형태를 말한다. 온라인을 이용해 다양한 판매망을 갖출 수 있으며 경쟁을 통해 수수료를 낮출 수 있어 새로운 형태의 보험판매 방식으로 부상하고 있다.

**65** 다음 ( ) 안에 들어갈 알맞은 말은?

> ( )은/는 원래 프랑스에서 비롯된 제도인데 독일은 제1차 세계대전 이후 엄청난 전쟁배상금 지급을 감당할 수 없어 ( )을/를 선언했고 미국도 대공황 기간 중인 1931년 후버 대통령이 전쟁채무의 배상에 대하여 1년의 지불유예를 한 적이 있는데 이를 후버 ( )라/이라 불렀다고 한다. 이외에도 페루, 브라질, 멕시코, 아르헨티나, 러시아 등도 ( )을/를 선언한 바가 있다.

① 모블로그                ② 모라토리움 신드롬
③ 서브프라임 모기지론         ④ 모라토리엄

✔해설  모라토리엄 ··· '지체하다'란 뜻의 'morari'에서 파생된 말로 대외 채무에 대한 지불유예(支拂猶豫)를 말한다. 신용의 붕괴로 인하여 채무의 추심이 강행되면 기업의 도산(倒産)이 격증하여 수습할 수 없게 될 우려가 있으므로, 일시적으로 안정을 도모하기 위한 응급조치로서 발동된다.
　① 모블로그 : 무선통신을 뜻하는 '모바일(Mobile)'과 '블로그(Blog)'를 합쳐 만든 신조어. 때와 장소 가리지 않고 블로그를 관리할 수 있어 인기를 끌고 있다.
　② 모라토리움 신드롬 : 모라토리움 신드롬은 독일 심리학자 에릭슨이 처음 사용한 용어로써 1960년대에 들어 지적, 육체적, 성적인 면에서 한 사람의 몫을 할 수 있으면서도 사회인으로서의 책임과 의무를 짊어지지 않는다는 것을 뜻한다.
　③ 서브프라임 모기지론 : 서브프라임(Subprime)은 '최고급 다음가는, 최우대 대출 금리보다 낮은'을 의미하며 모기지(Mortgage)는 '주택담보대출'이라는 뜻이다. 즉, 한마디로 신용등급이 낮은 저소득층을 대상으로 주택자금을 빌려주는 미국의 주택담보대출 상품을 말한다.

**66** 다음 중 환율제도에 관한 설명으로 옳지 않은 것은?

| | 구분 | 고정환율제도 | 변동환율제도 |
|---|---|---|---|
| ① | 국제수지불균형 | 국제수지불균형이 조정되지 않는다. | 환율변동으로 자동적으로 조정된다. |
| ② | 정책효과 | 금융정책 효과 없다. | 재정정책 효과 없다. |
| ③ | 환위험 | 크다. | 작다. |
| ④ | 환율 | 정부의 정책변수(외생변수) | 국제수지 변화에 따라 조정(내생변수) |

 ③ 고정환율제도는 환위험이 작고, 변동환율제도는 환위험이 크다.

**67** 김 대리는 물가상승에 대비하여 부동산에 투자하였다. 다음 중 이와 가장 관련 깊은 용어는?

① 백워데이션　　　　　　　　　② 인플레이션헤지

③ 서킷브레이커　　　　　　　　④ 나비효과

 ② 인플레이션헤지(inflationary hedge) : 인플레이션 시 실물자산의 가격상승으로 화폐가치가 하락하는 경우 이에 대한 방어수단으로서 부동산·주식·상품 등을 구입하여 물가상승에 상응하는 명목 가치의 증가를 보장하는 것
　① 백워데이션(backwardation) : 선물가격이 현물보다 낮아지는 현상
　③ 서킷브레이커(circuit breakers) : 주가가 갑자기 큰 폭으로 변화할 경우 시장에 미치는 충격을 완화시키기 위해 주식매매를 일시 정지시키는 제도
　④ 나비효과(butterfly effect) : 어떠한 일의 시작 시 아주 작은 양의 차이가 결과에서는 매우 큰 차이를 만들 수 있다는 이론

**Answer**　64.① 65.④ 66.③ 67.②

**68** 원−달러 환율 상승에 대한 설명으로 옳지 않은 것은?

① 환율상승은 외국 빚을 지고 있는 기업들에게 원금상환부담을 가중시키는 효과도 가져온다.

② 환율상승은 국제수지의 적자를 해소시킬 수 있다.

③ 우리나라와 경쟁관계에 있는 통화(예를 들어 엔화)가치가 더 많이 떨어지면 효과가 별로 나타나지 않게 된다.

④ 수입품 가격의 하락으로 인플레이션을 가져올 수 있다.

> ✔ 해설 ④ 환율상승은 수입품 가격의 상승을 초래한다. 이것은 인플레로 이어질 수 있는데 이는 환율상승의 부정적 효과로 지적된다. 국내 기업의 수입원자재 가격이 상승하므로 국내 물가를 끌어올리는 요인이 되기 때문이다.

**69** 펀드가 한 단위의 위험자산에 투자함으로써 얻은 초과수익의 정도를 나타내는 지표를 말하는 샤프지수에 대한 설명 중 옳지 않은 것은?

① 샤프지수가 높을수록 투자성과가 성공적이라고 할 수 있다.

② 샤프지수는 펀드수익률에서 무위험채권인 국공채 수익률을 뺀 값을 펀드수익률의 표준편차로 나누어 계산한다.

③ 우리나라 샤프지수는 통상 샤프지수 1이상을 선회하는 수치로 유지된다.

④ 전체위험을 고려하는 표준편차를 사용하고, 최소 1개월 이상의 수익률 데이터를 필요로 한다.

> ✔ 해설 샤프지수는 통상 1 이상을 넘어야 하는데 우리나라의 샤프지수는 0.5를 넘기도 힘든 실정이다. 우리나라는 펀드의 만기가 대부분 1년 이내이고 주식의 위험성이 높기 때문이다.

**70** 다음 중 성격이 다른 것은?

① ELD

② ELS

③ ELF

④ ELW

✔해설 ELD, ELS, ELF는 주가지수와 연동되어서 펀드의 수익률이 주가나 주가지수에 의해 결정되는 수익구조를 보인다.

① ELD(Equity Linked Deposit, 지수연동정기예금) : 은행권 파생형예금상품으로 예금의 일부가 시장 지수에 연결되어 있는 정기예금이다. 위험이 따르는 직접투자보다는 원금이 보장되는 간접투자를 선호하는 사람들에게 적합한 상품이다.

② ELS(Equity Linked Securities, 지수연계증권) : 주가지수의 수치나 특정 주식의 가격에 연계하여 수익이 결정되는 유가증권이다. 자산을 우량 채권에 투자하여 원금을 보존하고 일부를 주가지수 옵션 등 금융파생 상품에 투자해 고수익을 노리는 유가증권에 대하여 적용되는 일반적인 규제가 동일하게 적용되나 주식이나 채권에 비해 손익구조가 복잡하다. 또한 원금과 수익을 지급받지 못할 위험성도 있고 투자자가 만기 전에 현금화하기가 어렵다는 특징도 지닌다.

③ ELF(Equity Linked Fund, 주가연계펀드) : 투자신탁회사들이 ELS 상품을 펀드에 입하거나 자체적으로 원금 보존을 위한 펀드를 구성하여 판매하는 파생상품펀드의 일종이다. 펀드자산의 대부분을 국공채나 우량 회사채 등과 같은 안전자산에 투자하여 원금을 확보하고, 잔여재산을 증권회사에서 발행한 ELS 권리증서(warrant)에 편입해 펀드 수익률이 주가에 연동되도록 설계한다. 이로 인해 ELF는 펀드의 수익률이 주가나 주가지수에 의해 결정되는 수익구조를 보인다.

④ ELW(Equity-Linked Warrant, 주식워런트증권) : 특정 대상물(기초자산)을 사전에 정한 미래의 시기(만기일 혹은 행사기간)에 미리 정한 가격(행사가격)으로 살 수 있거나(콜) 팔 수 있는(풋) 권리를 갖는 유가증권. 주식워런트증권은 당사자 일방의 의사표시에 의하여 특정 주권의 가격 또는 주가지수의 변동과 연계하여 미리 약정된 방법에 따라 주권의 매매 또는 금전을 수수하는 권리가 부여된 증서인데, 특정한 주식을 기초자산으로 하여 특정시점 후에 사전에 정한 가격보다 높은지 낮은지에 따라 그 수익이 결정되는 상품이다.

**Answer** 68.④ 69.③ 70.④

PART

# 04

## 직무적성검사

# 출제예상문제

**┃1~5┃ 다음 중 통일성을 해치는 문장을 고르시오.**

**1**

조선시대에는 천문학과 역법이 국가 운영의 핵심 기반으로 여겨졌다. 조선 초기는 원나라에서 사용되던 역법을 계승하여 명나라의 대통력을 채택하였다. ㉠ 이를 통해 날짜와 계절을 계산해 국가 제사와 농업 생산 일정을 정리하였다. 그러나 ㉡ 조선 후기에 서양 천문학이 도입되면서 시헌력이 새롭게 채택되었다. 시헌력은 기존의 대통력과 달리 하루를 96각으로 세분화하였고, 계절과 위도에 따라 하루의 길이가 변한다는 점을 정확히 반영하였다. 이러한 역법은 농업 생산과 관측 활동에서 큰 역할을 했으며, 별의 움직임을 계산하여 계절별 경작 시기를 정밀하게 예측할 수 있도록 도왔다. ㉢ 별의 움직임은 조선의 전통적인 제례와 국가 의식을 더욱 정교하게 조직할 수 있었다. 이러한 노력은 조선의 천학적 지식을 크게 향상시켰고, ㉣ 관측 기구 개발과 천문대 설립 같은 과학적 발전으로 이어졌다.

① ㉠          ② ㉡

③ ㉢          ④ ㉣

> **✔ 해설** ㉢ 박스 안 문장은 농업과 관련된 실용적 활용에 초점을 맞추고 있는데, 전체 글의 초점은 천문학과 역법의 발전 및 국가 운영의 기초 역할에 더 초점이 맞춰져 있다. 별의 움직임이 전통적인 제례와 국가 의식을 정교하게 조직하는 데 관련이 있다는 내용은 농업과 같은 실용적 활용과는 직접적인 관련이 없었으므로 문맥에서 벗어나는 내용이다.

**2**

악기에서 나오는 복합음은 부분음이 여러개 중첩된 형태이다. ㉠ 이 부분음 중에서 가장 낮은 음을 '기음'이라고 부르며 다른 부분음은 이 기음이 가지고 있는 진동수의 정수배 값인 진동수를 갖는다. ㉡ 헬름홀츠는 공명기라는 독특한 장치를 사용하여 부분음이 물리적으로 존재한다는 것을 입증하였다. ㉢ 헬름홀츠는 이 공명기를 이용하여 복합음 속에서 특정한 부분음만을 선택하여 들을 수 있었다. 이는 공명기의 내부에 존재하는 공기의 양에 따라 특정한 진동수를 갖는 부분음에 대해서만 공명이 일어나고 다른 진동수의 음에 대해서는 공명이 일어나지 않기 때문이었다. ㉣ 헬름홀츠가 우선적으로 선택한 악음은 다양한 현에서 나오는 음이었다. 그는 이 특정한 공명 진동수를 공명기의 '고유 진동수'라고 불렀다. 공명기의 이러한 특성은 추후에 음향학 연구에서 널리 활용되었다.

① ㉠                                     ② ㉡
③ ㉢                                     ④ ㉣

**해설** 2문단은 '고유 진동수'에 대해 설명하고 있지만 ㉣은 악음에 대한 설명이다.


**3**

산림의 경제성이 증대됨에 따라 18세기에는 목재를 불법적으로 베어가는 투작(偷斫)이 광범위하게 확산되었다. 특히 ㉠ 사양산은 금산에 비해 통제가 약하였기 때문에 투작의 피해가 더욱 클 수밖에 없었다. 투작은 신분을 가리지 않고 시도되었다. 힘 있는 사족(士族)들은 본인이 소유한 사양산의 경계를 넘어 투작하거나 친족의 나무를 도둑질하여 팔았다. 또한 ㉡ 이들은 몰락한 양반 또는 돈 많은 평민들의 사양산이나 분묘 주변에서 다수의 인원을 동원하여 강제로 투작하는 늑작(勒斫)을 행하기도 하였다. 지방 향리층의 투작에는 정해진 숫자를 초과해 벌목하는 난작(亂斫)이 많았다. 그러나 사족이나 향리층의 투작은 평민층의 투작에 비하면 그 비중이 높지 않았다. ㉢ 평민층의 투작은 한 사람의 소규모 투작에서 수십 명이 작당하는 대규모 투작까지 그 종류와 규모가 다양하였다. 일례로 충청도 임천에서는 산주가 출타한 틈을 타 인근 마을에 사는 평민들이 작당하고 27명을 동원하여 소나무 200여 그루를 투작하기도 하였다. ㉣ 목상들은 운반이 편리하며 굵고 큰 금산의 나무를 선호하였는데, 이들에 의해 유통된 목재는 개인 소유 선박인 사선의 제작에 주로 사용되었다.

① ㉠                                     ② ㉡
③ ㉢                                     ④ ㉣

**해설** 제시된 내용은 투작에 관한 설명이지만 ㉣은 목상에 대한 설명이다.

**Answer** 1.③ 2.④ 3.④

**4**

오늘날 우리는 모두 소비자이다. 그냥 소비자가 아니라, 권리상, 의무상 소비자이다. ㉠ 쇼핑을 하지 못한다는 것은 충족되지 못한 삶을 나타내 스스로에게 불쾌하고 역겨운 흔적으로 남는다. 우리는 골치 아픈 일에서 벗어나 만족으로 가는 길에서 마주치는 모든 문제의 해결책을 상점에서 찾는다. ㉡슈퍼마켓은 우리의 사원(寺院)이다. 쇼핑 목록은 우리의 성무일도서(聖務日禱書)이고, 쇼핑몰을 거니는 것은 우리의 순례가 된다. 충동구매를 하거나 보다 매력적인 물건들로 자유롭게 바꾸기 위해 더 이상 매력적이지 않은 물건들을 마음 내키는 대로 처분하는 것이야말로 우리를 가장 열광시킨다. ㉢ 젊은 세대에게도 이러한 열광은 잘 나타난다. 이렇게 우리는 하나의 소비 대상을 쉽게 처분하고는 새롭고 향상된 소비 대상으로 계속 대체한다. 그것은 사회적 지위와 성공적 삶을 위한 경쟁에서 우리가 올린 득점을 측정하는 주요 척도가 된다. ㉣ 소비를 통한 즐거움의 충만은 삶의 충만을 의미한다.

① ㉠

② ㉡

③ ㉢

④ ㉣

**해설** 전체적으로 소비를 통한 긍정적인 내용을 담고 있지만 ㉠은 부정적인 내용이기 때문에 흐름에 어울리지 않는다.

**5**

영혼은 아주 미세한 입자들로 구성되어 있기 때문에, 몸의 나머지 구조들과 더 잘 조화를 이룰 수 있다. 감각의 주요한 원인은 영혼에 있다. 그러나 ㉠ 몸의 나머지 구조에 의해 보호되지 않는다면, 영혼은 감각을 가질 수 없을 것이다. 몸은 감각의 원인을 영혼에 제공한 후, 자신도 감각 속성의 몫을 영혼으로부터 얻는다. ㉡ 우주는 물체와 허공으로 구성된다. 영혼이 몸을 떠나면, 몸은 더 이상 감각을 소유하지 않는다. 왜냐하면 몸은 감각 능력을 스스로 가진 적이 없으며, 몸과 함께 태어난 영혼이 몸에게 감각 능력을 주었기 때문이다. 물론 ㉢ 몸의 일부가 소실되어 거기에 속했던 영혼이 해체되어도 나머지 영혼은 몸 안에 있다. 또한 영혼의 한 부분이 해체되더라도, 나머지 영혼이 계속해서 존재하기만 한다면 여전히 감각을 유지할 것이다. 반면에 영혼을 구성하는 입자들이 전부 몸에서 없어진다면, 몸 전체 또는 일부가 계속 남아 있더라도 감각을 가지지 못할 것이다. 더구나 ㉣ 몸 전체가 분해된다면, 영혼도 더 이상 이전과 같은 능력을 가지지 못하고 해체되며 감각 능력도 잃게 된다.

① ㉠

② ㉡

③ ㉢

④ ㉣

**해설** 제시된 내용은 영혼과 몸에 관한 것이지만 ㉡은 우주와 허공을 언급하고 있다.

**▌6~10▐ 다음 문장들을 순서에 맞게 배열한 것을 고르시오.**

**6**

(가) 현재 전하고 있는 갑인자본을 보면 글자획에 필력의 약동이 잘 나타나고 글자 사이가 여유 있게 떨어지고 있으며 판면이 커서 늠름하다.

(나) 이 글자는 자체가 매우 해정(글씨체가 바르고 똑똑함)하고 부드러운 필서체로 진나라의 위부인자체와 비슷하다 하여 일명 '위부인자'라 일컫기도 한다.

(다) 경자자와 비교하면 대자와 소자의 크기가 고르고 활자의 네모가 평정하며 조판도 완전한 조립식으로 고안하여 납을 사용하는 대신 죽목으로 빈틈을 메우는 단계로 개량·발전되었다.

(라) 또 먹물이 시커멓고 윤이 나서 한결 선명하고 아름답다. 이와 같은 이유로 이 활자는 우리나라 활자본의 백미에 속한다.

(마) 갑인자는 1434년(세종 16)에 주자소에서 만든 동활자로 그보다 앞서 만들어진 경자자의 자체가 가늘고 빽빽하여 보기가 어려워지자 좀 더 큰 활자가 필요하다하여 1434년 갑인년에 왕명으로 주조된 활자이다.

(바) 이 활자를 만드는 데 관여한 인물들은 당시의 과학자나 또는 정밀한 천문기기를 만들었던 기술자들이었으므로 활자의 모양이 아주 해정하고 바르게 만들어졌다.

① (마)—(나)—(바)—(다)—(가)—(라)

② (나)—(마)—(라)—(가)—(다)—(바)

③ (마)—(가)—(바)—(다)—(나)—(라)

④ (나)—(마)—(가)—(라)—(다)—(바)

✔해설 (마) 갑인자의 소개와 주조 이유 →(나) 갑인자의 이명(異名) →(바) 갑인자의 모양이 해정하고 바른 이유 →(다) 경자자와 비교하여 개량·발전된 갑인자 →(가) 현재 전해지는 갑인자본의 특징 →(라) 우리나라 활자본의 백미가 된 갑인자

**7**

(가) 그러나 고객 관련 정보 부족으로 인해 이 역할이 크게 약화될 수 있다.

(나) 은행의 핵심 업무는 여유 자금이 있는 사람들로부터 예금을 유치해 자금이 필요한 사람들에게 대출하는 일이다.

(다) 은행은 이 과정에서 대출과 예금의 금리 차이를 통해 수익을 얻으며, 국민 경제 차원에서 자금을 효율적으로 배분하는 사회적 역할도 수행한다.

(라) 고객의 상환 능력에 대한 충분한 정보를 확보하지 못한 상태에서 대출금을 회수하지 못할 위험에 늘 노출되는 것이다.

(마) 이런 위험을 줄이기 위해 은행은 확실한 담보가 있거나 신용 등급이 높은 사람들만 상대하는 전략을 채택한다.

① (가) － (다) － (나) － (라) － (마)　　② (나) － (다) － (가) － (라) － (마)

③ (다) － (가) － (나) － (라) － (마)　　④ (라) － (나) － (다) － (가) － (마)

✔해설　(나) 은행의 핵심 업무
　　　　(다) 핵심 업무를 통한 은행의 수익과 역할
　　　　(가) 고객 관련 정보 부족으로 인한 역할의 약화
　　　　(라) 역할의 약화에 따른 위험
　　　　(마) 위험에 대처하는 은행의 전략

**8**

(가) 이 지역에서 수렵 생활을 하던 이들은 세 가지 서로 다른 길을 걸었다.

(나) 첫째 집단은 그대로 머물러 생활양식을 유지하며 겨우 생존만 하다가 멸망의 길로 들어섰다.

(다) 빙하기가 끝나고 나서 세계 여러 지역의 기후는 크게 달라졌다. 서남아시아 일부 초원 지역의 경우는 급속히 사막화가 진행되었다.

(라) 다음 집단은 다른 지역인 티그리스, 유프라테스 강 유역으로 이주한 다음, 농경 생활을 선택하여 새로운 고대 문명을 일구고 이어지는 문제들도 성공적으로 해결해 나갔다.

(마) 또 다른 집단은 생활양식만을 변경하여 그 지역에서 유목생활을 하였다. 이들은 문명 단계에는 들어갔으나 더 이상의 발전이 없이 정체되고 말았다.

① (가) － (다) － (나) － (마) － (라)　　② (가) － (다) － (라) － (나) － (마)

③ (다) － (가) － (나) － (마) － (라)　　④ (다) － (가) － (마) － (나) － (라)

✔해설　(다) 빙하기 이후 사막화
　　　　(가) 수렵 생활을 하던 이들의 세 가지 길
　　　　(나) 첫 번째 집단 : 생활양식을 유지하여 멸망
　　　　(마) 두 번째 집단 : 생활양식만 변경, 그 지역에서 유목생활을 하여 정체
　　　　(라) 세 번째 집단 : 다른 지역으로 이주, 농경생활 선택하여 문명을 일굼

**9**

(가) 이보다 발달된 차원의 경험적 방법은 관찰이며, 지식을 얻기 위해 외부 자연 세계를 관찰하는 것이다.

(나) 가장 발달된 것은 실험이며 자연 세계에 변형을 가하거나 제한된 조건하에서 살펴보는 것이다.

(다) 우선 가장 초보적인 차원이 일상 경험이다.

(라) 자연과학의 경험적 방법은 세 가지 차원에서 생각해볼 수 있다.

① (가) – (라) – (나) – (다)　　　　② (가) – (나) – (라) – (다)

③ (라) – (다) – (나) – (가)　　　　④ (라) – (다) – (가) – (나)

**✔ 해설** (라) 자연 과학의 경험적 방법에는 세 가지 차원이 있다고 전제하고, (다) 가장 초보적인 차원(일상경험) → (가) 이보다 발달된 차원(관찰) → (나) 가장 발달된 차원(실험)으로 설명이 전개되고 있다.

**10**

(가) 그가 이전과는 달리 생활에 대한 긍정을 시에 담아내었던 것도 그러한 안정과 관련이 깊다.

(나) 줄곧 이상과 현실을 문제 삼으면서 일상에 매달려 살아가야 하는 자의 설움과 비애를 느껴 왔던 시인은 다시 생활의 안정 속에 빠져있는 자신을 발견하고, 그것을 이겨 내려고 애를 썼다.

(다) 서강에서의 생활은 피폐해진 그의 몸과 마음을 점차 회복시키고, 그로 하여금 오랜만에 안정을 누리게 했다.

(라) 하지만 생활에 대한 시인의 긍정은 그리 오래 가지 못했다.

(마) 김수영은 1955년 6월 성북동에서 서강으로 이사하였다.

① (가) – (다) – (나) – (마) – (라)　　　② (가) – (라) – (마) – (나) – (다)

③ (다) – (마) – (나) – (라) – (가)　　　④ (마) – (다) – (가) – (라) – (나)

**✔ 해설** (마) 서강으로의 이사

(다) 이사의 긍정적 효과(안정)

(가) 안정이 시에 끼친 영향(안정 → 긍정)

(라) 오래 가지 못한 긍정

(나) 안정을 이겨내려는 김수영의 노력

**Answer** 7.② 8.③ 9.④ 10.④

**다음 주어진 문장이 들어갈 위치로 가장 적절한 곳을 고르시오.**

**11**

이것은 논리의 결함에서 오는 것이 아니라 사실에 관한 주장들조차도 이미 그 안에 '삶을 위한 것'이라는 대전제를 본질적으로 깔고 있기 때문이다.

서구 과학이 지닌 한 가지 중요한 특징은 이것이 당위성이 아닌 사실성으로 시작하고 사실성으로 끝난다는 점이다. 삶의 세계 안에서 당위성은 매우 중요한 것이지만, 이것은 학문 그 자체 속에서 자연스레 도출되는 것이 아니라 이를 활용하는 당사자가 별도로 끌어들여야 하는 것이다. 이 점에서 왕왕 혼동이 일어나기도 하지만 이는 이른바 '자연주의적 오류'라 하여 경계의 대상으로 삼고 있다. (가) 특히 자연과학의 논리적 구조를 살펴보면 이 속에 당위성이 끼어들 어떠한 공간도 허락되어 있지 않다. (나)

그런데 매우 흥미롭게도 동양의 학문에서는 당위성과 사실성이 하나의 체계 속에 자연스럽게 서로 연결되고 있음을 볼 수 있다. (다) 동양에서 학문을 한다고 하면 선비를 떠올리는 것도 바로 이러한 데서 연유하게 된다. (라) 한편 동양 학문이 지닌 이러한 성격이 치르게 되는 대가 또한 적지 않다. 결국 물질세계의 질서를 물질세계만의 논리로 파악하는 체계, 곧 근대 과학을 이루는 데에 실패하고 만 것이다.

① (가)　　　　　　　　　　　　② (나)

③ (다)　　　　　　　　　　　　④ (라)

> **해설** 주어진 문장의 '이것'은 (다) 앞의 문장의 '동양의 학문에서는 당위성과 사실성이 하나의 체계 속에 자연스럽게 서로 연결되고 있음'을 의미한다.

**12**

유명인의 이미지가 여러 상품으로 분산되면 광고 모델과 상품 간의 결합력이 약해질 것이다. 이는 유명인 광고 모델의 긍정적인 이미지를 광고 상품에 전이하여 얻을 수 있는 광고 효과를 기대하기 어렵게 만든다.

유명인의 중복 출연은 과연 높은 광고 효과를 보장할 수 있을까? 유명인이 중복 출연하는 광고의 효과를 점검해 볼 필요가 있다. 어떤 모델이든지 상품의 특성에 적합한 이미지를 갖는 인물이어야 광고 효과가 제대로 나타날 수 있다. (개) 유명인의 중복 출연이 소비자가 모델을 상품과 연결시켜 기억하기 어렵게 한다는 점도 광고 효과에 부정적인 영향을 미친다. (나) 또한 유명인의 중복 출연 광고는 광고 메시지에 대한 신뢰를 얻기 힘들다. (다) 유명인 모델의 광고 효과를 높이기 위해서는 유명인이 자신과 잘 어울리는 한 상품의 광고에만 지속적으로 나오는 것이 좋다. (라) 여러 광고에 중복 출연하는 유명인이 많아질수록 외견상으로는 중복 출연이 광고 매출을 증대시켜 광고 산업이 활성화되는 것으로 보일 수 있다. 하지만 모델의 중복 출연으로 광고 효과가 제대로 나타나지 않으면 광고비가 과다 지출되어 결국 광고주와 소비자의 경제적인 부담으로 이어진다. 유명인을 비롯한 광고 모델의 적절한 선정이 요구되는 이유가 여기에 있다.

① (개)                    ② (나)

③ (다)                    ④ (라)

✔해설 주어진 지문은 유명인의 중복 출연으로 모델과 상품을 연결시켜 기억하기 어려워지기 때문에 광고 효과가 온전하지 못하다는 것을 부연설명 하고 있으므로 (나)의 위치에 들어가는 것이 적절하다.

**13**

신체적인 측면에서 보면 잠든다는 것은 평온하고 안락한 자궁(子宮) 안의 시절로 돌아가는 것과 다름이 없다.

우리는 매일 밤 자신의 피부를 감싸고 있던 덮개(옷)들을 벗어 벽에 걸어 둘 뿐 아니라, 신체 기관을 보조하기 위해 사용하던 여러 도구를, 예를 들면 안경이나 가발, 의치 등도 모두 벗어 버리고 잠에 든다. ㈎ 여기에서 한 걸음 더 나아가면, 우리는 잠을 잘 때 옷을 벗는 행위와 비슷하게 자신의 의식도 벗어서 한쪽 구석에 치워 둔다고 할 수 있다. ㈏ 두 경우 모두 우리는 삶을 처음 시작할 때와 아주 비슷한 상황으로 돌아가는 셈이 된다. ㈐ 실제로 많은 사람들은 잠을 잘 때 태아와 같은 자세를 취한다. 마찬가지로 잠자는 사람의 정신 상태를 보면 의식의 세계에서 거의 완전히 물러나 있으며, 외부에 대한 관심도 정지되는 것으로 보인다. ㈑

① ㈎            ② ㈏

③ ㈐            ④ ㈑

✔ **해설** ㈐의 앞 문장에서 '잠을 잘 때 우리는 삶을 처음 시작할 때와 아주 비슷한 상황'으로 돌아간다고 제시되어 있고, 뒤의 문장에서는 그에 대한 근거 '많은 사람들이 잠을 잘 때 태아와 같은 자세를 취하는 것'에 대해 제시되어 있으므로 주어진 문장에 들어가기에 가장 적절한 곳은 ㈐이다.

**14**

그래서 조선 후기에 기독교가 제사의례를 부정하고 나왔을 때 당시 유교적 위정자들이 온갖 박해로 기독교를 탄압한 것이라고 추리할 수 있다.

자신이 죽는다는 사실을 아는 동물은 인간뿐으로, 인간은 그 공포에서 벗어나기 위해 수많은 설명과 행위를 만들어낸다. ㈎ 유학자들도 예외가 될 수 없다. 아무리 이론적인 무장을 잘 해도 죽음 앞에서는 한갓 헛될 뿐이다. ㈏ 유교에서 제사가 그렇게 중요시되었던 것도 바로 인간의 영생을 간접적이나마 약속해 준다는 것 때문이었을 것이다. ㈐ 이것마저 양보하면 유교는 그 높은 형이상학적 교리만으로는 버틸 수가 없었을 것이다. 제사야말로 유교를 근본적으로 받쳐 주고 있는 종교의례였던 것이다. ㈑ 종교적으로 절대적인 도그마로 뿌리박혀 있는 것을 공격하게 되면 어떤 종교에서든 강력한 거부감을 가지고 호전적으로 맞서게 되는 것이다.

① ㈎            ② ㈏

③ ㈐            ④ ㈑

**✔ 해설** (라) 이전의 문장에서 유교를 근본적으로 받쳐주고 있는 종교의례가 제사라고 언급했고, 그 이후 문장에서 절대적인 도그마로 뿌리박혀 있는 것(제사)을 공격하면 호전적으로 맞선다고 언급되어 있으므로 주어진 문장은 (라)에 들어가 앞뒤 문장을 이어주는 것이 가장 적절하다.

**15**

> 도덕 철학자들은 이 물음에 대해 대부분 부정적 반응을 보이며 도덕적 정당화의 조건으로 공평성(impartiality)을 제시한다.

> 도덕적 선택의 순간에 직면했을 때 상대방에게 개인적 선호(選好)를 드러내는 행동이 과연 도덕적으로 정당할까? (가) 공평주의자들의 관점에서 볼 때 특권을 가진 사람은 아무도 없다. (나) 사람들은 인종, 성별, 연령에 관계없이 모두 신체와 생명, 복지와 행복에 있어서 동일한 가치를 지닌다. (다) 따라서 어떤 개인에 대해 행위자의 선호를 표현하는 도덕적 선택은 결코 정당화될 수 없다. (라) 공평주의자들은 사람들 간의 차별을 인정하지 않기 때문에 개인이 처해 있는 상황이 어떠한가에 따라 행동의 방향을 결정해야 한다고 말한다.

① (가)           ② (나)

③ (다)           ④ (라)

**✔ 해설** 주어진 문장은 맨 첫 번째 문장의 질문에 대한 대부분의 도덕 철학자들의 생각을 서술한 것이다. 이후 문장들에서 공평주의자들의 관점에 대한 설명이 제시되고 있으므로 주어진 문장이 들어갈 곳은 (가)가 가장 적절하다.

**❙16~20❙ 다음을 읽고 빈칸에 들어갈 내용으로 가장 알맞은 것을 고르시오.**

**16**

슬로비치 모델은 과학기술 보도의 사회적인 증폭 양상에 보다 주목하는 이론이다. 이 모델은 언론의 과학기술 보도가 어떻게 사회적인 증폭 역할을 수행하게 되는지, 그리고 그 효과가 사회적으로 어떤 식으로 확대 재생산될 수 있는지를 보여 준다. 특정 과학기술 사건이 발생하면 뉴스 보도로 이어진다. 이때 언론의 집중 보도는 수용자 개개인의 위험 인지를 증폭시키며, 이로부터 수용자인 대중이 위험의 크기와 위험 관리의 적절성에 대하여 판단하는 정보 해석 단계로 넘어간다. 이 단계에서 이미 증폭된 위험 인지는 보도된 위험 사건에 대한 해석에 영향을 미쳐 _____. 이로 말미암은 부정적 영향은 그 위험 사건에 대한 인식에서부터 유관기관, 업체, 관련 과학기술 자체에 대한 인식에까지 미치게 되며, 또한 관련 기업의 매출 감소, 소송의 발생, 법적 규제의 강화 등의 다양한 사회적 파장을 일으키게 된다.

① 보도 대상에 대한 신뢰 훼손과 부정적 이미지 강화로 이어진다.
② 대중들로 하여금 잘못된 선택을 하게 한다.
③ 대중들의 선택에 모든 책임을 부여한다.
④ 언론에 대한 대중들의 신뢰가 무너지게 된다.

> ✔ **해설** 슬로비치 모델은 언론의 보도가 확대 재생산되는 과정에 대한 이론이고, 빈칸 이후의 '이로 말미암은 부정적 영향…'을 볼 때, 빈칸에 들어갈 문장은 ①이 가장 적절하다.

**17**

비트겐슈타인이 1918년에 쓴 「논리 철학 논고」는 '빈학파'의 논리실증주의를 비롯하여 20세기 현대 철학에 큰 영향을 주었다. 그는 많은 철학적 논란들이 언어를 애매하게 사용하여 발생한다고 보았기 때문에 언어를 분석하고 비판하여 명료화하는 것을 철학의 과제로 삼았다. 그는 이 책에서 언어가 세계에 대한 그림이라는 '그림이론'을 주장한다. 이 이론을 세우는데 그에게 영감을 주었던 것은, 교통사고를 다루는 재판에서 장난감 자동차와 인형 등을 이용한 모형을 통해 사건을 설명했다는 기사였다. 그런데 모형을 가지고 사건을 설명할 수 있는 이유는 무엇일까? 그것은 모형이 실제의 자동차와 사람 등에 대응하기 때문이다. 그는 언어도 이와 같다고 보았다. 언어가 의미를 갖는 것은 언어가 세계와 대응하기 때문이다. 다시 말해 언어가 세계에 존재하는 것들을 가리키고 있기 때문이다. 언어는 명제들로 구성되어 있으며, 세계는 사태들로 구성되어 있다. 그리고 명제들과 사태들은 각각 서로 대응하고 있다. _____

① 그러므로 언어는 세계를 설명할 수 있지만, 사건은 설명할 수 없다.

② 이처럼 언어와 세계의 논리적 구조는 동일하며, 언어는 세계를 그림처럼 기술함으로써 의미를 가진다.

③ 이처럼 비트겐슈타인은 '그림 이론'을 통해 언어가 설명할 수 없는 세계에 대하여 제시했다.

④ 그러므로 철학적 논란들은 언어를 명확하게 사용함으로써 사라질 것이다.

✔해설 '그림 이론'에 대한 설명에서 언어가 세계와 대응한다는 내용에 이어지는 문장이므로 ②번이 적절하다.

**18**

> 언어와 사고의 관계를 연구한 사피어(Sapir)에 의하면 우리는 객관적인 세계에 살고 있는 것이 아니다. 우리는 언어를 매개로 하여 살고 있으며, 언어가 노출시키고 분절시켜 놓은 세계를 보고 듣고 경험한다. 워프(Whorf) 역시 사피어와 같은 관점에서 언어가 우리의 행동과 사고의 양식을 주조(鑄造)한다고 주장한다. 예를 들어 어떤 언어에 색깔을 나타내는 용어가 다섯 가지밖에 없다면, 그 언어를 사용하는 사람들은 수많은 색깔을 결국 다섯 가지 색 중의 하나로 인식하게 된다는 것이다. 이는 결국 _____는 주장과 일맥상통한다.

① 언어와 사고는 서로 영향을 주고받는다.
② 언어가 우리의 사고를 결정한다.
③ 인간의 사고는 보편적이며 언어도 그러한 속성을 띤다.
④ 사용언어의 속성이 인간의 사고에 영향을 줄 수는 없다.

> ✔해설 '워프(Whorf) 역시 사피어와 같은 관점에서 언어가 우리의 행동과 사고의 양식을 주조(鑄造)한다고 주장한다'라는 문장을 통해 빈칸에도 워프와 사피어와 같은 주장을 하는 내용이 나와야 자연스럽다.

**19**

> 동양화의 특징인 여백의 표현도 산점 투시(散點透視)와 관련된 것이다. 동양화에서는 산점 투시를 택하여 구도를 융통성 있게 짜기 때문에 유모취신(遺貌取神)적 관찰 내용을 화면에 그대로 표현할 수 있다. 즉 대상 가운데 주제와 사상을 가장 잘 나타낼 수 있는 본질적인 부분만을 취하고, _____ 그 결과 여백이 생기게 된 것이다. 이 여백은 하늘일 수도 있고 땅일 수도 있으며, 혹은 화면에서 제거된 기타 여러 가지일 수도 있다. 그런데 여백은 단순히 비어 있는 공간은 아니다. 그것은 주제를 돋보이게 할 뿐 아니라 동시에 화면의 의경(意境)을 확대시킨다. 당나라 대 백거이는 '비파행(琵琶行)'이라는 유명한 시에서 악곡이 쉬는 부분을 묘사할 때, "이 때에는 소리를 내지 않는 것이 소리를 내는 것보다 더 낫다."라고 하였다. 여기서 '일시적으로 소리를 쉬는 것'은 악곡 선율의 연속인데, 이는 '뜻은 다달았으되 붓이 닿지 않은' 것과 같은 뜻이다. 이로 인해 보는 이는 상상력을 발휘할 수 있는 여지를 더 많이 가질 수 있고, 동시에 작품은 예술적 공감대를 확대하게 된다.

① 풍경을 최대한 자세하게 표현한다.
② 주변 인물들의 표정을 과장되게 묘사한다.
③ 주제와 관련 없는 부분을 화면에서 제거한다.
④ 나머지는 추상적으로 표현하여 궁금증을 유발시킨다.

> ✔해설 주어진 글은 미술, 음악 등 작품에서 본직적인 부분만을 취하고 '주제와 관련 없는 부분을 화면에서 제거'하는 '여백의 미'에 대한 내용이다.

**20**

역사적 사실(historical fact)이란 무엇인가? 이것은 우리가 좀 더 꼼꼼히 생각해 보아야만 하는 중요한 질문이다. 상식적인 견해에 따르면, 모든 역사가들에게 똑같은, 말하자면 역사의 척추를 구성하는 어떤 기초적인 사실들이 있다. 예를 들면 헤이스팅스(Hastings) 전투가 1066년에 벌어졌다는 사실이 그런 것이다. 그러나 이 견해에는 명심해야 할 두 가지 사항이 있다. 첫째로, 역사가들이 주로 관심을 가지는 것은 그와 같은 사실들이 아니라는 점이다. 그 대전투가 1065년이나 1067년이 아니라 1066년에 벌어졌다는 것, 그리고 이스트본(Eastbourne)이나 브라이턴(Brighton)이 아니라 헤이스팅스에서 벌어졌다는 것을 아는 것은 분명히 중요하다. 역사가는 이런 것들에서 틀려서는 안 된다. 하지만 나는 이런 종류의 문제들이 제기될 때 _____라는 하우스먼의 말을 떠올리게 된다. 어떤 역사가를 정확하다는 이유로 칭찬하는 것은 어떤 건축가를 잘 말린 목재나 적절히 혼합된 콘크리트를 사용하여 집을 짓는다는 이유로 칭찬하는 것과 같다.

① '정확성은 의무이며 곧 미덕이다'

② '정확성은 미덕이지 의무는 아니다'

③ '정확성은 의무도 미덕도 아니다'

④ '정확성은 의무이지 미덕은 아니다.'

> ✔해설 뒤에 이어지는 문장에서 빈칸에 들어갈 문장을 부연설명하고 있다. 뒤에 이어지는 문장에서 '정확성은 마땅히 해야 하는 것이며, 칭찬할 것은 아니다.'라는 내용을 이야기 하고 있으므로, 이와 일치하는 내용은 ④번이다.

**21** 다음 글의 중심 내용으로 가잘 적절한 것은?

> 채권 투자자는 정기적으로 받게 될 이자액과 액면 금액을 각각 현재 시점에서 평가한 값들의 합계인 채권의 현재 가치에서 채권의 매입 가격을 뺀 순수익의 크기를 따진다. 채권 보유로 미래에 받을 수 있는 금액을 현재 가치로 환산하여 평가할 때는 금리를 반영한다. 가령 금리가 연 10%이고, 내년에 지급받게 될 금액이 110원이라면, 110원의 현재 가치는 100원이다. 즉 금리는 현재 가치에 반대 방향으로 영향을 준다. 따라서 금리가 상승하면 채권의 현재 가치가 하락하게 되고 이에 따라 채권의 가격도 하락하게 되는 결과로 이어진다. 이처럼 수시로 변동되는 시중 금리는 현재 가치의 평가 구조상 채권 가격의 변동에 영향을 주는 요인이 된다.

① 채권의 금액, 이자율, 만기일 등의 지급 조건
② 채권의 만기와 채권 가격의 관계
③ 다른 자산 시장의 상황에 따른 채권 가격의 변동
④ 시중 금리와 채권 가격 변동의 상관관계

> ✔해설 주어진 글은 금리에 따른 채권 가격에 대한 영향을 설명하고 있으며 마지막 문장인 "이처럼 수시로 변동되는 시중 금리는 현재 가치의 평가 구조상 채권 가격의 변동에 영향을 주는 요인이 된다."를 통해 글의 중심내용은 '시중 금리와 채권 가격 변동의 상관관계'가 됨을 알 수 있다.


**22** 다음 글의 주제는 무엇인가?

> 우리가 흔히 경험하는 바에 따르면, 예술이 추구하는 미적 쾌감이 곱고 예쁜 것에서 느끼는 쾌적함과 반드시 일치하지는 않는다. 예쁜 소녀의 그림보다는 주름살이 깊이 팬 늙은 어부가 낡은 그물을 깁고 있는 그림이 더 감동적일 수 있다. 선과 악을 간단히 구별할 수 없는 여러 인물들이 뒤얽혀서 격심한 갈등이 전개되는 영화가 동화처럼 고운 이야기를 그린 영화보다 더 큰 감명을 주는 것도 흔히 있는 일이다. 이와 같이 예술의 감동이라는 것은 '단순히 보고 듣기 쾌적한 것'이 아닌, '우리의 삶과 이 세계에 대한 깊은 인식, 체험'을 생생하고도 탁월한 방법으로 전달하는 데에 있다.

① 예술은 쾌적함을 주는데 그 목적이 있다.
② 예술의 미적 쾌감은 곱고 아름다운 것에서만 느낄 수 있다.
③ 우리 삶 속의 문제와 갈등은 예술과는 거리가 멀다.
④ 예술의 미는 소재가 아닌 삶에 대한 통찰과 표현의 탁월성에서 나온다.

> ✔해설 ④ '늙은 어부'의 그림과 '격심한 갈등을 보여주는 영화'를 예로 들어 예술의 미란 단순한 '미', '추'의 개념으로 판단할 수 없음을 말하고 있다.

**23** 다음은 대담의 일부이다. 대담 참여자의 말하기 방식으로 적절한 것은?

> 진행자 : '책 사랑' 시간입니다. 오늘은 우리의 전통 선박에 대해 재미있게 설명한 「우리나라 배」의 저자를 모셨습니다. 안녕하십니까?
>
> 전문가 : 반갑습니다.
>
> 진행자 : 선생님, 우리나라 전통 선박에 담긴 선조들의 지혜를 설명한 책의 내용이 참 흥미롭던데요, 구체적인 사례 하나만 소개해 주시길 부탁 드립니다.
>
> 전문가 : 많은 사례가 있지만 그중에서도 판옥선에 담긴 선조들의 지혜를 소개해 드릴까 합니다. 혹시 판옥선에 대해 들어 보셨나요?
>
> 진행자 : 자세히는 모르지만 임진왜란 때 사용된 선박이라고 들었습니다.
>
> 전문가 : 맞습니다. 판옥선은 임진왜란 때 활약한 전투함인데, 우리나라 해양 환경에 적합한 평저 구조로 만들어졌습니다.
>
> 진행자 : 선생님, 평저 구조가 무엇인가요?
>
> 전문가 : 네, 그건 배의 밑 부분을 넓고 평평하게 만든 구조입니다. 덕분에 판옥선은 수심이 얕은 바다에서는 물론, 썰물 때에도 운항이 용이했죠. 또한 방향 전환도 쉽게 할 수 있었습니다.
>
> 진행자 : 그러니까 섬이 많고 수심이 얕으면서 조수 간만의 차가 비교적 큰 우리나라 남해안과 서해안에 적합한 구조라는 말씀이시죠?
>
> 전문가 : 네, 그렇습니다.
>
> 진행자 : 선조들의 지혜가 대단하다는 생각이 드네요. 이런 특징을 가진 판옥선이 전투 상황에서는 얼마나 위력적이었는지 궁금합니다. 설명해 주시겠습니까?

① 전문가는 여러 가지 예를 들어 책의 내용을 설명하고 있다.
② 전문가는 자신의 이론에 대하여 설명하고 있다.
③ 진행자는 대화의 주제와 맞지 않는 물음을 던지고 있다.
④ 진행자는 용어의 개념에 대하여 물음으로써 청취자의 이해를 돕고 있다.

> ✔해설 ① 전문가는 판옥선의 예를 들어 우리나라 선통 선박에 담긴 선조들의 지혜를 설명하고 있다.
> ② 전문가는 자신의 책에 담긴 내용을 설명하고 있다.
> ③ 진행자는 용어의 개념에 대하여 물음으로써 청취자의 이해를 돕고, 물음을 통해 자신이 이해한 바를 확인하고 있으며, 마지막에는 화제와 관련된 추가 정보를 요청하고 있다.

**Answer**   21.④   22.④   23.④

**24** 다음 글에서 밑줄 친 내용에 대한 설명으로 가장 적절한 것은?

> 지난 봄에 콩을 심으려는데 언제 심어야 하는지 알 수 없었다. 그래서 동네 할머니께 물었다.
> "할머니, 콩은 언제 심어요?"
> 물으면서 마음속으로 틀림없이 몇 월 며칠에 심는다는 대답을 해주실 줄로 믿고 달력을 쳐다보았다. 그러나 할머니 대답이 뜻밖이었다.
> <u>"으응, 올콩은 감꽃 필 때 심고, 메주콩은 감꽃이 질 때 심는 거여."</u>
> 이 말을 듣고 나는 정신이 번쩍 났다. 그래, 책을 보고 날짜를 따져서 씨앗을 뿌리겠다는 내 생각이 얼마나 어리석은가! 지역마다 토양이 다르고 기후도 온도도 다르고 내리는 비도 바람길도 다른데, 그래서 지역에 따라 씨 뿌리는 철도 거두어들이는 철도 다를 수밖에 없는데, 몇 월 며칠이라고 못을 박아야 정답인 것으로 여겨온 내 교과서적 지식이 얼마나 잘못되었는가.

① 시골 노인들의 '교과서적 지식'을 보여준다.
② 자연환경에 맞춘 생태적인 사고를 담고 있다.
③ 합리성을 결여한 비과학적인 사고에 해당한다.
④ 양력보다 음력을 중시하는 사고를 반영하고 있다.

> ✔해설 감꽃이 피고 지는 시기를 통해 올콩과 메주콩 심는 시기를 파악하고 있다. 이는 자연환경에 맞춘 생태적인 사고를 담고 있음을 알 수 있다.

**25** 다음 제시문을 바탕으로 '공부'에 관한 글을 쓰려고 할 때, 이끌어 낼 수 있는 내용으로 적절하지 않은 것은?

> 자전거를 쓰러뜨리지 않고 잘 타려면 기울어지는 쪽으로 방향을 틀면서 균형을 잡되, 멈추지 않고 계속 앞으로 가야만 한다. 그런데 실제로는 이런 원리를 아는 것보다 직접 타 보면서 연습하는 것이 더 중요하다. 이때 만약 자전거를 처음 배운다면 누군가 뒤에서 잡아주는 것이 좀 더 효율적이다. 뒤에서 잡아주다가 타는 사람도 모르게 살며시 놓아주게 되면 타는 사람은 어느새 자신도 모르게 균형을 잡고 자전거를 탈 수 있기 때문이다. 그리고 이렇게 배운 자전거로 더 멀리 가려면 튼튼한 체력이 뒷받침되어야 한다.

① 공부를 잘 하려면 지속적으로 해야 한다.
② 체계적인 공부를 위해 시간 관리를 잘 해야 한다.
③ 스스로 공부할 수 있도록 도움을 받는 것도 필요하다.
④ 목표를 달성할 때까지 공부하려면 건강을 잘 돌봐야 한다.

② 제시문에서는 '시간 관리'를 이끌어 낼 수 있는 내용이나 근거가 제시되지 않았다.

① 멈추지 않고 계속 앞으로 가야한다는 내용을 통해 이끌어 낼 수 있다.

③ 자전거를 처음 배울 때는 누군가 뒤에서 잡아 주는 것이 효율적이라는 내용을 통해 이끌어 낼 수 있다.

④ 더 멀리 있는 목적지를 가기 위해선 튼튼한 체력이 뒷받침되어야 한다는 내용을 통해 이끌어 낼 수 있다.

**26** 다음의 글에서 '일러스트레이션'이 겪은 변화와 유사한 것은?

> 그림책의 그림은 순수 회화와 구별해서 일러스트레이션이라고 한다. 일러스트레이션(illustration)은 'illustrate'라는 동사에서 나온 말로, '예를 들어 쉽게 설명한다'라는 뜻이다. 그림책에서 일러스트레이션은 그림책이 전하는 이야기를 설명해 준다. 오랫동안 그림책은 글자를 터득하지 못한 아이들에게 어른이 읽어 주는 책이었고, 일러스트레이션은 책을 장식하는 요소로 사용되어 왔다. 도구였던 일러스트레이션이 오늘날처럼 주도적인 역할을 하면서 그림책이 독자적인 장르로 크게 발전하기 시작한 것은 2차 세계 대전 이후이다. 오늘날 그림책 속에 담긴 일러스트레이션은 점점 회화적인 요소가 강해질 뿐만 아니라, 이야기를 설명한다는 목적 때문에 예술적 의의를 인정받지 못했던 한계를 넘어서고 있다. 좋은 일러스트레이션일수록 이야기가 풍부하다. 한 권의 그림책 속에 어우러지는 일러스트레이션은 작품을 입체적으로 만든다.

① 최근까지도 사람들의 주목을 받지 못했던 독립영화는 현재 영화예술의 중요한 부분을 차지하고 있다.

② 처음에는 일상 용품으로 제작되었던 도자기는 점차 독자적인 미적 가치를 인정받게 되었다.

③ 클래식 음악은 원래 소수의 특권층이 독점하던 예술이었지만 지금은 누구나 즐길 수 있는 음악이 되었다.

④ 사람들에게 큰 충격을 주었던 행위 예술은 이제 점차 낯익은 장르가 되었다.

② '일러스트레이션'은 처음에는 책을 장식하는 '도구'로 사용되었던 요소였지만 점점 예술적 의의를 인정받지 못했던 한계를 넘어서고 있다고 제시되어 있다. 이는 '일상 용품'이었던 도자기가 미적 가치를 인정받은 변화와 유사하다.

**Answer** 24.② 25.② 26.②

**27** 다음 글을 읽고 추론할 수 없는 내용은?

> 우리나라의 고분, 즉 무덤은 크게 나누어 세 가지 요소로 구성되어 있다. 첫째는 목관(木棺), 옹관(甕棺)과 같이 시신을 넣어두는 용기이다. 둘째는 이들 용기를 수용하는 내부 시설로 광(壙), 곽(槨), 실(室) 등이 있다. 셋째는 매장시설을 감싸는 외부 시설로 이에는 무덤에서 지상에 성토한, 즉 흙을 쌓아 올린 부분에 해당하는 분구(墳丘)와 분구 주위를 둘러 성토된 부분을 보호하는 호석(護石) 등이 있다.
>
> 일반적으로 고고학계에서는 무덤에 대해 '묘(墓)−분(墳)−총(塚)'의 발전단계를 상정한다. 이러한 구분은 성토의 정도를 기준으로 삼은 것이다. 매장시설이 지하에 설치되고 성토하지 않은 무덤을 묘라고 한다. 묘는 또 목관묘와 같이 매장시설, 즉 용기를 가리킬 때도 사용된다. 분은 지상에 분명하게 성토한 무덤을 가리킨다. 이 중 성토를 높게 하여 뚜렷하게 구분되는 대형 분구를 가리켜 총이라고 한다.
>
> 고분 연구에서는 지금까지 설명한 매장시설 이외에도 함께 묻힌 피장자(被葬者)와 부장품이 그 대상이 된다. 부장품에는 일상품, 위세품, 신분표상품이 있다. 일상품은 일상생활에 필요한 물품들로 생산 및 생활도구 등이 이에 해당한다. 위세품은 정치, 사회적 관계를 표현하기 위해 사용된 물품이다. 당사자 사이에만 거래되어 일반인이 입수하기 어려운 물건으로 피장자가 착장(着裝)하여 위세를 드러내던 것을 착장형 위세품이라고 한다. 생산도구나 무기 및 마구 등은 일상품이기도 하지만 물자의 장악이나 군사력을 상징하는 부장품이기도 하다. 이것들은 피장자의 신분이나 지위를 상징하는 물건으로 일상품적 위세품이라고 한다. 이러한 위세품 중에 6세기 중엽 삼국의 국가체제 및 신분질서가 정비되어 관등(官等)이 체계화된 이후 사용된 물품을 신분표상품이라고 한다.

① 묘에는 분구와 호석이 발견되지 않는다.

② 묘는 무덤의 구성요소뿐 아니라 무덤 발전단계를 가리킬 때에도 사용되는 말이다.

③ 피장자의 정치, 사회적 신분 관계를 표현하기 위해 장식한 칼을 사용하였다면 이는 위세품에 해당한다.

④ 생산도구가 물자의 장악이나 군사력을 상징하는 부장품에 사용되었다면, 이는 위세품이지 일상품은 아니다.

✅ **해설** 위세품은 정치, 사회적 관계를 표현하기 위해 사용된 물품이다. 당사자 사이에만 거래되어 일반인이 입수하기 어려운 물건으로 피장자가 착장(着裝)하여 위세를 드러내던 것을 착장형 위세품이라고 한다. 생산도구나 무기 및 마구 등은 일상품이기도 하지만 물자의 장악이나 군사력을 상징하는 부장품이기도 하다. 이것들은 피장자의 신분이나 지위를 상징하는 물건으로 일상품적 위세품이라고 한다.

**28** 다음 글에 나타난 '플로티노스'의 견해와 일치하지 않는 것은?

여기에 대리석 두 개가 있다고 가정해 보자. 하나는 거칠게 깎아낸 그대로이며, 다른 하나는 조각술에 의해 석상으로 만들어져 있다. 플로티노스에 따르면 석상이 아름다운 이유는, 그것이 돌이기 때문이 아니라 조각술을 통해 거기에 부여된 '형상' 때문이다. 형상은 그 자체만으로는 질서가 없는 질료에 질서를 부여하고, 그것을 하나로 통합하는 원리이다.

형상은 돌이라는 질료가 원래 소유하고 있던 것이 아니며, 돌이 찾아오기 전부터 돌을 깎는 장인의 안에 존재하던 것이다. 장인 속에 있는 이 형상을 플로티노스는 '내적 형상'이라 부른다. 내적 형상은 장인에 의해 돌에 옮겨지고, 이로써 돌은 아름다운 석상이 된다. 그러나 내적 형상이 곧 물체에 옮겨진 형상과 동일한 것은 아니다. 플로티노스는 내적 형상이 '돌이 조각술에 굴복하는 정도'에 응해서 석상 속에 내재하게 된다고 보았다.

그렇다면 우리가 어떤 석상을 '아름답다'고 느낄 때는 어떠한 일이 일어날까? 플로티노스는 우리가 물체 속의 형상을 인지하고, 이로부터 질료와 같은 부수적 성질을 버린 후 내적 형상으로 다시 환원할 때, 이 물체를 '아름답다'고 간주한다고 보았다. 즉, 내적 형상은 장인에 의해 '물체 속의 형상'으로 구현되고, 감상자는 물체 속의 형상으로부터 내적 형상을 복원함으로써 아름다움을 느끼는 것이다.

① 장인의 소각술은 질료에 내재되어 있던 '형상'이 밖으로 표출되도록 도와주는 역할을 한다.

② 물체에 옮겨진 '형상'은 '내적 형상'과 동일할 수 없으므로 질료 자체의 질서와 아름다움에 주목해야 한다.

③ 동일한 '내적 형상'도 '돌이 조각술에 굴복하는 정도'에 따라 서로 다른 '형상'의 조각상으로 나타날 수 있다.

④ 자연 그대로의 돌덩어리라 할지라도 감상자가 돌덩어리의 '내적 형상'을 복원해 낸다면 '아름답다'고 느낄 수 있다.

✔해설 두 번째 문단 후반부에서 내적 형상이 물체에 옮겨진 형상과 동일한 것은 아니라고 하면서, '돌이 조각술에 굴복하는 정도'에 응해서 내적 형상이 내재한다고 하였다.

　① 두 번째 문단 첫 문장에서 '형상'이 질료 속에 있는 것이 아니라, 장인의 안에 존재하던 것임을 알 수 있다.

　② 첫 번째 문단 마지막 문장에서 질료 자체에는 질서가 없다고 했으므로, 지문의 '질료 자체의 질서와 아름다움'이라는 표현이 잘못되었다.

　④ 마지막 문장에 의하면, 장인에 의해 구현된 '내적 형상'을 감상자가 복원함으로써 아름다움을 느낄 있다고 하였다. 자연 그대로의 돌덩어리에서는 복원할 '내적 형상'이 있다고 할 수 없다.

**Answer** 27.④  28.③

**29** 다음 글의 제목으로 가장 적절한 것은?

> 보통 알코올 도수가 높은 술은 증류주(蒸溜酒)에 속한다. 중국의 바이주(白酒), 러시아의 보드카, 영국의 위스키, 프랑스의 브랜디가 모두 증류주다. 최근에야 알코올 도수가 20~30%까지 낮아졌지만, 원래 증류주는 40%가 넘었다. 증류를 하는 대상은 주로 양조주(釀造酒)다. 중국의 바이주는 쌀이나 수수로 만든 양조주인 청주나 황주(黃酒)를 먼저 만든 후, 그것을 증류하면 된다. 가오량주(高粱酒)는 그 재료가 수수라서 생긴 이름이다. 위스키는 주로 보리로 양조주인 맥주를 만든 후 그것을 증류해서 만든다. 브랜디는 포도를 원료로 만든 와인을 증류한 술이다. 그렇다면 한국의 소주는 과연 증류주인가.
>
> 당연히 증류주라고 해야 옳다. 다만 시중에서 즐겨 마시는 '국민 대중의 술' 소주는 온전한 증류주라고 말하기 어렵다. 상표를 자세히 살펴보면 '희석식 소주'라고 표시돼 있다. 도대체 무엇에 무엇을 희석했다는 것인가. 고구마나 타피오카 같은 곡물에 알코올 분해해 정제시킨 주정(酒精)에 물과 향료를 희석시킨 것이 바로 이 술이다. 주정은 그냥 마시면 너무 독해서 치명적이기에 물을 섞어야 한다. 이와 같은 주정은 결코 전래의 증류 방식이 온전하게 도입된 것이 아니다. 밑술인 양조주를 굳이 만들지 않고 발효균을 넣어 기계에 연속으로 증류시켜 만든다. 당연히 양조주가 지닌 원래의 독특한 향기도 주정에는 없다.

① 증류주의 역사
② 양조주의 전통과 향기
③ 전통적 증류주 '소주'
④ 소주의 정체(正體)

> ✔**해설** 흔히 증류주로 알려져 있는 소주가 다른 증류주들과 다른 과정으로 제조됨을 설명하고 있으므로 글의 제목으로는 '소주의 정체(正體)'가 가장 적절하다.

**30** 주어진 글의 주제와 관련된 사자성어로 가장 적절한 것은?

> 불행이란 사물의 결핍 상태에서 오는 것이 아니라, 결핍감을 느끼게 하는 욕구에서 온다. 현실세계에는 한계가 있지만 상상의 세계에는 한계가 없다. 현실세계를 확대시킬 수는 없는 일이므로 상상의 세계를 제한할 수밖에 없다. 왜냐하면 우리를 진정으로 불행하게 하는 모든 고통은 오로지 이 두 세계의 차이에서만 생겨나는 것이기 때문이다. 체력과 건강과 스스로가 선한 사람이라는 확신을 제외한 그 밖의 인간 생활의 모든 행복은 모두 사람들의 억측에 불과한 것이다. 신체의 고통과 양심의 가책을 제외한 그 밖의 모든 불행은 공상적인 것이다.
>
> 인간은 약하다고 하는데 그것은 무엇을 뜻하는 것이겠는가? 이 약하다고 하는 말은 하나의 상대적 관계를, 즉 그 말이 적용되는 자의 어떤 관계를 나타내는 것이다. 능력이 모든 욕구보다 넘치고 있는 경우에는 곤충이든 벌레든 간에 모두 강자임에 틀림이 없다. 욕망이 그것을 능가할 경우에는 그것이 코끼리든 사자이든, 또는 정복자든 영웅이든, 심지어 신이라 할지라도 모두 약자이다. 자신의 본분을 깨닫지 못하고 반항한 천사는 자신의 본분에 따라서 평화롭게 산 지상의 행복한 인간보다 더 약한 존재였다. 인간은 지금 있는 그대로 만족할 때는 대단히 강해지고 인간 이상이고자 할 때는 대단히 약해진다.
>
> 그러므로 여러분의 욕망을 확대하면 여러분들의 힘도 확대될 수 있다고 생각하지 말라. 만약에 여러분들의 오만이 힘보다도 더 확대되는 경우에는 오히려 힘을 줄이는 결과가 될 것이다. 우리들의 힘이 미칠 수 있는 범위의 반경을 재어보자 그리고 마치 거미가 거미줄 한가운데 있듯이 그 범위의 중심에 머물러 있도록 하자. 그렇게 하면 우리는 항상 우리 자신에게 만족하고 자신의 약함을 한탄하는 일이 없게 될 것이다. 왜냐하면 허약하다는 것을 새삼스레 느끼게 되는 일이 없을 것이기 때문이다.
>
> 모든 동물들은 자기 보존에 필요한 만큼의 능력만을 지니고 있다. 인간만이 오직 그 이상의 능력을 가지고 있다. 그 여분의 능력이 인간의 불행을 만들어 내고 있으니 참으로 기이한 일이 아닌가? 어느 나라에서나 인간의 팔은 생활필수품 이상의 것을 만들어 낼 수 있다. 만약 인간이 상당히 현명하여 이 여분의 능력이란 것에 무관심해진다면 결코 지나치게 많은 것을 손에 넣지 않게 될 것이기 때문에 항상 필요한 것만을 갖고 있게 될 것이다.

① 다다익선(多多益善)　　　　② 박리다매(薄利多賣)

③ 과유불급(過猶不及)　　　　④ 교각살우(矯角殺牛)

 ③ 윗글은 인간의 욕심(상상)이 커짐으로 지나친 능력이 인간의 불행을 만들어 내고 있다고 이야기하고 있으므로 지나친 것은 미치지 못한 것과 같다는 뜻인 과유불급(過猶不及)이 글의 주제와 가장 관련이 깊다.
　① 많으면 많을수록 더 좋음
　② 이익을 적게 보면서 많이 판매함
　④ 쇠뿔을 바로 잡으려다 소를 죽인다는 뜻으로, 결점이나 흠을 고치려다 수단이 지나쳐 도리어 일을 그르침을 의미함

**Answer** 　29.④　30.③

**31**  이 글에서 말하고자 하는 것은 무엇인가?

> 순(舜), 우(禹), 탕(揚) 임금은 대성(大聖)이시니 평범한 사람에게는 취할 것이 없을 듯한데도 누구에게든지 착한 말을 들으면 절을 했고, 간(諫)하는 말을 물 흐르듯 따랐으므로 태평의 시대를 이루었으니, 정치의 도가 어찌 다른 데에 있겠습니까? 당나라 태종은 처음에 간언(諫言)에 귀를 기울였지만, 점차 그 태도가 변하여 정치가 처음보다 못해져서 마침내 위징의 상소가 나오게 된 원인이 되었으니, 마음가짐이 덧없이 두려울 뿐입니다. 우리나라 역대 임금들의 훌륭한 정치는 옛날의 성군들에게 양보할 것이 없지만, 특히 성종께서 간언을 받아들인 미덕은 근고(近古)에 없었던 일이요, 지손만대의 귀감입니다. 전하께서 대업을 이어받으셨으니, 만약 조상으로부터 쌓아 온 업적을 무너뜨리지 않겠다는 생각으로 "어떻게 하면 되겠느냐?"라고 물으신다면, 그것은 언로(言路)를 열어 널리 중선(衆善)을 받아들여 나의 것으로 하는 데 있을 뿐입니다.

① 조상으로부터 쌓아온 업적을 무너뜨리면 안 된다.
② 신하들이 말할 수 있는 길을 열고, 간언을 귀담아 들어야 한다.
③ 누구에게든지 착한 말을 들으면 절을 해야 한다.
④ 간신의 말에 귀를 기울여야 한다.

**✔ 해설**  ② 윗글에서 화자는 간언에 귀를 기울이고, 언로를 열어 널리 중선을 받아들여 자신의 것으로 해야 한다고 이야기하고 있다.

**▌32~33 ▌ 다음 글을 읽고 물음에 답하시오.**

서양 음악에서 기악은 르네상스 말기에 탄생하였지만 바로크 시대에 이르면서 악기의 발달과 함께 다양한 장르를 형성하면서 비약적인 발전을 이루게 된다. 하지만 가사가 있는 성악에 익숙해져 있던 사람들에게 기악은 내용 없는 공허한 울림에 지나지 않았다. 이러한 비난을 면하기 위해 기악은 일정한 의미를 가져야하는 과제를 안게 되었다.

바로크 시대의 음악가들은 이러한 과제에 대한 해결의 실마리를 '정서론'과 '음형론'에서 찾으려 했다. 이 두 이론은 본래 성악 음악을 배경으로 태동하였으나 점차 기악 음악에도 적용되었다. 정서론에서는 웅변가가 청중의 마음을 움직이듯 음악가도 청자들의 정서를 움직여야 한다고 본다. 그렇게 하기 위해서는 한 곡에 하나의 정서만이 지배적이어야 한다. 그것은 연설에서 한 가지 논지가 일관되게 견지되어야 설득력이 있는 것과 같은 이유에서였다.

한편 음형론에서는 가사의 의미에 따라 그에 적합한 음형을 표현 수단으로 삼는데, 르네상스 후기 마드리갈이나 바로크 초기 오페라 등에서 그 예를 찾을 수 있다. 바로크 초반의 음악 이론가 부어마이스터는 마치 웅변에서 말의 고저나 완급, 장단 등이 호소력을 이끌어 내듯 음악에서 이에 상응하는 효과를 낳는 장치들에 주목하였다. 예를 들어, 가사의 뜻에 맞춰 가락이 올라가거나, 한동안 쉬거나, 음들이 딱딱 끊어지게 연주하는 방식 등이 이에 해당한다.

바로크 후반의 음악 이론가 마테존 역시 수사학 이론을 끌어들여 어느 정도 객관적으로 소통될 수 있는 음 언어에 대해 설명하였다. 또한 기존의 정서론을 음악 구조에까지 확장하며 당시의 음조(音調)를 특정 정서와 연결하였다. 마테존에 따르면 다장조는 기쁨을, 라단조는 경건하고 웅장함을 유발한다.

그러나 마테존의 진정한 업적은 음악을 구성적 측면에서 논의한 데 있다. 그는 성악곡인 마르첼로의 아리아를 논의하면서 그것이 마치 기악곡인 양 가사는 전혀 언급하지 않은 채, 주제가락의 착상과 치밀한 전개 방식 등에 집중하였다. 이는 가락, 리듬, 화성과 같은 형식적 요소가 중시되는 순수 기악 음악의 도래가 멀지 않았음을 의미하는 것이었다. 실제로 한 세기 후 음악 미학자 한슬리크는 음악이 사람의 감정을 묘사하거나 표현하는 것이 아니라, 음들의 순수한 결합 그 자체로 깊은 정신세계를 보여주는 것이라 주장하기에 이른다.

**32** 서양 음악에서의 기악에 대한 설명으로 옳은 것은?

① 기악은 내용 없는 공허한 울림에 지나지 않는다는 비난을 면하기 위해 정서론과 음형론이 제시되었다.

② 르네상스 말기에 다양한 장르를 형성하면서 비약적인 발전을 이루게 된다.

③ 음형론에서는 웅변가가 청중의 마음을 움직이듯 음악가도 청자들의 정서를 움직여야 한다고 본다.

④ 마테존은 순수 기악 음악의 창시자이다.

> ✓해설 ② 서양 음악에서의 기악은 바로크 시대에 이르면서 악기의 발달과 함께 다양한 장르를 형성하면서 비약적인 발전을 이루게 된다.
> ③ 정서론에서는 웅변가가 청중의 마음을 움직이듯 음악가도 청자들의 정서를 움직여야 한다고 본다.
> ④ 마테존은 음악을 구성적 측면에서 논의하였고 이는 순수 기악 음악의 도래가 멀지 않았음을 의미하는 것이었다.

**Answer** 31.② 32.①

**33** 정서론과 음형론의 관점에서 기악을 비유한 것으로 적절하지 않은 것은?

① 정서론 : 기악은 연설에서 한 가지 논지가 일관되게 견지되어야 설득력이 있는 것과 같다.

② 음형론 : 기악은 웅변에서 말의 고저나 완급, 장단 등이 호소력을 이끌어 내는 것과 같다.

③ 정서론 : 기악은 웅변가가 청중의 마음을 움직이는 것과 같다.

④ 음형론 : 기악은 연설에서 연설문이 서론, 본론, 결론으로 구조가 나뉘는 것과 같다.

> ✔해설 ④ 음형론의 관점에서 기악은 웅변에서 말의 고저나 완급, 장단 등이 호소력을 이끌어 내는 것과 같다고 하였을 뿐 연설에서 연설문이 서론, 본론, 결론으로 구조가 나뉘는 것과 같다고 비유하지는 않았다.

**34** 다음 글을 읽고 글의 내용과 일치하지 않는 것을 고르면?

> 사계절이 뚜렷한 온대 지역의 깊은 호수에서는 계절에 따라 물의 상하 이동이 다른 양상을 보인다. 호수의 물은 깊이에 따라 달라지는 온도 분포를 기준으로 세 층으로 나뉘는데, 상층부는 표층, 바로 아래는 중층, 가장 아래 부분은 심층이라고 한다.
>
> 여름에는 대기의 온도가 높기 때문에 표층수의 온도도 높다. 따라서 표층수의 하강으로 인한 중층수나 심층수의 이동은 일어나지 않는다. 중층수나 심층수의 온도가 표층수보다 낮고 밀도가 상대적으로 높기 때문이다.
>
> 그런데 가을이 되면 대기의 온도가 낮아지면서 표층수의 온도가 떨어진다. 그래서 물이 최대 밀도가 되는 섭씨 4도에 가까워지면, 약한 바람에도 표층수가 아래쪽으로 가라앉으면서 상대적으로 밀도가 낮은 아래쪽의 물이 위쪽으로 올라오게 된다. 이런 현상을 '가을 전도'라고 부른다.
>
> 겨울에는 여름과 반대로 표층수의 온도가 중층수나 심층수보다 낮다. 하지만 밀도는 중층수와 심층수가 더 높기 때문에 여름철과 마찬가지로 물의 전도 현상이 일어나지 않는다.
>
> 물의 전도 현상은 봄이 되면 다시 관찰할 수 있다. 대기의 온도가 올라가면서 얼음이 녹고 표층수의 온도가 섭씨 4도까지 오르게 되면 표층수는 아래쪽으로 가라앉는다. 반면에 아래쪽의 붉은 위로 올라오게 되고, 이것을 '봄 전도'라고 부른다. 이러한 전도 현상을 통해 호수의 물이 자연스럽게 순환하게 되는 것이다.

① 여름과 겨울에는 물의 상하 이동이 일어나지 않는다.

② 물의 상하 이동이 일어나는 이유는 물의 밀도차이 때문이다.

③ 밀도가 높은 물은 아래쪽으로 가라앉는다.

④ 물의 온도가 낮아질수록 밀도가 커진다.

> ✔해설 ④ 물의 밀도가 최대가 되는 온도는 섭씨 4도이다.

**35** 밑줄 친 부분의 사례로 알맞지 않은 것은?

농업 사회는 촌락 공동체의 특징적 요소인 지역성, 사회적 상호 작용, 공동의 결속감 등이 자연스럽게 구현되고 재생산되기에 적합한 사회 경제적 구조가 전제 조건이었다. 전통적 의미의 공동체는 위의 세 가지 요소를 빠짐없이 고루 갖추고 있는 집단에만 적용할 수 있는 명칭이었으나 현대인의 공동체적 삶에 대한 희구와 열망은 본래적 개념의 경계를 넘어서 공동의 목적과 이념을 추구하는 새로운 형태의 공동체 운동을 시도해 왔다.

도시 공동체는 도시를 기본 단위로 도시의 주거 · 직장 · 여가활동을 위해 필요로 하는 시설, 자원, 제도가 사람이 사는 터전을 중심으로 유지되는 공동체로서 자연 발생적 공동체가 아닌 '의도적 공동체'라고 할 수 있다. 이 '의도적 공동체' 가운데 코뮌(commune)은 구성원들이 지리적으로 근접해 있어 일정한 테두리 속에서 일상적 상호 작용을 하며, 정서적으로도 밀접하게 통합되어 있다. 이 코뮌은 생산물과 재산의 사적 소유를 금지하고 모든 것을 공동 분배 · 관리하는 공산제적 성격의 집단을 그 전형(典型)으로 하며, 코뮌의 참여자들은 애초부터 어떤 이념 기치 아래 자발적으로 공동의 생활을 영위한다. 코뮌에서는 모든 경제 행위와 인간관계, 문화 활동 등 생활의 전 영역을 공동으로 해결하므로 주거 공간과 노동 조건 같은 삶의 자족적 시스템이 창출(創出)되는 것이 전제 조건이다.

그러나 도시에서는 코뮌 같은 공동생활의 자족적 시스템을 스스로 만들어내기가 현실적으로 어렵다. 따라서 공간적 근접성으로 인한 상호 접촉의 기회가 상대적으로 높고, 공동의 이해관계를 발견하기가 비교적 쉬운 기존의 물리적 조건을 활용해서 <u>공동체적 요소가 강한 사회 문화적으로 동질화된 세력을 구성하려는 시도(試圖)</u>를 한다. 또한 생활의 영역 가운데 가장 주된 관심사 한, 두 가지의 공동 이해(利害)를 기반으로 단일한 목적이나 이념을 갖는 사람들로 목적 지향적 집단인 '협동조합'을 구성하려는 경향도 있다. 그러나 실제 도시에서 시도되는 공동체의 성격을 보면 공동체적 요소들의 다양한 조합(組合)으로 나타나기 때문에 유형화하기가 쉽지 않다. 이를테면 아파트와 같은 정주(定住) 공동체는 구성을 시도하는 시점부터 거주 시설의 집단화라는 조건이 있으므로 지역성 즉, 공간 근접성은 높지만 구성원들의 목적의식이나 가치관의 동질성은 그리 높다고 할 수 없다.

① 언론사에서 주최한 봄철 마라톤 대회에 참가하기 위해 공원에 모였다.
② 고등학교를 졸업한 동창들이 학교 발전을 위한 동창회를 조직하기 위해 모였다.
③ 마을 단위의 주민들이 공동으로 생산하고 소비하는 자치 마을을 만들기 위해 모였다.
④ 시민들이 어려운 이웃을 돕기 위한 봉사 모임을 결성하기 위해서 시민 단체에 모였다.

✔해설 ①의 개인이 마라톤 대회에 참가하는 행위는 동질화된 세력을 구성하려는 시도로 볼 수 없으므로 밑줄 친 부분의 사례로 적절하지 않다.

**36** 다음 글에서 추출할 수 있는 내용으로 적절하지 않은 것은?

---

'옵션(option)'이라면 금융 상품을 떠올리기 쉽지만, 알고 보면 우리 주위에는 옵션의 성격을 갖는 현상이 참 많다. 옵션의 특성을 잘 이해하면 위험과 관련된 경제 현상을 이해하는 데 큰 도움이 된다. 옵션은 '미래의 일정한 시기(행사 시기)에 미리 정해진 가격(행사 가격)으로 어떤 상품(기초 자산)을 사거나 팔 수 있는 권리'로 정의된다.

상황에 따라 유리하면 행사하고 불리하면 포기할 수 있는 선택권이라는 성격 때문에 옵션은 수익의 비대칭성을 낳는다. 즉, 미래에 기초 자산의 가격이 유리한 방향으로 변화하면 옵션을 구입한 사람의 수익이 늘어나게 해 주지만, 불리한 방향으로 변화해도 그의 손실이 일정한 수준을 넘지 않도록 보장해 주는 것이다. 따라서 이 권리를 사기 위해 지급하는 돈, 즉 '옵션 프리미엄'은 이러한 보장을 제공받기 위해 치르는 비용인 것이다.

옵션 가운데 주식을 기초 자산으로 하는 주식 옵션의 사례를 살펴보면 옵션의 성격을 이해하기가 한층 더 쉽다. 가령, 2년 후에 어떤 회사의 주식을 한 주당 1만 원에 살 수 있는 권리를 지금 1천 원에 샀다고 하자. 2년 후에 그 회사의 주식 가격이 1만 원을 넘으면 이 옵션을 가진 사람으로서는 옵션을 행사하는 것이 유리하다. 만약 1만 5천 원이라면 1만 원에 사서 5천 원의 차익을 얻게 되므로 옵션 구입 가격 1천 원을 제하면 수익은 주당 4천 원이 된다. 하지만 1만 원에 못 미칠 경우에는 옵션을 포기하면 되므로 손실은 1천 원에 그친다. 여기서 주식 옵션을 가진 사람의 수익이 기초 자산인 주식의 가격 변화에 의존함을 확인할 수 있다. 회사가 경영자에게 주식 옵션을 유인책으로 지급하는 것은 바로 이 때문이다. 이 경우에는 옵션 프리미엄이 없다고 생각하기 쉽지만, 경영자가 옵션을 지급 받는 대신포기한 현금을 옵션 프리미엄으로 볼 수 있다.

---

① 옵션은 손해는 일정하지만 이익은 제한이 없는 수익의 비대칭성을 보인다.

② 옵션을 소유한 사람은 미래 주가의 수준에 따라 권리 행사 여부를 선택할 수 있다.

③ 경영자가 옵션을 받을 경우 주가에만 집착할 수 있으므로 주주들의 감시도 필요하다.

④ 주식 가격이 옵션 소유자가 권리를 행사할 수 있는 가격과 같은 순간부터 실질적 이익이 발생한다.

> **✔해설** 주식 가격이 옵션 소유자가 권리를 행사할 수 있는 가격과 같은 순간부터 이익이 발생하는 것은 아니다. 옵션 소유자가 옵션을 받는 대신 지불한 비용 즉, 옵션 프리미엄이 있기 때문이다. 예를 들어 경영자가 자신의 연봉 2,000원을 대신하여 1년 후 회사의 주식을 10,000원에 살 수 있는 옵션을 받았다고 하자. 1년 후 주식 가격이 11,000원일 경우 옵션을 행사하면 1,000원의 차익을 얻을 수 있지만 옵션 소유자는 1년 전에 이미 옵션 프리미엄 2,000원을 지불하였으므로 전체적으로는 1,000원의 손해를 본 것이나 다름없다.

_____는 속담이 있듯이 다른 사람들의 행동을 따라하는 것을 심리학에서는 '동조(同調)'라고 한다. OX 퀴즈에서 답을 잘 모를 때 더 많은 사람들이 선택하는 쪽을 따르는 것도 일종의 동조이다.

심리학에서는 동조가 일어나는 이유를 크게 두 가지로 설명한다. 첫째는, 사람들은 자기가 확실히 알지 못하는 일에 대해 남이 하는 대로 따라 하면 적어도 손해를 보지는 않는다고 생각한다는 것이다. 낯선 지역을 여행하던 중에 식사를 할 때 여행객들은 대개 손님들로 북적거리는 식당을 찾게 마련이다. 식당이 북적거린다는 것은 그만큼 그 식당의 음식이 맛있다는 것을 뜻한다고 여기기 때문이다. 둘째는, 어떤 집단이 그 구성원들을 이끌어 나가는 질서나 규범 같은 힘을 가지고 있을 때, 그러한 집단의 압력 때문에 동조 현상이 일어난다는 것이다. 만약 어떤 개인이 그 힘을 인정하지 않는다면 그는 집단에서 배척당하기 쉽다. 이런 사정 때문에 사람들은 집단으로부터 소외되지 않기 위해서 동조를 하게 된다. 여기서 주목할 것은 자신이 믿지 않거나 옳지 않다고 생각하는 문제에 대해서도 동조의 입장을 취하게 된다는 것이다.

상황에 따라서는 위의 두 가지 이유가 함께 작용하는 경우도 있다. 예컨대 선거에서 지지할 후보를 결정하고자 할 때 사람들은 대개 활발하게 거리 유세를 하며 좀 더 많은 지지자들의 호응을 이끌어 내는 후보를 선택하게 된다. 곧 지지자들의 열렬한 태도가 다른 사람들도 그 후보를 지지하도록 이끄는 정보로 작용한 것이다. 이때 지지자 집단의 규모가 클수록 지지를 이끌어 내는 데에 효과적으로 작용한다.

동조는 개인의 심리 작용에 영향을 미치는 요인이 무엇이냐에 따라 그 강도가 다르게 나타난다. 가지고 있는 정보가 부족하여 어떤 판단을 내리기 어려운 상황일수록, 자신의 판단에 대한 확신이 들지 않을수록 동조 현상은 강하게 나타난다. 또한 집단의 구성원 수가 많고 그 결속력이 강할 때, 특정 정보를 제공하는 사람의 권위와 그에 대한 신뢰도가 높을 때도 동조 현상은 강하게 나타난다. 그리고 어떤 문제에 대한 집단 구성원들의 만장일치 여부도 동조에 큰 영향을 미치게 되는데, 만약 이때 단 한 명이라도 이탈자가 생기면 동조의 정도는 급격히 약화된다.

어떤 사람이 길을 건너려고 할 때 무단 횡단하는 사람들이 있으면 별 생각 없이 따라 하는 것처럼, 동조 현상은 ㉠부정적인 경우에도 일어난다. 그러나 정류장에서 차례로 줄을 서서 버스를 기다리는 모습처럼 긍정적으로 작용하는 경우도 많다.

## 37 윗글에 대한 설명으로 옳지 않은 것은?

① 정보제공자의 권위와 그에 대한 신뢰도는 동조 현상의 강도에 영향을 미친다.

② 심리학에서는 집단의 압력 때문에 동조가 일어난다고 본다.

③ 심리학에서는 남이 하는 대로 따라하면 손해를 보지는 않는다고 생각하는 것이 동조의 이유라고 본다.

④ 정보가 충분하지만, 자신의 판단에 대한 확신이 들지 않을 때 동조 현상이 가장 강하게 나타난다.

✔해설 ④ 네 번째 문단에서 정보가 부족하여 어떤 판단을 내리기 어려운 상황일수록, 자신의 판단에 대한 확신이 들지 않을수록 동조 현상은 강하게 나타난다고 말하고 있다.

**Answer** 36.④ 37.④

**38** 윗글의 밑줄 친 부분에 들어갈 속담으로 적절한 것은?

① 초록은 동색이다.

② 친구 따라 강남 간다.

③ 가재는 게 편이다.

④ 모로 가도 서울만 가면 된다.

> ✔해설 ② 윗글에서는 다른 사람의 행동을 따라하는 '동조'에 대해 설명하고 있으므로, '남에게 이끌려서 덩달아 하게 됨'을 이르는 말인 '친구 따라 강남 간다'가 밑줄 친 부분에 들어가는 것이 적절하다.

**39** 다음 중 밑줄 친 ㉠의 예로 적절한 것은?

① 주차장이 아닌 길가에 주차된 차들 옆에 차를 주차한다.

② 자동차를 구매할 때 주변에서 많이 보이는 차종을 구매한다.

③ 사람이 많이 붐비는 맛집에 줄을 서서 식사를 한다.

④ 식당에 가서 부장님이 시키신 메뉴로 모두 통일한다.

> ✔해설 ① ㉠은 '어떤 사람이 길을 건너려고 할 때 무단 횡단하는 사람들이 있으면 별 생각 없이 따라 하는 것'처럼 동조 중에서도 규범을 어기는 등 부정적인 경우를 말한다. 이에 해당하는 것은 ①번이다.

**40** 다음 두 글에서 공통적으로 말하고자 하는 것은 무엇인가?

> (개) 많은 사람들이 기대했던 우주왕복선 챌린저는 발사 후 1분 13초만에 폭발하고 말았다. 사건조사
> 단에 의하면, 사고원인은 챌린저 주엔진에 있던 O – 링에 있었다. O – 링은 디오콜사가 NASA로
> 부터 계약을 따내기 위해 저렴한 가격으로 생산될 수 있도록 설계되었다. 하지만 첫 번째 시험에
> 들어가면서부터 설계상의 문제가 드러나기 시작하였다. NASA의 엔지니어들은 그 문제점들을 꾸
> 준히 제기했으나, 비행시험에 실패할 정도의 고장이 아니라는 것이 디오콜사의 입장이었다. 하지
> 만 O – 링을 설계했던 과학자도 문제점을 인식하고 문제가 해결될 때까지 챌린저 발사를 연기하
> 도록 회사 매니저들에게 주지시키려 했지만 거부되었다. 한 마디로 그들의 노력이 미흡했기 때문
> 이다.
>
> (내) 과학의 연구 결과는 사회에서 여러 가지로 활용될 수 있지만, 그 과정에서 과학자의 의견이 반영
> 되는 일은 드물다. 과학자들은 자신이 책임질 수 없는 결과를 이 세상에 내놓는 것과 같다. 과학
> 자는 자신이 개발한 물질을 활용하는 과정에서 나타날 수 있는 위험성을 충분히 알리고 그런 물
> 질의 사용에 대해 사회적 합의를 도출하는 데 적극 협조해야 한다.

① 과학적 결과의 장단점
② 과학자와 기업의 관계
③ 과학자의 윤리적 책무
④ 과학자의 학문적 한계

> ✔ 해설 (개)에서 과학자가 설계의 문제점을 인식하고도 노력하지 않았기 때문에 결국 우주왕복선이 폭발하고
> 마는 결과를 가져왔다고 말하고 있다. (내)에서는 자신이 개발한 물질의 위험성을 알리고 사회적 합의
> 를 도출하는 데 협조해야 한다고 말하고 있다. 두 글을 종합해보았을 때 공통적으로 말하고자 하는
> 바는 '과학자로서의 윤리적 책무를 다해야 한다'라는 것을 알 수 있다.

**Answer**  38.② 39.① 40.③

**41** 다음 내용에서 주장하고 있는 것은?

> 기본적으로 한국 사회는 본격적인 자본주의 시대로 접어들었고 그것은 소비사회, 그리고 사회 구성원들의 자기표현이 거대한 복제기술에 의존하는 대중문화 시대를 열었다. 현대인의 삶에서 대중매체의 중요성은 더욱 더 높아지고 있으며 따라서 이제 더 이상 대중문화를 무시하고 엘리트 문화지향성을 가진 교육을 하기는 힘든 시기에 접어들었다. 세계적인 음악가로 추대 받고 있는 비틀즈도 영국 고등학교가 길러낸 음악가이다.

① 대중문화에 대한 검열이 필요하다.
② 한국에서 세계적인 음악가의 탄생을 위해 고등학교에서 음악 수업의 강화가 필요하다.
③ 한국 사회에서 대중문화를 인정하는 것은 중요하다.
④ 교양 있는 현대인의 배출을 위해 고전음악에 대한 교육이 필요하다.

> **✔해설** '이제 더 이상 대중문화를 무시하고 엘리트 문화지향성을 가진 교육을 하기는 힘든 시기에 접어들었다.' 가 이 글의 핵심문장이라고 볼 수 있다. 따라서 대중문화의 중요성에 대해 말하고 있는 ③이 정답이다.

**42** 다음 글의 주제를 바르게 기술한 것은?

> 칠레 산호세 광산에 매몰됐던 33명의 광부 전원이 69일간의 사투 끝에 모두 살아서 돌아왔다. 기적의 드라마였다. 거기엔 칠레 국민, 아니 전 세계인의 관심과 칠레 정부의 아낌없는 지원, 그리고 최첨단 구조장비의 동원뿐만 아니라 작업반장 우르수아의 리더십이 중요하게 작용하였다. 그러나 그 원동력은 매몰된 광부들 스스로가 지녔던, 살 수 있다는 믿음과 희망이었다. 그것 없이는 그 어떤 첨단 장비도, 국민의 열망도, 정부의 지원도, 리더십도 빛을 발하기 어려웠을 것이다.

① 칠레 광부의 생환은 기적이다.
② 광부의 인생은 광부 스스로가 만들어 간다.
③ 삶에 대한 믿음과 희망이 칠레 광부의 생환 기적을 만들었다.
④ 자국 국민과 세계인의 관심, 정부의 지원과 지도자의 리더십이 가장 중요하다.

> **✔해설** 네 번째 줄에 '그 원동력은 매몰된 광부들 스스로가 지녔던, 살 수 있다는 믿음과 희망이었다.'를 통해 글의 주제를 알 수 있다.

**43** 다음 글을 읽고 보인 반응으로 적절한 것은?

> 이어폰으로 스테레오 음악을 들으면 두 귀에 약간 차이가 나는 소리가 들어와서 자기 앞에 공연장이 펼쳐진 것 같은 공간감을 느낄 수 있다. 이러한 효과는 어떤 원리가 적용되어 나타난 것일까?
>
> 사람의 귀는 주파수 분포를 감지하여 음원의 종류를 알아내지만, 음원의 위치를 알아낼 수 있는 직접적인 정보는 감지하지 못한다. 하지만 사람의 청각 체계는 두 귀 사이 그리고 각 귀와 머리 측면 사이의 상호 작용에 의한 단서들을 이용하여 음원의 위치를 알아낼 수 있다. 음원의 위치는 소리가 오는 수평·수직 방향과 음원까지의 거리를 이용하여 지각하는데, 그 정확도는 음원의 위치와 종류에 따라 다르며 개인차도 크다. 음원까지의 거리는 목소리 같은 익숙한 소리의 크기와 거리의 상관관계를 이용하여 추정한다.
>
> 음원이 청자의 정면 정중앙에 있다면 음원에서 두 귀까지의 거리가 같으므로 소리가 두 귀에 도착하는 시간 차이는 없다. 반면 음원이 청자의 오른쪽으로 치우치면 소리는 오른쪽 귀에 먼저 도착하므로, 두 귀 사이에 도착하는 시간 차이가 생긴다. 이때 치우친 정도가 클수록 시간 차이도 커진다. 도착순서와 시간 차이는 음원의 수평 방향을 알아내는 중요한 단서가 된다.
>
> 음원이 청자의 오른쪽 귀 높이에 있다면 머리 때문에 왼쪽 귀에는 소리가 작게 들린다. 이러한 현상을 '소리 그늘'이라고 하는데, 주로 고주파 대역에서 일어난다. 고주파의 경우 소리가 진행하다가 머리에 막혀 왼쪽 귀에 잘 도달하지 않는데 비해, 저주파의 경우 머리를 넘어 왼쪽 귀까지 잘 도달하기 때문이다. 소리 그늘 효과는 주파수가 1,000Hz 이상인 고음에서는 잘 나타나지만, 그 이하의 저음에서는 거의 나타나지 않는다. 이 현상은 고주파 음원의 수평 방향을 알아내는 데 특히 중요한 단서가 된다.
>
> 한편, 소리는 귓구멍에 도달하기 전에 머리 측면과 귓바퀴의 굴곡의 상호 작용에 의해 여러 방향으로 반사되고, 반사된 소리들은 서로 간섭을 일으킨다. 같은 소리라도 소리가 귀에 도달하는 방향에 따라 상호 작용의 효과가 달라지는데, 수평 방향뿐만 아니라 수직 방향의 차이도 영향을 준다. 이러한 상호 작용에 의해 주파수 분포의 변형이 생기는데, 이는 간섭에 의해 어떤 주파수의 소리는 작아지고 어떤 주파수의 소리는 커지기 때문이다. 이 또한 음원의 방향을 알아낼 수 있는 중요한 단서가 된다.

① 사람은 음원을 들었을 때 그 음원의 위치를 알 수가 없는 거네.
② 음원의 위치는 모든 사람들이 정확하게 지각할 수 있는 거구나.
③ 음원이 두 귀에 도착하는 순서와 시간의 차이는 음원의 수평 방향을 알아내는 중요한 단서인거네.
④ '소리 그늘' 현상은 고주파 음원의 수직 방향을 알아내는데 중요한 단서야.

✔해설 ① 사람의 귀는 음원의 위치를 알아낼 수 있는 직접적인 정보는 감지하지 못한다. 하지만 여러 단서들을 이용하여 음원의 위치를 알아낼 수 있다.
② 음원의 위치를 지각하는 정확도는 음원의 위치와 종류에 따라 다르며 개인차도 크다.
④ '소리 그늘' 현상은 고주파 음원의 수평 방향을 알아내는 데 특히 중요한 단서가 된다.

**Answer** 41.③  42.③  43.③

**44** 다음 글의 내용과 일치하지 않는 것은?

> 국민연금법이 정한 급여의 종류에는 노령연금, 장애연금, 유족연금, 반환일시금이 있다. 그 중 노령연금은 국민연금에 10년 이상 가입하였던 자 또는 10년 이상 가입 중인 자에게 만 60세가 된 때부터 그가 생존하는 동안 지급하는 급여를 말한다. 노령연금을 받을 권리자(노령연금 수급권자)와 이혼한 사람도 일정한 요건을 충족하면 노령연금을 분할한 일정 금액의 연금을 받을 수 있는데, 이를 분할연금이라 한다. 분할연금은 혼인기간 동안 보험료를 내는 데 부부가 힘을 합쳤으니 이혼 후에도 연금을 나누는 것이 공평하다는 취지가 반영된 것이다. 분할연금을 받기 위해서는 혼인기간(배우자의 국민연금 가입기간 중의 혼인기간만 해당)이 5년 이상인 자로서, 배우자와 이혼하였고, 배우자였던 사람이 노령연금 수급권자이며, 만 60세 이상이 되어야 한다. 이러한 요건을 모두 갖추게 된 때부터 3년 이내에 분할연금을 청구하면, 분할연금 수급권자는 생존하는 동안 분할연금을 수령할 수 있다. 한편 공무원연금, 군인연금, 사학연금 등에서는 연금가입자와 이혼한 사람에게 분할연금을 인정하고 있지 않다.

① 요건을 모두 갖추었더라도 3년 내에 청구하지 않으면 분할연금을 받을 수 없다.

② 국민연금 가입기간이 10년째인 남자와 결혼한 여자가 4년 만에 이혼한 경우 여자는 남자가 받는 노령연금의 분할연금을 받을 수 있다.

③ 이혼자가 분할연금을 받을 수 있는 이유는 혼인기간동안 보험료를 내는데 부부가 힘을 합쳤기 때문이다.

④ 모든 연금법에서 이혼자에 대한 분할연금을 인정하고 있지는 않다.

**✔ 해설** ② 여자는 지문에서 나타난 '혼인기간(배우자의 국민연금 가입기간 중의 혼인기간만 해당)이 5년 이상인 자'라는 요건을 갖추지 못했다.

**45** 다음 중 ㉠의 전제로 가장 알맞은 것은?

우리는 무엇을 '진리'라고 하는가? 이 문제에 대한 대표적인 이론에는 대응설, 정합설, 실용설이 있다. 대응설은 어떤 판단이 사실과 일치할 때 그 판단을 진리라고 본다. '내 말을 믿지 못하겠거든 가서 보라.'라는 말에는 이러한 대응설의 관점이 잘 나타나 있다. 감각을 사용하여 확인했을 때 그 말이 사실과 일치하면 참이고, 그렇지 않으면 거짓이라는 것이다. 대응설은 일상생활에서 참과 거짓을 구분할때 흔히 취하고 있는 관점으로 ㉠우리가 판단과 사실의 일치 여부를 알 수 있다고 여긴다. 우리는 특별한 장애가 없는 한 대상을 있는 그대로 정확하게 지각한다고 생각한다. 예를 들어 책상이 네모 모양이라고 할 때 감각을 통해 지각된 '네모 모양'이라는 표상은 책상이 지니고 있는 객관적 성질을 그대로 반영한 것이라고 생각한다. 그래서 '그 책상은 네모이다.'라는 판단이 지각 내용과 일치하면 그 판단은 참이 되고, 그렇지 않으면 거짓이 된다는 것이다. 이러한 대응설은 새로운 주장의 진위를 판별할 때 관찰이나 경험을 통한 사실의 확인을 중시한다. 정합설은 어떤 판단이 기존의 지식 체계에 부합할 때 그 판단을 진리라고 본다. 진리로 간주하는 지식 체계가 이미 존재하며, 그것에 판단이나 주장이 들어 맞으면 참이고 그렇지 않으면 거짓이라는 것이다. 예를 들어 어떤 사람이 '물체의 운동에 관한 그 주장은 뉴턴의 역학의 법칙에 어긋나니까 거짓이다.'라고 말했다면, 그 사람은 뉴턴의 역학의 법칙을 진리로 받아들여 그것을 기준으로 삼아 진위를 판별한 것이다. 이러한 정합설은 새로운 주장의 진위를 판별할 때 기존의 이론 체계와의 정합성을 중시한다.

① 우리의 지식 또는 판단은 항상 참이다.
② 우리의 감각은 대상을 있는 그대로 반영한다.
③ 우리는 사물의 전체를 알면 부분을 알 수 있다.
④ 우리의 감각적 지각 능력은 대상을 변화시킬 수 있다.

✔해설 대응설에 따르면 어떤 판단이 사실과 일치할 때 그 판단을 진리라고 본다. '그 책상은 네모이다.'라는 '판단'은 우리가 감각을 통해 지각한 내용, 즉 '사실'이라고 생각하는 것과 일치하면 참이 되고 그렇지 않으면 거짓이 된다. 여기에는 우리는 감각을 통해 책상을 지각하며, 우리의 감각은 대상인 책상의 객관적 성질을 그대로 반영한다는 전제가 개입되어 있다.
① ㉠에서 전제되는 것은 판단과 사실의 일치 여부를 우리가 알 수 있다는 것이다.
③ ㉠과는 무관한 진술이다.
④ ㉠은 지각 대상의 변화와는 무관하다.

**46** 다음 글의 중심 내용으로 가장 적절한 것은?

> 행랑채가 퇴락하여 지탱할 수 없게끔 된 것이 세 칸이었다. 나는 마지못하여 이를 모두 수리하였다. 그런데 그중의 두 칸은 앞서 장마에 비가 샌 지가 오래되었으나, 나는 그것을 알면서도 이럴까 저럴까 망설이다가 손을 대지 못했던 것이고, 나머지 한 칸은 비를 한 번 맞고 샜던 것이라 서둘러 기와를 갈았던 것이다. 이번에 수리 하려고 본즉 비가 샌 지 오래된 것은 그 서까래, 추녀, 기둥, 들보가 모두 썩어서 못 쓰게 되었던 까닭으로 수리비가 엄청나게 들었고, 한 번밖에 비를 맞지 않았던 한 칸의 재목들은 완전하여 다시 쓸 수 있었던 까닭으로 그 비용이 많이 들지 않았다.
> 나는 이에 느낀 것이 있었다. 사람의 몫에 있어서도 마찬가지라는 사실을. 잘못을 알고서도 바로 고치지 않으면 곧 그 자신이 나쁘게 되는 것이 마치 나무가 썩어서 못쓰게 되는 것과 같으며, 잘못을 알고 고치기를 꺼리지 않으면 해(害)를 받지 않고 다시 착한 사람이 될 수 있으니, 저 집의 재목처럼 말끔하게 다시 쓸 수 있는 것이다. 뿐만 아니라 나라의 정치도 이와 같다. 백성을 좀먹는 무리들을 내버려두었다가는 백성들이 도탄에 빠지고 나라가 위태롭게 된다. 그런 연후에 급히 바로잡으려 하면 이미 썩어 버린 재목처럼 때는 늦은 것이다. 어찌 삼가지 않겠는가.

① 모든 일에 기초를 튼튼히 해야 한다.
② 청렴한 인재 선발을 통해 정치를 개혁해야 한다.
③ 잘못을 알게 되면 바로 고쳐 나가는 자세가 중요하다.
④ 훌륭한 위정자가 되기 위해서는 매사 삼가는 태도를 지녀야 한다.

> ✔해설 '잘못을 알고서도 바로 고치지 않으면 곧 그 자신이 나쁘게 되는 것이 마치 나무가 썩어서 못쓰게 되는 것과 같으며~'라는 부분을 통해, 잘못을 알게 되면 바로 고쳐 나가는 자세가 중요하다는 것을 알 수 있다.

**47** 다음 글의 내용과 일치하는 것은?

> 어떤 식물이나 동물, 미생물이 한 종류씩만 있다고 할 때, 즉 종이 다양하지 않을 때는 곧바로 문제가 발생한다. 생산하는 생물, 소비하는 생물, 분해하는 생물이 한 가지씩만 있다고 생각해보자. 혹시 사고라도 생겨 생산하는 생물이 멸종하면 그것을 소비하는 생물이 먹을 것이 없어지게 된다. 즉, 생태계 내에서 일어나는 역할 분담에 문제가 생기는 것이다.
> 박테리아는 여러 종류가 있기 때문에 어느 한 종류가 없어져도 다른 종류가 곧 그 역할을 대체한다. 그래서 분해 작용은 계속되는 것이다. 즉, 여러 종류가 있으면 어느 한 종이 없어지더라도 전체 생태계에서는 이 종이 맡았던 역할이 없어지지 않도록 균형을 이루게 된다.

① 생물 종의 다양성이 유지되어야 생태계가 안정된다.

② 생태계는 생물과 환경으로 이루어진 인위적 단위이다.

③ 생태계의 규모가 커질수록 희귀종의 중요성도 커진다.

④ 생산하는 생물과 분해하는 생물은 서로를 대체 할 수 있다.

> ✔해설 마지막 문장의 '어느 한 종이 없어지더라도 전체 생태계에서는 균형을 이루게 된다.'로부터 ①을 유추할 수 있다.
> ② 생태계는 '인자위적' 단위가 아니다.
> ③ 생태계의 규모가 작을수록 대체할 종이 희박해지므로 희귀종의 중요성이 커진다.
> ④ 지문은 생산, 소비자, 분해자가 서로 대체할 수 없는 구별되는 생물종이라는 전제 하에서 논의를 진행하고 있다.

**48** 다음 문단 뒤에 이어질 글의 내용으로 적절한 것은?

> 적외선은 온도에 민감하며, 연기나 먼지 심지어 얇은 물체도 잘 투과한다. 보통 별의 생성은 성간 물질인 분자 구름 속에서 일어난다. 그런데 가시광선은 분자 구름과 같은 기체를 잘 투과하지 못하기 때문에 적외선에서의 관측이 필요하다. 우주 팽창으로 인해 지구로부터 멀리 떨어져 있는 별일수록 빛이 긴 파장 쪽으로 전이하게 된다. 이 역시 적외선으로 관측해야 한다. 그런데 이러한 적외선을 이용한 우주 망원경은 열에 민감하기 때문에 엄청난 양과 무게의 냉각 장치가 필요하다는 단점이 있다.

① 적외선, 자외선, 가시광선 등 태양광의 종류

② 별의 생성에 대한 다양한 학설

③ 가시광선의 다양한 특성

④ 적외선을 이용한 우주 망원경의 냉각 장치

> ✔해설 ④ 제시된 문단에서 '그런데 이러한 적외선을 이용한 우주 망원경은 열에 민감하기 때문에 엄청난 양과 무게의 냉각 장치가 필요하다는 단점이 있다.'라고 화제를 제시하고 있다.

**Answer** 46.③ 47.① 48.④

**49** 다음 글의 요지를 가장 잘 정리한 것은?

> 신문에 실려 있는 사진은 기사의 사실성을 더해 주는 보조 수단으로 활용된다. 어떤 사실을 사진 없이 글로만 전할 때와 사진을 곁들여 전하는 경우에 독자에 대한 기사의 설득력에는 큰 차이가 있다. 이 경우 사진은 분명 좋은 의미에서의 영향력을 발휘한 경우에 해당할 것이다. 그러나 사진은 대상을 찍기 이전과 이후에 대해서 알려 주지 않는다. 어떤 과정을 거쳐 그 사진이 있게 됐는지, 그 사진 속에 어떤 속사정이 숨어 있는지에 대해서도 침묵한다. 분명히 한 장의 사진에는 어떤 인과 관계가 있음에도 그것에 관해 자세히 설명해 주지 못한다. 이러한 서술성의 부족으로 인해 사진은 사람을 속이는 증거로 쓰이는 경우도 있다. 사기꾼들이 권력자나 얼굴이 잘 알려진 사람과 함께 사진을 찍어서, 자신이 그 사람과 특별한 관계가 있는 것처럼 보이게 하는 경우가 그 예이다.

① 사진은 신문 기사의 사실성을 강화시켜 주며 어떤 사실의 객관적 증거로도 쓰인다.
② 사진은 사실성의 강화라는 장점을 지니지만 서술성의 부족이라는 단점도 지닌다.
③ 사진은 신문 기사의 사실성을 더해 주는 보조 수단으로서의 영향력이 상당하다.
④ 사진은 사실성이 높기 때문에 사람을 속이는 증거로 잘못 쓰이는 경우가 있다.

> ✔해설 앞에서는 사진의 장점으로 '사실성의 강화'를 들고 있고, 뒤에서는 그 단점으로 '서술성의 부족'을 지적하고 있다. 따라서 ②가 중심 내용들을 바르게 파악하고 요약한 것에 해당한다.

**50** 다음 글의 (개) ~ (래) 가운데 생략해도 글의 전개에 무리가 없는 것은?

> (개) 한 집단이나 사회의 성원이 자기의 문화만을 가장 우수한 것으로 믿고 자기 문화의 관점에서 다른 문화를 폄하하는 태도를 자문화 중심주의라 한다.
> (내) 중국인들은 오랫동안 자기들만이 문화 민족이고 그 주변의 다른 민족들은 모두 오랑캐나 야만인이라고 생각하여 멸시하였다. 독일의 히틀러는 게르만 민족의 우월성을 과시하기 위해 수많은 유대인을 학살하는 만행을 저지르기도 하였다. 이 모든 것이 자문화 중심주의의 부정적 결과들이다.
> (대) 얼마 전 프랑스에서는 프랑스어야말로 가장 아름다운 언어라고 주장하면서 공공 문서와 대중 매체 그리고 상가의 간판에 이르기까지 프랑스어만을 사용하도록 입법을 추진했다가 부결된 일도 있다.
> (래) 자문화 중심주의는 집단 구성원의 충성심을 불러일으킴으로써 집단의 결속력을 강화하고 사기를 양양하여 집단 통합에 기여한다. 그러나 국수주의에 빠져 국가 간의 상호 이해와 협조의 장애물로 작용함으로써 국제적인 고립을 자초하게 할 수도 있다.

① (개)                    ② (내)
③ (대)                    ④ (래)

**✔ 해설** ③ (다)는 (나)의 예시에 덧붙인 새로운 예시이므로 글의 전개상 생략해도 무리가 없다.

**51** 다음 주장에 대한 반론으로 가장 적절한 것은?

> 우리는 다이어트를 통해 자신감을 얻을 수 있습니다. 다이어트의 결과로 마른 몸을 얻게 된 많은 사람들은 타인 앞에 서는 것을 부끄러워하거나 두려워하지 않습니다. 그리고 그들 대부분은 타인과 적극적으로 대인 관계를 맺습니다. 어떤 연예인은 다이어트 이후 대중 앞에 더 당당하게 설 수 있었다고 합니다. 그리고 많은 사람들이 그 모습에 호감을 느끼고 그녀를 더욱 아끼게 되었다고 합니다. 이것은 다이어트가 자신감을 형성해 준다는 것을 보여 주는 좋은 예라고 할 수 있습니다.

① 지나친 다이어트는 오히려 건강을 해칠 수 있다.
② 사람들이 좋아하는 것은 그녀의 외모였을 것이다.
③ 우리가 생각하는 매력적인 몸은 미디어에 의해 조작된 것이다.
④ 진정한 자신감은 외모가 아니라 내면에서 우러나오는 것이다.

**✔ 해설** 외모 때문에 자신감을 얻었다고 말하고 있으므로, 이에 대한 반론으로 적절한 것은 ④이다.

**52** 다음 글의 결론을 가장 적절히 추론한 것은?

> 물의 오염 또한 대기 오염 못지않게 심각하다. 농약 사용의 증가, 합성 세제의 과다한 사용, 무분별한 산업 폐수의 방출 등으로 인해 물은 심하게 위협받고 있다. 하천은 하나의 생태계를 이루고 있으며, 물질의 순환에 의해 자정 작용을 한다. 그러나 각종 공해 물질로 심각하게 오염된 하천은 이런 기능을 제대로 못 하게 된다.
>
> 특히, 산업용 폐수 속에는 각종 중금속과 화학 물질이 다량으로 함유되어 물 속 생태계의 존속(存續)마저 위협하고 있다. 그런가 하면, 생활 하수에 포함된 다량의 영양 물질은 조류(藻類)와 같은 미생물을 대량으로 번식시켜 물 속에 함유된 용존 산소를 과다하게 소비함으로써, 미생물은 물론 다른 생물마저 산소 결핍 때문에 모두 죽어 버리는 부영양화 현상을 발생시키기도 한다. 이것은 인간에 의해 생태계의 평형이 파괴되는 또 하나의 예이다.
>
> 토양의 오염도 물이나 대기 오염에 못지않게 심각하다. 생태계의 1차 생산자인 식물은 대부분 토양에서 성장한다. 그러므로 토양을 오염시키는 물질은 자연히 식물에 흡수되어 남아 있고, 다시 소비자에게 옮겨져서 각종 질병의 원인이 된다. 중금속이 함유되어 있는 과다한 농약 사용, 각종 생활 쓰레기와 산업 폐기물의 부적절한 매립 등은 토양을 심각하게 오염시키는 대표적인 예이다.

① 환경 파괴와 관련된 문제를 해결하는 것이 쉬운 일은 아니다.

② 환경 파괴의 문제는 근본적으로 인간의 무지와 이기심에서 비롯되는 것이다.

③ 환경 오염의 피해는 당장에 드러나지 않고 상당한 시간이 경과한 다음에 나타나는 특징이 있다.

④ 공기와 물, 토양의 오염으로 인한 환경 파괴는 인류를 비롯한 모든 지구 생물의 생존을 위협하는 심각한 문제로 대두되었다.

> **✔ 해설** 물 오염의 심각성과 물의 오염원인 산업용 폐수와 생활 하수, 토양 오염의 심각성을 이야기 하고 있으므로 ④가 결론으로 적절하다.

**53** ㉠의 내용을 뒷받침 할 사례로 적절한 것은?

> 현실적인 불안은 바깥의 상황과 비례된 감정으로 일어나는 불안을 말한다. 화가 날 일이 있으면 이 화를 어떻게 조절할 것인가 때문에 불안하고, 욕하고 싶을 때 가슴이 두근거리거나 어려운 일이 발생했을 때 일이 손에 잡히지 않거나 중요한 시험 기간에 학생들이 노심초사하고 불안해하는 것은 모든 정상인에게 일어날 수 있는 불안이다. 말하자면 외부상황에 대한 적절한 불안 심리를 뜻한다. ㉠이런 불안은 오히려 사람들에게 신속성과 효율성을 증진시켜 생활을 활기차게 하고 유쾌함을 가져다 줄 수 있다. 이것이 그때 그때 해소되지 못하고 장기적으로 갈 때는 어려움이 있지만 대체로 도움이 된다.

① 회사에서 능력에 따라 차별적으로 성과급을 지급하는 제도를 도입해 사원들의 긴장감은 높아졌으나 회사의 매출은 크게 향상되었다.

② 개체수가 급격히 증가하는 모기를 박멸하기 위해 장구벌레를 죽이기 위한 살충제를 계곡에 살포했더니 다른 곤충들의 오히려 죽고 말았다.

③ 뒷산에 곧게 자라난 나무들은 모두 베어 건축물의 재료로 쓰였지만 구불하게 자라 쓸모없는 나무들은 오히려 천수를 누리게 되었다.

④ 선임에게 호되게 당한 김상병은 자신은 후임이 들어오면 잘해주겠다고 다짐했으나 더욱더 못되게 구는 자신의 모습을 보며 깜짝깜짝 놀라고 있다.

✔해설 ㉠의 사례는 적당한 현실의 불안은 오히려 삶을 유쾌하게 해준다는 것을 의미하므로 불안이 긍정적 요소로 작용하는 보기를 찾으면 된다.

**54** 다음 글을 읽고 빈칸에 들어갈 알맞은 진술로 가장 적합한 것은?

'실은 몰랐지만 넘겨짚어 시험의 정답을 맞힌' 경우와 '제대로 알고 시험의 정답을 맞힌' 경우를 구별할 수 있을까? 또 무작정 외워서 쓴 경우와 제대로 이해하고 쓴 경우는 어떤가? 전자와 후자는 서로 다르게 평가받아야 할까, 아니면 동등한 평가를 받는 것이 마땅한가?

선택형 시험의 평가는 오로지 답안지에 표기된 선택지가 정답과 일치하는가의 여부에만 달려 있다. 이는 위의 첫 번째 물음이 항상 긍정으로 대답되지는 않으리라는 사실을 말해준다. 그러나 만일 시험관이 답안지를 놓고 응시자와 면담할 기회가 주어진다면, 시험관은 응시자에게 그가 정답지를 선택한 근거를 물음으로써 그가 과연 문제에 관해 올바른 정보와 추론 능력을 가지고 있었는지 검사할 수 있을 것이다.

예를 들어 한 응시자가 '대한민국의 수도가 어디냐?'는 물음에 대해 '서울'이라고 답했다고 하자. 그렇게 답한 이유가 단지 '부모님이 사시는 도시라 이름이 익숙해서'였을 뿐, 정작 대한민국의 지리나 행정에 관해서는 아는 바 없다는 사실이 면접을 통해 드러났다고 하자. 이 경우에 시험관은 이 응시자가 대한민국의 수도에 관한 올바른 정보를 갖고 있다고 인정하기 어려울 것이다. 이 예는 응시자가 올바른 답을 제시하는데 필요한 정보가 부족한 경우이다.

그렇다면, 어떤 사람이 문제의 올바른 답을 추론해내는 데 필요한 모든 정보를 갖고 있었고 실제로도 정답을 제시했다는 것이, 그가 문제에 대한 올바른 추론 능력을 가지고 있다고 할 필요충분조건이라고 할 수 있는가?

어느 도난사건을 함께 조사한 홈즈와 왓슨이 사건의 모든 구체적인 세부사항, 예컨대 범행 현장에서 발견된 흙발자국의 토양 성분 등에 관한 정보뿐 아니라 올바른 결론을 내리는 데 필요한 모든 일반적 정보, 예컨대 영국의 지역별 토양의 성분에 관한 정보 등을 똑같이 갖고 있었고, 실제로 동일한 용의자를 범인으로 지목했다고 하자. 이 경우 두 사람의 추론을 동등하게 평가해야 하는가? 그렇지 않다. 예컨대 왓슨은 모든 정보를 완비하고 있었음에도 불구하고, 이름에 모음의 수가 가장 적다는 엉터리 이유로 범인을 지목했다고 하자. 이런 경우에도 우리는 왓슨의 추론에 박수를 보낼 수 있을까? 아니다. 왜냐하면 _____

① 왓슨은 일반적으로 타당한 개인적 경험을 토대로 추론했기 때문이다.
② 왓슨은 올바른 추론의 방법을 알고 있었음에도 불구하고 요행을 우선시켰기 때문이다.
③ 왓슨은 추론에 필요한 전문적인 훈련을 받지 못해서 범인을 잘못 골랐기 때문이다.
④ 왓슨은 올바른 추론에 필요한 정보를 가지고 있긴 했지만 그 정보와 무관하게 범인을 지목했기 때문이다.

✔해설 왓슨의 추론은 필요한 모든 정보가 있음에도 이와 무관하게 엉터리 이유로 범인을 지목했기 때문에 박수를 받을 수 없다. 그러므로 "올바른 추론에 필요한 정보를 가지고 있긴 했지만 그 정보와 무관하게 범인을 지목했기 때문이다."가 빈칸에 들어가야 한다.

**55** 다음 글의 중심 내용으로 옳은 것은?

> 예전에 뉴스에서 지하철에 끼인 사람을 구하고자 여러 사람이 힘을 합해 전동차를 움직였다는 보도가 있었다. 결과적으로 그들이 대단한 일을 해낸 건 분명하지만, 그러기 위해서 엄청난 노력을 한 건 아니었다. 전동차를 함께 밀자는 누군가의 제안에 다른 사람들이 손을 보탰을 뿐이다.
>
> 집단에 속해 있을 때 우리는 상황을 변화시키기 위해 뭔가 획기적이고 거대한 계획과 노력이 동반되어야 한다고 생각한다. 그러나 모든 변화가 그런 노력을 필요로 하는 것은 아니다. 아주 사소한 시도로 집단이 변화하고 더 큰 결과를 만들어 내는 경우가 많다. 다시 말해 상황이란 우리 자신이 만드는 것이고 그것을 바꾸는 것 역시 우리이다.
>
> 상황의 힘은 때로 너무나도 압도적이어서 인간을 꼼짝 못하게 만들기도 하고 말도 안 되는 권위에 복종하게도 만든다. 심지어는 위기에 처한 사람을 방관하여 한 사람의 목숨이 사라지기도 한다. 그러나 우리에게는 상황의 빈틈을 노려 보다 인간에게 유익한 방향으로 상황의 힘을 이용하기도 하고, 아주 사소한 것에 주의를 기울임으로써 순식간에 상황을 역전시킬 수도 있다. 무엇보다 중요한 것은 우리 내면에 상황의 힘을 거부하고 다른 사람을 위해 뛰쳐나갈 수 있는 본성이 존재하고 있다는 사실이다.

① 상황에 굴복하려는 인간의 본성
② 상황을 극복하려는 인간의 본성
③ 상황을 판단하려는 인간의 본성
④ 상황의 변화에 적응하려는 인간의 본성

✔**해설** 마지막 문단에서 글의 중심 내용이 드러나 있다. 상황의 힘을 거부하고 다른 사람을 위해 뛰쳐나갈 수 있는 본성이 존재한다고 했으므로 ②가 글의 중심 내용이다.

**56** 다음 글의 내용과 부합하지 않는 것은?

> 위와 십이지장에서 발생한 궤양은 소화와 관련이 있어 소화성 궤양이라고 한다. 이런 소화성 궤양은 오랫동안 인류의 가장 흔한 질병들 중 하나였고, 스트레스와 잘못된 식습관 때문에 생긴다고 알려져 있다.
>
> 임상 병리학자인 로빈 워런 박사는 위내시경 검사를 마친 많은 환자의 위 조직 표본에서 나선형 박테리아를 발견했다. 이 박테리아는 위의 상피 세포와 결합하여 두꺼운 점액층의 도움을 받고 있었기 때문에 위산의 공격에도 위 조직에 존재하고 있었다. 워런 박사는 이 박테리아가 위염의 원인이라고 주장하였다.
>
> 마셜 박사는 워런 박사가 발견한 박테리아들을 배양했지만 모두 실패하고 말았다. 그러다가 실수로 배양기에 넣어 두었던 것에서 워런 박사의 것과 동일한 박테리아가 콜로니를 형성한 것을 관찰하였고, 이를 '헬리코박터 파일로리'라고 명명하였다. 이 두 박사는 임상실험을 실시한 결과 궤양을 앓고 있는 환자들 대부분의 위에서 헬리코박터 파일로리균이 발견되었으며, 이 균이 점막에 염증을 일으킨다는 것도 알게 되었다.
>
> 헬리코박터균과 궤양의 관계가 분명해지기 전까지 이 질병은 만성적인 것이었지만, 이제는 항생제를 사용해 위에서 이 박테리아를 제거하면 이 질병을 완치할 수 있게 된 것이다.

① 헬리코박터균이 배양된 것은 우연의 결과이다.
② 궤양과 헬리코박터균의 상관관계는 밀접하다.
③ 소화성 궤양은 근대 사회에 들어서면서 발견된 질병이다.
④ 박테리아가 위 조직에 존재하는 것은 상피 세포와의 결합 때문이다.

> **해설** 첫 번째 문단에서 소화성 궤양은 오랫동안 인류의 가장 흔한 질병들 중 하나였다고 했으므로 ③은 적절하지 않다.

**57** 다음 글에서 '루소'가 말하는 교육의 개념과 가장 일치하는 것은?

> 루소에 의하면, 자연 상태에서 인간은 필요한 만큼의 욕구가 충족되면, 그 이상 아무것도 취하지 않았으며, 타인에게 해악을 끼치지도 않았다. 심지어 타인에게 도움을 주려는 본능적인 심성까지 지니고 있었다. 그러나 인지(認知)가 깨어나면서 인간의 욕망은 필요로 하는 것 이상으로 확대되었다. 이 이기적인 욕망 때문에 사유 재산 제도가 형성되고, 그 결과 불평등한 사회가 등장하게 되었다. 즉 이기적 욕망으로 인해 인간은 타락하게 되었고, 사회는 인간 사이의 대립과 갈등으로 가득 차게 되었다.
>
> 이러한 인간과 사회의 병폐에 대한 처방을 내리기 위해 저술한 것이 「에밀」로서, 그 처방은 한마디로 인간에게 잃어버린 자연을 되찾아 주는 것이다. 즉 인간에게 자연 상태의 원초의 무구(無垢)함을 되돌려 주어, 선하고 자유롭고 행복하게 살 수 있는 사회를 만들게 하는 것이다. 루소는 이것이 교육을 통해서 가능하다고 보았다.
>
> 그 교육의 실체는 가공(架空)의 어린이 '에밀'이 루소가 기획한 교육 프로그램에 따라 이상적인 인간으로 성장해 가는 과정을 통해 엿볼 수 있다. 이 교육은 자연 상태의 인간이 본래의 천진무구함을 유지하면서 정신적·육체적으로 스스로를 도야해 가는 과정을 따르는 것을 원리로 삼는다. 그래서 지식은 실제 생활에 필요한 정도만 배우게 하고, 심신의 발달 과정에 따라 어린이가 직접 관찰하거나 자유롭게 능동적인 경험을 하도록 하는 것이다. 그럼으로써 자유로우면서도 정직과 미덕을 가진 도덕적 인간으로 성장해 나갈 수 있게 된다. 이것은 자연 상태의 인간을 중시하는 그의 인간관이 그대로 반영된 것이다.

① 교육은 지식의 습득을 목표로 한다.
② 교육은 국가의 백년지대계(百年之大計)이다.
③ 교육은 자아의 독립과 완전한 개성을 이루게 하는 것이다.
④ 교육은 특권을 주는 것이 아니라, 책임감을 부여하는 것이다.

> ✔해설 루소는 자연 상태의 인간이 본래의 천진무구함을 유지하면서 정신적, 육체적으로 스스로를 도야해 가는 것을 교육의 원리로 삼았다. 이러한 과정을 통해 자유로우면서도 정직과 미덕을 갖춘 도덕적 인간으로 성장해 나갈 수 있다고 보았다. 이것은 자유롭고 능동적인 경험을 통해 자아의 독립과 개성을 이루게 하려는 태도와 유사하다.

**58** 다음 글을 통해 해결할 수 없는 질문은?

세계경제포럼의 일자리 미래 보고서는 기술이 발전함에 따라 향후 5년간 500만 개 이상의 일자리가 사라질 것으로 경고했다. 실업률이 증가하면 사회적으로 경제적 취약 계층인 저소득층도 늘어나게 되는데, 지금까지는 '최저소득보장제'가 저소득층을 보호하는 역할을 담당해 왔다.

최저소득보장제는 경제적 취약 계층에게 일정 생계비를 보장해 주는 제도로 이를 실시할 경우 국가는 가구별 총소득*에 따라 지원 가구를 선정하고 동일한 최저생계비를 보장해 준다. 가령 최저생계비를 80만 원까지 보장해 주는 국가라면, 총소득이 50만 원인 가구는 국가로부터 30만 원을 지원받아 80만 원을 보장 받는 것이다. 국가에서는 이러한 최저생계비의 재원을 마련하기 위해 일정 소득을 넘어선 어느 지점부터 총소득에 대한 세금을 부과하게 된다. 이때 세금이 부과되는 기준 소득을 '면세점'이라 하는데, 총소득이 면세점을 넘는 경우 총소득 전체에 대해 세금이 부과되어 순소득*이 총소득보다 줄어들게 된다. 그런데 국가에서 최저생계비를 보장할 경우 면세점 이하나 그 부근의 소득에 속하는 일부 실업자, 저소득층은 일을 하여 소득을 올리는 것보다 일을 하지 않고 최저생계비를 보장 받는 것이 더 유리하다고 판단할 수 있다. 또한 지원 대상을 선정하기 위한 소득 및 자산 심사를 하게 되므로 관리 비용이 추가로 지출되며, 실제로는 최저생계비를 보장 받을 자격이 있지만 서류를 갖추지 못해 지원 대상에서 제외되는 가구가 생기기도 한다.

이러한 문제로 인해 기존의 복지 재원을 하나로 모아 국가 또는 지방자치단체에서 모든 구성원 개개인에게 아무 조건 없이 정기적으로 현금을 지급하는 '기본소득제'가 대안으로 제시되고 있다. 모든 국민에게 일정액을 현금으로 지급할 경우 저소득층 또한 일을 한 만큼 소득이 늘어나게 되므로 최저생계비를 보장 받기 위해 사람들이 일부러 일자리를 구하지 않을 가능성이 낮다는 것이다. 동시에 기본소득제는 자격 심사 과정이 없어 관리 비용이 절약될 뿐만 아니라 제도에서 소외된 빈곤 인구도 줄일 수 있다. 하지만 기본소득제는 모든 국민에게 일정액이 지급되는 만큼, 이에 만족하는 사람들이 늘어나면 최저소득보장제를 실시할 때보다 오히려 일자리를 찾는 사람이 전체적으로 줄어들 것이란 우려도 동시에 제기되고 있다. 또한 복지 예산이 상대적으로 부족한 국가에서는 시행하기 어렵고 기본 소득 이상의 혜택을 받아야 하는 취약 계층에 더 많은 경제적 지원을 할 수 없는 문제 등이 있어 기본소득제를 현실 사회에 적용하기까지는 많은 난관이 있을 것으로 예상된다.

그럼에도 불구하고 기본소득제의 도입을 모색하고 있는 국가나 지방자치단체는 모든 국민들이 소득을 일정 부분 보장 받는 만큼 생산과 소비가 촉진되고, 이로 인해 전체 경제가 활성화될 것이라 예상한다. 그래서 기본소득제는 최근 인공 지능과 같은 기술의 발달이 몰고 올 실업 문제와 경제 불황을 효율적으로 극복하기 위한 현명한 대안으로 검토되고 있는 것이다.

\* 총소득 : 세금 부과 이전, 또는 정부 지원 이전의 전체 소득
\* 순소득 : 세금 부과 이후, 또는 정부 지원 이후의 실제 소득

① 최저소득보장제와 기본소득제의 개념은 무엇인가?

② 최저소득보장제는 사회에서 어떤 역할을 담당하였는가?

③ 기본소득제를 도입하여 얻을 수 있는 경제적 효과는 무엇인가?

④ 기본소득제를 국가나 지방자치단체 차원에서 도입한 사례에는 어떤 것이 있는가?

> ✔해설  ④ 국가나 지방자치단체 차원에서 기본소득제 도입을 검토하고 있다는 내용만 나와 있을 뿐, 기본소
> 득제를 도입한 사례는 확인할 수 없다.

**Answer**  58.④

**59** 다음 글에서 언급된 '섬유 예술'에 대한 설명으로 적절하지 않은 것은?

섬유 예술은 실, 직물, 가죽, 짐승의 털 등의 섬유를 오브제로 사용하여 미적 효과를 구현하는 예술을 일컫는다. 오브제란 일상 용품이나 자연물 또는 예술과 무관한 물건을 본래의 용도에서 분리하여 작품에 사용함으로써 새로운 상징적 의미를 불러일으키는 대상을 의미한다. 섬유 예술은 실용성에 초점을 둔 공예와 달리 섬유가 예술성을 지닌 오브제로서 기능할 수 있다는 자각에서 비롯되었다.

섬유 예술이 새로운 조형 예술의 한 장르로 자리매김한 결정적 계기는 1969년 제5회 '로잔느 섬유 예술 비엔날레전'에서 올덴버그가 가죽을 사용하여 만든 「부드러운 타자기」라는 작품을 전시하여 주목을 받은 것이었다. 올덴버그는 이 작품을 통해 공예의 한 재료에 불과했던 가죽을 예술성을 구현하는 오브제로 활용하여 섬유를 심미적 대상으로 인식할 수 있게 하였다.

이후 섬유 예술은 평면성에서 벗어나 조형성을 강조하는 여러 기법들을 활용하여 작가의 개성과 미의식을 구현하는 흐름을 보였는데, 이에는 바스켓트리, 콜라주, 아상블라주 등이 있다. 바스켓트리는 바구니 공예를 일컫는 말로 섬유의 특성을 활용하여 꼬기, 엮기, 짜기 등의 방식으로 예술적 조형성을 구현하는 기법이다. 콜라주는 이질적인 여러 소재들을 혼합하여 일상성에서 탈피한 미감을 주는 기법이고, 아상블라주는 콜라주의 평면적인 조형성을 넘어 우리 주변에서 흔히 볼 수 있는 물건들과 폐품 등을 혼합하여 3차원적으로 표현하는 기법이다. 콜라주와 아상블라주는 현대의 여러 예술 사조에서 활용되는 기법을 차용한 것으로, 섬유 예술에서는 순수 조형미를 드러내거나 현대 사회의 복합성과 인류 문명의 한 단면을 상징화하는 수단으로 활용되기도 하였다.

섬유를 오브제로 활용한 대표적인 작품으로는 라우센버그의 「침대」가 있다. 이 작품에서 라우센버그는 섬유 자체뿐 아니라 여러 오브제들을 혼합하여 예술적 미감을 표현하기도 했다. 「침대」는 캔버스에 평소 사용하던 커다란 침대보를 부착하고 베개와 퀼트 천으로 된 이불, 신문 조각, 잡지 등을 붙인 다음 그 위에 물감을 흩뿌려 작업한 것으로, 콜라주, 아상블라주 기법을 주로 활용하여 섬유의 조형적 미감을 잘 구현한 작품으로 평가 받고 있다.

① 섬유를 예술성을 지닌 심미적 대상으로 인식하였다.

② 올덴버그를 통해 조형 예술로서 자리를 잡게 되었다.

③ 섬유의 오브제로서의 기능을 자각하면서 시작되었다.

④ 순수한 미의식을 배제하고 고정 관념에서 벗어난 예술을 지향한다.

**해설** ④ 섬유 예술이 실용성을 넘어 예술적 미감을 표현하는 순수 조형 예술로 자리 매김한 이유를 밝히고 있으므로, 섬유 예술이 조형 예술의 궁극적 특징인 순수한 미의식을 탈피하였다는 설명은 적절하지 않다.

**60** 다음 글의 내용과 일치하지 않는 것은?

동물들은 홍채에 있는 근육의 수축과 이완을 통해 눈동자를 크게 혹은 작게 만들어 눈으로 들어오는 빛의 양을 조절하므로 눈동자 모양이 원형인 것이 가장 무난하다. 그런데 고양이와 늑대와 같은 육식동물은 세로로, 양이나 염소와 같은 초식동물은 가로로 눈동자 모양이 길쭉하다. 특별한 이유가 있는 것일까?

육상동물 중 모든 육식동물의 눈동자가 세로로 길쭉한 것은 아니다. 주로 매복형 육식동물의 눈동자가 세로로 길쭉하다. 이는 숨어서 기습을 하는 사냥 방식과 밀접한 관련이 있는데, 세로로 길쭉한 눈동자가 사냥감과의 거리를 정확히 파악하는 데 효과적이기 때문이다.

일반적으로 매복형 육식동물은 양쪽 눈으로 초점을 맞춰 대상을 보는 양안시로, 각 눈으로부터 얻는 영상의 차이인 양안시차를 하나의 입체 영상으로 재구성하면서 물체와의 거리를 파악한다. 그런데 이러한 양안시차뿐만 아니라 거리지각에 대한 정보를 주는 요소로 심도 역시 중요하다. 심도란 초점이 맞는 공간의 범위를 말하며, 심도는 눈동자의 크기에 따라 결정된다. 즉 눈동자의 크기가 커져 빛이 많이 들어오게 되면, 커지기 전보다 초점이 맞는 범위가 좁아진다. 이렇게 초점의 범위가 좁아진 경우를 심도가 '얕다'고 하며, 반대인 경우를 심도가 '깊다'고 한다.

이런 원리로 매복형 육식동물은 세로로는 커지고, 가로로는 작아진 눈동자를 통해 세로로는 심도가 얕고, 가로로는 심도가 깊은 영상을 보게 된다. 세로로 심도가 얕다는 것은 영상에서 초점이 맞는 범위를 벗어난, 아래와 위의 물체들 즉 실제 세계에서는 초점을 맞춘 대상의 앞과 뒤에 있는 물체들이 흐릿하게 보인다는 것이고, 가로로 심도가 깊다는 것은 초점을 맞춘 대상이 더욱 뚜렷하게 보인다는 것을 말한다. 세로로 길쭉한 눈동자를 통해 사냥감은 더욱 선명해지고, 사냥감을 제외한 다른 물체들이 흐릿해짐으로써 눈동자가 원형일 때보다 정확한 거리 정보를 파악하는 데 유리해진다.

한편, 대부분의 초식동물은 가로로 길쭉한 눈동자를 지니고 있으며 눈의 위치가 좌우로 많이 벌어져 있다. 이는 주변을 항상 경계하면서 포식자의 출현을 사전에 알아채야 하는 생존 방식과 관련이 있다. 초식동물은 가로로 길쭉한 눈동자를 통해 세로로는 심도가 깊고 가로로는 심도가 얕은 영상을 얻게 되는데, 이로 인해 초점이 맞는 범위의 모든 물체가 뚜렷하게 보여 거리감보다는 천적의 존재 자체를 확인하는 데 더욱 효과적이다. 게다가 눈동자가 가로로 길쭉하기 때문에 측면에서 들어오는 빛이 위아래에서 들어오는 빛보다 많아 영상을 밝게 볼 수 있다. 또한 양안시인 매복형 육식동물과 달리 초식동물은 한쪽 눈으로 초점을 맞추는 단안시여서 눈의 위치가 좌우로 많이 벌어질수록 유리하다. 두 시야가 겹쳐 입체 영상을 볼 수 있는 영역은 정면뿐이지만 바로 뒤를 빼고 거의 전 영역을 볼 수 있기 때문이다.

이렇게 동물의 눈동자 모양은 동물들의 생존과 밀접한 관련이 있다. 생태학적 측면에서 포식자가 될지, 피식자가 될지 그 위치에 따라 각각의 동물들은 생존을 위해 가장 최적화된 형태로 진화해 온 것이다.

① 동물들은 눈동자의 크기에 따라 초점이 맞는 범위가 달라진다.
② 매복형 육식동물은 초식동물과 달리 두 눈을 통해 입체 영상을 얻는다.
③ 동물들은 홍채에 있는 근육의 수축과 이완을 통해 빛의 양을 조절한다.
④ 단안시인 초식동물은 눈의 위치가 좌우로 벌어질수록 시야가 넓어진다.

✔해설 ② 매복형 육식동물뿐만 아니라 초식동물도 두 시야가 겹쳐 입체 영상을 볼 수 있다.

**Answer** 59.④ 60.②

**61** 다음 글에서 언급하지 않은 것은?

시장에서 독점적 지위를 가지고 있는 판매자가 동일한 상품에 대해 소비자에 따라 다른 가격을 책정하여 판매하기도 하는데, 이를 '가격 차별'이라 한다. 가격 차별이 성립하기 위해서는 첫째, 판매자가 시장 지배력을 가지고 있어야 한다. 시장 지배력이란 판매자가 시장 가격을 임의의 수준으로 결정할 수 있는 힘을 말한다. 둘째, 시장이 분리 가능해야 한다. 즉, 상품의 판매 단위나 구매자의 특성에 따라 시장을 구분할 수 있어야 한다. 셋째, 시장 간에 상품의 재판매가 불가능해야 한다. 만약 가격이 낮은 시장에서 상품을 구입하여 가격이 높은 시장에 되팔 수 있다면 매매 차익을 노리는 구매자들로 인해 가격 차별이 이루어지기 어렵기 때문이다.

가격 차별은 '1급 가격 차별', '2급 가격 차별', '3급 가격 차별'로 나눌 수 있는데, 1급 가격 차별은 개별 구매자들의 선호도를 모두 알고 있어 구매자 별로 최대 지불 용의 가격*을 매기는 것이다. 그림에서 가격 차별을 실시하지 않는다면 판매자가 얻는 수입은 판매 가격($\overline{OP}$) × 판매량($\overline{OQ}$)으로 사각형 OPEQ가 된다. 그러나 1급 가격 차별을 실시하면 각 구매자의 최대 지불 용의 가격인 수요 곡선을 따라 상품 가격을 결정하므로 총수입은 사다리꼴 OaEQ로 늘어나게 된다. '완전 가격 차별'이라고도 하는 1급 가격 차별은 판매자의 총수입을 극대화할 수 있지만 모든 구매자들의 선호도를 정확히 알 수 없기 때문에 현실에서는 찾아보기 어렵다.

2급 가격 차별은 상품 수량을 몇 개의 구간으로 나누고 각 구간에 대해 서로 다른 가격을 매기는 것이다. '구간 가격 설정 방식'이라고도 하는 2급 가격 차별은 소량 구입을 하는 고객에게는 높은 가격을 매기고 대량 구입을 하는 고객에게는 가격을 낮추어 주는 방식이다. 예를 들어 판매자가 16개의 라면을 생산하여 1개, 5개, 10개 단위로 각각 1,000원, 4,700원, 8,000원에 파는 것이다.

3급 가격 차별은 가격 변동에 따른 수요의 민감도를 나타내는 '수요의 가격 탄력성'을 기준으로 구매자를 두 개 이상의 그룹으로 구분한 다음, 각 그룹에 대하여 서로 다른 가격을 결정하는 것이다. 가격 변동에 민감해서 수요의 가격 탄력성이 큰 그룹에는 상대적으로 낮은 가격을, 가격 변동에 덜 민감해서 수요의 가격 탄력성이 작은 그룹에는 상대적으로 높은 가격을 매긴다. 예를 들어 청소년이나 노인 그룹에 일반인보다 할인된 가격을 적용하는 것이다.

독점 시장에서는 일반적으로 판매지가 사회적으로 바람직한 수준보다 생산량을 적게 하고 높은 가격을 매겨, 자원 배분의 효율성이 감소하는 문제점이 발생한다. 하지만 가격 차별이 이루어지면 생산량이 증대되어 자원 배분의 효율성이 증가할 수 있다.

* 최대 지불 용의 가격 : 구매자가 상품에 대해 지불할 용의가 있는 최고 가격

① 가격 차별의 개념
② 가격 차별의 유형
③ 독점 시장에서 발생할 수 있는 문제점
④ 상품 특성에 따른 수요의 가격 탄력성 차이

✔해설 ④ 이 글에서는 상품 특성에 따라 수요의 가격 탄력성이 어떻게 변하는지 진술되어 있지 않다.

**62** 다음 글을 읽고 알 수 있는 내용이 아닌 것은?

> 노자의 『도덕경』을 관통하고 있는 사고방식은 "차원 높은 덕은 덕스럽지 않으므로 덕이 있고, 차원 낮은 덕은 덕을 잃지 않으므로 덕이 없다."에 잘 나타나 있다. 이 말에서 노자는 '덕스럽지 않음'과 '덕이 있음', '덕을 잃지 않음'과 '덕이 없음'을 함께 서술해 상반된 것이 공존한다는 생각을 보여주고 있다. 이러한 사고방식은 '명(名)'에 대한 노자의 견해와 맞닿아 있다.
>
> 노자는 하나의 '명(A)'이 있으면 반드시 '그와 반대되는 것(~A)'이 있으며, 이러한 공존이 세계의 본질적인 모습이라고 생각했다. 이 관점에서 보면, '명'은 대상에 부여된 것으로 존재나 사태의 한 측면만을 규정할 수 있을 뿐이다. "있음과 없음이 서로 생겨나고, 길고 짧음이 서로 형체를 갖추고, 높고 낮음이 서로 기울어지고, 앞과 뒤가 서로 따른다."라는 노자의 말은 A와 ~A가 같이 존재하는 세계의 모습에 대해 비유적으로 말한 것이다.
>
> 노자에 따르면, A와 ~A가 공존하는 실상을 알지 못하는 사람들은 'A는 A이다.'와 같은 사유에 매몰되어 세계를 온전하게 이해하지 못한다. 이 관점에서 보면 인(仁), 의(義), 예(禮), 충(忠), 효(孝) 등을 지향함으로써 사회의 무질서를 바로잡을 수 있다고 본 유가(儒家)의 입장에 대한 비판이 가능하다. 유가에서의 인, 의, 예, 충, 효 등과 같은 '명'의 강화는 그 반대적 측면을 동반하게 되어 결국 사회의 혼란이 가중되는 방향으로 나아가게 된다고 비판할 수 있는 것이다.
>
> 노자는 "법령이 더욱 엄하게 되면 도적도 더 많이 나타난다."라고 하였다. 도적을 제거하기 위해 법령을 강화하면 도적이 없어져야 한다. 그러나 아무리 법이 엄격하게 시행되어도 범죄자는 없어지지 않고, 오히려 교활한 꾀와 탐욕으로 그 법을 피해 가는 방법을 생각해 내는 도적들이 점차 생기고, 급기야는 그 법을 피해 가는 도적들이 더욱더 많아지게 된다는 것이 노자의 주장이다. 이러한 노자의 입장에서 볼 때, 지향해야만 하는 이상적 기준으로 '명'을 정해 놓고 그것이 현실에서 실현되어야 사회 질서가 안정된다는 주장은 설득력이 없다.
>
> '명'에 관한 노자의 견해는 이기심과 탐욕으로 인한 갈등과 투쟁이 극심했던 사회에 대한 비판적 분석이면서 동시에 그 사회의 혼란을 해소하기 위한 것이라고 할 수 있다. 노자는 당대 사회가 '명'으로 제시된 이념의 지향성과 배타성을 이용해 자신의 사익을 추구하는 개인들로 가득 차 있다고 여겼다. 노자는 문명사회를 탐욕과 이기심 및 이를 정당화시켜 주는 이념의 산물로 보고, 적은 사람들이 모여 욕심 없이 살아가는 소규모의 원시 공동체 사회로 돌아가야 한다고 주장하였다. 노자는 '명'으로 규정해 놓은 특정 체계나 기준 안으로 인간을 끌어들이는 것보다, 인위적인 규정이 없는 열린 세계에서 인간을 살게 하는 것이 훨씬 더 평화로운 안정된 삶을 보장해 준다고 생각했다.

① 노자의 입장에서 '명'은 대상에 부여되어 그 대상이 지닌 상반된 속성을 사라지게 만드는 것이다.

② 노자는 법의 엄격한 시행이 오히려 범법자를 양산할 수 있다고 생각했다.

③ 노자는 탐욕과 이기심을 정당화하는 이념을 문명사회의 문제점으로 보았다.

④ 노자에 따르면, 'A는 A이다.'와 같은 사유에 매몰된 사람은 세계를 온전하게 이해하기 어렵다.

> ✔ **해설** ① 노자에 따르면 '명'의 강화는 그 반대적 측면을 동반하게 되어 사회의 혼란을 심화시킬 수 있다.

**|63~64|** 다음 글을 읽고 물음에 답하시오.

정보 사회라고 하는 오늘날, 우리는 실제적 필요와 지식 정보의 획득을 위해서 독서하는 경우가 많다. 일정한 목적의식이나 문제의식을 안고 달려드는 독서일수록 사실은 능률적인 것이다. 르네상스적인 만능의 인물이었던 괴테는 그림에 열중하기도 했다. 그는 그림의 대상이 되는 집이나 새를 더 관찰하기 위해서 그리는 것이라고, 의아해 하는 주위 사람에게 대답했다고 전해진다. 그림을 그리겠다는 목적의식을 가지고 집이나 꽃을 관찰하면 분명하고 세밀하게 그 대상이 떠오를 것이다. 마찬가지로 일정한 주제 의식이나 문제의식을 가지고 독서를 할 때, 보다 창조적이고 주체적인 독서 행위가 성립될 것이다.

오늘날 기술 정보 사회의 시민이 취득해야 할 상식과 정보는 무량하게 많다. 간단한 읽기, 쓰기와 셈하기 능력만 갖추고 있으면 얼마 전까지만 하더라도 문맹(文盲)상태를 벗어날 수 있었다. 오늘날 사정은 이미 동일하지 않다. 자동차 운전이나 컴퓨터 조작이 바야흐로 새 시대의 '문맹'탈피 조건으로 부상하고 있다. 현대인 앞에는 그만큼 구비해야 할 기본적 조건과 자질이 수없이 기다리고 있다.

사회가 복잡해짐에 따라 신경과 시간을 바쳐야 할 세목도 증가하게 마련이다. 그러나 어느 시인이 얘기한 대로 인간 정신이 마련해 낸 가장 위대한 세계는 언어로 된 책의 마법 세계이다. 그 세계 속에서 현명한 주민이 되기 위해서는 무엇보다도 자기 삶의 방향에 맞게 시간을 잘 활용해야 할 것이다.

**63** 윗글의 핵심내용으로 가장 적절한 것은?

① 현대인이 구비해야 할 조건
② 현대인이 다루어야 할 지식
③ 문맹상태를 벗어나기 위한 노력
④ 주제의식이나 문제의식을 가진 독서

> **✔해설** 첫 번째 문단에서 '일정한 주제 의식이나 문제의식을 가지고 독서를 할 때 보다 창조적이고 주체적인 독서 행위가 성립될 것이다.'라고 언급하고 있다.

**64** 윗글의 내용과 일치하는 것은?

① 과거에는 간단한 읽기, 쓰기와 셈하기 능력만으로 문맹상태를 벗어날 수 있었다.
② 사회가 복잡해져도 신경과 시간을 바쳐야 할 세목은 일정하다.
③ 오늘날 기술 정보의 발달로 시민이 취득해야 할 상식과 정보는 적어졌다.
④ 실제적 필요와 지식 정보의 획득을 위해서 독서하는 것이 중요하다.

> **✔해설** 두 번째 문단에서 '간단한 읽기, 쓰기와 셈하기 능력만 갖추고 있으면 얼마 전까지만 하더라도 문맹상태를 벗어날 수 있었다.'고 언급하고 있다.

**65** 다음은 어느 글의 서론 중 일부이다. 이후에 나올 주 내용으로 가장 적절한 것은?

> 환경 영향 평가 제도는 각종 개발 사업이 환경에 끼치는 영향을 예측하고 분석하여 부정적인 환경 영향을 줄이는 방안을 마련하는 수단이다. 개발로 인해 환경오염이 심각해지고 자연 생태계가 파괴됨에 따라 오염 물질의 처리 시설 설치와 같은 사후 대책만으로는 환경 문제에 대한 해결이 어려워졌다. 그리하여 각종 개발 계획의 추진 단계에서부터 환경을 고려하는 환경 영향 평가 제도가 도입되었다. 그 결과 환경 영향 평가 제도는 환경 훼손을 최소화하고 환경 보전에 대한 사회적 인식을 제고하는 등 개발과 보전 사이의 균형추 역할을 수행해 왔다. 그러나 현재 시행되고 있는 환경 영향 평가 제도는 제도나 운영상의 문제점을 안고 있어 본래의 취지를 충분히 살리지 못하고 있다.

① 환경 영향 평가 제도의 문제점과 해결방안
② 환경오염의 심각성과 해결방안
③ 환경 영향 평가 제도의 세부적 과정
④ 무분별한 개발에 의한 환경오염 실태

✔해설 주어진 글은 환경 영향 평가 제도에 대한 간략한 설명과 역할에 대해 서술하고 있다. 마지막 "그러나 ~" 이후의 문장을 통해 서론 이후에 나올 글의 내용이 환경 영향 평가 제도의 제도·운영상의 문제점에 대한 내용임을 추측할 수 있다.

**Answer**    63.④  64.①  65.①

**66** 다음 글의 빈칸에 들어갈 말로 가장 적절한 것은?

전통 예술의 현대화나 민족 예술의 세계화라는 명제와 관련하여 흔히 사물놀이를 모범 사례로 든다. 전통의 풍물놀이 '농악'을 무대 연주 음악으로 탈바꿈시킨 사물놀이는 짧은 역사에도 불구하고 한국 현대 예술에서 당당히 한 자리를 잡은 가운데 우리 전통 음악의 신명을 세계에 전하는 구실을 하고 있다.

그러나 문화계 일각에서는 사물놀이에 대한 비판적 관점도 제기되고 있다. 특히 전통 풍물을 살리기 위한 노력을 전개하는 쪽에서 적지 않은 우려를 나타내고 있다. 그들은 무엇보다도 사물놀이가 풍물놀이의 굿 정신을 잃었거나 또는 잃어 가고 있다는 데 주목한다. 풍물놀이는 흔히 '풍물굿'으로 불리는 것으로서 모두가 마당에서 함께 어울리는 가운데 춤·기예(技藝)와 더불어 신명나는 소리를 펼쳐내는 것이 본질적인 특성인데, 사물놀이는 리듬악이라는 좁은 세계에 안착함으로써 풍물놀이 본래의 예술적 다양성과 생동성을 약화시켰다는 것이다. 사물놀이에 의해 풍물놀이가 대체되는 흐름은 우리 민족 예술의 정체성 위기로까지도 이어질 수 있다는 의견이다.

사물놀이에 대한 우려는 그것이 창조적 발전을 거듭하지 못한 채 타성에 젖어 들고 있다는 측면에서도 제기된다. 많은 사물놀이 패가 새로 생겨났지만, 사물놀이의 창안자들이 애초에 이룩한 음악 어법이나 수준을 넘어서서 새로운 발전을 이루어 내지 못한 채 그 예술적 성과와 대중적 인기에 안주하고 있다는 것이다. 이는 사물놀이가 민족 예술로서의 정체성을 뚜렷이 갖추지 못한 데에 따른 결과로 분석되기도 한다. 이런 맥락에서 비판자들은 혹시라도 사물놀이가 ＿＿＿＿＿＿＿＿＿＿＿＿＿＿＿＿＿으로 흘러갈 경우 머지않아 위기를 맞게 될지도 모른다고 경고하고 있다.

① 본래의 예술성과 생동성을 찾아가는 방향

② 대중의 일시적인 기호에 영합하는 방향

③ 서양 음악과의 만남을 시도하는 방향

④ 형식과 전통을 뛰어 넘는 방향

✔**해설** 빈칸이 있는 문장의 시작에 "이런 맥락에서"라고 제시되어 있으므로 앞의 문맥을 살펴야 한다. 앞에서 사물놀이의 창안자들이 새로운 발전을 이루어 내지 못한 채 그 예술적 성과와 대중적 인기에 안주하고 있다는 것에 대해 이야기하고 있으므로 빈칸에 들어갈 가장 적절한 것은 ②이다.

**67** 다음에 설명된 '자연적'의 의미를 바르게 적용한 것은?

> 미덕은 자연적인 것이고 악덕은 자연적이지 않은 것이라는 주장보다 더 비철학적인 것은 없다. 자연이라는 단어가 다의적이기 때문이다. '자연적'이라는 말의 첫 번째 의미는 '기적적'인 것의 반대로서, 이런 의미에서는 미덕과 악덕 둘 다 자연적이다. 자연법칙에 위배되는 현상인 기적을 제외한 세상의 모든 사건이 자연적이다. 둘째로, '자연적'인 것은 '흔하고 일상적'인 것을 의미하기도 한다. 이런 의미에서 미덕은 아마도 가장 '비자연적'일 것이다. 적어도 흔하지 않다는 의미에서의 영웅적인 덕행은 짐승 같은 야만성만큼이나 자연적이지 못할 것이다. 세 번째 의미로서, '자연적'은 '인위적'에 반대된다. 행위라는 것 자체가 특정 계획과 의도를 지니고 수행되는 것이라는 점에서, 미덕과 악덕은 둘 다 인위적인 것이라 할 수 있다. 그러므로 '자연적이다', '비자연적이다'라는 잣대로 미덕과 악덕의 경계를 그을 수 없다.

① 수재민을 돕는 것은 첫 번째와 세 번째 의미에서 자연적이다.
② 논개의 살신성인적 행위는 두 번째와 세 번째 의미에서 자연적이지 않다.
③ 내가 산 로또 복권이 당첨되는 일은 첫 번째와 두 번째 의미에서 자연적이지 않다.
④ 개가 낯선 사람을 보고 짖는 것은 두 번째 의미에서는 자연적이지 않지만, 세 번째 의미에서는 자연적이다.

> ✔해설 첫 번째 의미 – 기적적인 것의 반대
> 두 번째 의미 – 흔하고 일상적인 것
> 세 번째 의미 – 인위적의 반대
> ① 기적적인 것의 반대는 맞으나 인위적인 것의 반대는 아니다.
> ② 흔하고 일상적인 것이 아니고, 인위적인 행위에 해당한다.
> ③ 기적적인 것의 반대이므로 맞으나 흔하고 일상적인 것은 아니다.
> ④ 흔하고 일상적인 것이며, 인위적인 것의 반대가 맞다.

**68** 다음 글을 통해 알 수 있는 내용이 아닌 것은?

> 개마고원은 흔히 '한국의 지붕'이라고들 한다. 그곳은 함경남도 삼수·갑산·풍산·장진군의 북부에 넓게 발달한 용암대지로 주변에 백산·연화산·북수백산·대암산·두운봉·차일봉·대덕산 등 2,000m 이상의 높은 산이 많으나, 그렇게 높은 봉우리들도 이 고원에서 보면 그다지 높지 않고 경사가 완만한 구릉으로 보이며, 고원 전체가 마치 넓은 평야와 같다.
>
> 해발고도가 일반적으로 1,200~1,300m로 높기 때문에 여름은 서늘하고 겨울은 매우 추우며 대체로 1월 평균기온은 −15℃ 내외이고 가장 추울 때는 −40℃까지 내려간다. 8월 평균기온은 18~20℃로 우리나라 최저온 지대를 이룬다. 또, 9월 중순부터 5월 초순까지 서리가 내린다.
>
> 「신증동국여지승람」에는 경성 서쪽의 백산은 산세가 매우 험하여 5월이 되어야 눈이 녹으며 7월이면 다시 눈이 내린다고 기록되어 있다. 강수량도 매우 적은데 함경산맥이 동해로부터의 습기를 차단하여 연 강수량이 600mm 내외이다. 이 지역은 원래 고구려의 옛 땅이었으나 고려시대에는 여진족이 점유하였다.
>
> 그리고 조선시대에 들어와서 세종의 4군 6진 개척으로 여진족을 몰아내고 남부 지방의 주민들을 이주시켰는데 남부 지방으로부터의 이주민 중에는 화전민들이 많았다. 이러한 영향은 최근까지도 미처 20세기에 들어와서도 도로 연변의 큰 촌락을 벗어나면 곳곳에 화전이 많았다.
>
> 이 지역의 주요 식량 작물로는 감자와 귀리를 비롯하여 대마·아마·홉 등의 특용 작물 등이 재배되고 있다. 그리고 산지가 넓으므로 갑산 지방을 중심으로 소를 많이 기르며, 서늘한 기후를 이용하여 양도 많이 기른다. 예로부터 '삼수·갑산'이라고 하면 하늘을 나는 새조차 찾지 않던 산간벽지로 한 번 가기만 하면 다시는 돌아오지 못할 곳의 대명사처럼 생각되었는데 20세기에 들어와서부터 삼림·광산·수력 자원이 개발되면서 활기를 띠기 시작하였다.
>
> 또한 이 지역은 무산의 삼림 지대에 연속되어 낙엽송·삼송 등의 침엽수와 일부 활엽수의 원시림이 울창하고, 하천을 통한 재목의 운반이 편리하여 임업의 중심지를 이루고 있다.
>
> 삼림 개발은 목재의 반출이 쉬운 하천 연안에서부터 시작되었는데 허천강과 장진강 유역의 목재는 각각 강 하구 또는 하구 가까이에 위치한 혜산진과 신갈파진으로 운반되고, 이곳에서 모아진 이른바 압록강류(類) 목재는 뗏목으로 엮어서 다시 이 강의 중·하류로 운반되었다.

① 개마고원 지역의 주요 식량작물

② 개마고원의 기후

③ 개마고원과 동해안 지방 간의 교통

④ 개마고원의 위치

> ✔해설 ③ 이 글에서는 삼림 개발로 인한 개마고원 지대 목재의 운반경로는 언급하고 있으나 개마고원과 동해안 지방 간의 교통에 대해서는 언급하고 있지 않다.

**69** 다음 글의 서술 방식에 대한 설명으로 옳지 않은 것은?

> 글로벌 광고란 특정 국가의 제품이나 서비스의 광고주가 자국 외의 외국에 거주하는 소비자들을 대상으로 하는 광고를 말한다. 브랜드의 국적이 갈수록 무의미해지고 문화권에 따라 차이가 나는 상황에서, 소비자의 문화적 차이는 글로벌 소비자 행동에 막대한 영향을 미친다고 할 수 있다. 또한 점차 지구촌 시대가 열리면서 글로벌 광고의 중요성은 더 커지고 있다. 비교문화연구자 드 무이는 "글로벌한 제품은 있을 수 있지만 완벽히 글로벌한 인간은 있을 수 없다"고 말하기도 했다. 오랫동안 글로벌 광고 전문가들은 광고에서 감성 소구 방법이 이성 소구에 비해 세계인에게 보편적으로 받아들여진다고 생각해 왔지만 특정 문화권의 감정을 다른 문화권에 적용하면 동일한 효과를 얻기 어렵다는 사실이 속속 밝혀지고 있다. 일찍이 홉스테드는 문화권에 따른 문화적 가치관의 다섯 가지 차원을 제시했는데 권력 거리, 개인주의-집단주의, 남성성-여성성, 불확실성의 회피, 장기지향성이 그것이다. 그리고 이 다섯 가지 차원은 국가 간 비교 문화의 맥락에서 글로벌 광고 전략을 전개할 때 반드시 고려해야 하는 기본 전제가 된다.
>
> 그렇다면 글로벌 광고의 표현 기법에는 어떤 것들이 있을까? 글로벌 광고의 보편적 표현 기법은 크게 공개 기법, 진열 기법, 연상전이 기법, 수업 기법, 드라마 기법, 오락 기법, 상상 기법, 특수효과 기법 등 여덟 가지로 나눌 수 있다.

① 용어의 정의를 통해 논지에 대한 독자의 이해를 돕고 있다.
② 기존의 주장을 반박하는 방식으로 논지를 펼치고 있다.
③ 의문문을 사용함으로써 독자들로 하여금 호기심을 유발시키고 있다.
④ 전문가의 말을 인용함으로써 독자들로 하여금 글의 신뢰성으로 높이고 있다.

✔해설 ② 위 글에서는 기존의 주장을 반박하는 방식의 서술 방식은 찾아볼 수 없다.

**70** 다음 글의 내용으로 옳지 않은 것은?

수면은 일련의 단계를 거친다고 한다. 각성과 수면의 중간인 1단계에서는 보통 낮고 빠른 뇌파를 보이며 근육 활동이 이완된다. 그리고 호흡과 맥박이 느려지는 2단계에서는 뇌파도 점점 느려지고 체온도 떨어진다. 깊은 수면이 시작되는 3단계에서는 느린 델타파가 나타나기 시작해, 4단계에 도달하면 외부 자극에 대해서 더 이상 반응을 하지 않고 제한적인 근육 반응만 나타나는 깊은 수면에 빠진다. 그런데 깊은 수면 상태인데도 불구하고, 1단계와 같은 뇌파를 보이며 혈압이 높아지고 호흡이 증가하는 그리고 흥미롭게도 마치 빠른 액션 영화를 보고 있을 때처럼 안구가 신속하게 움직이는 단계가 나타나기도 하는데 이것이 5단계이며 흔히 REM 수면이라고 부르기도 한다. 이러한 REM 수면은 총 수면 시간의 20% 정도를 차지하는데 흥미로운 것은 이 REM 수면 중인 사람들을 깨우면 80% 이상이 꿈을 보고한다는 것이다. 이러한 꿈에 대해서 예부터 사람들은 수많은 호기심을 가져 왔다. 그 중에서도 특히 꿈이 어떤 심리적 기능 혹은 역할을 할 것인가의 문제와 꿈 내용이 의미가 있는가를 구분하여 생각해보면 다음과 같다.

꿈은 우리의 무의식에 도달하는 최고의 지름길이며, 우리의 충족되지 못한 잠재적 무의식이 상징적 형태로 발현되는 것이기에 해석이 필요하게 된다. 즉 욕구충족이라는 심리적 기능과 상징적 의미를 부여한다. 또한 꿈에 대한 역학습 이론도 있는데 이는 낮 동안 축적했던 여러 정보들 중 더 이상 필요 없는 정보들을 정리하는 작업이 필요하고 이것이 주관적 꿈 경험으로 나타난다고 생각하는 이론이다. 즉 일종의 정보 청소작업의 부산물이 꿈이라고 생각하는 것이다. 신경생리학적 기능을 하지만 꿈 자체는 의미가 없다는 생각인데 이 생각은 흥미롭게도 유전자의 이중나선구조를 밝히는데 일조한 크릭과 동료들이 제기한 이론이다. 또 다른 이론은 꿈이 생존에 필요하다는 이론이다.

우리의 생존에 중요성을 갖는 여러 정보 즉 걱정, 염려, 생각, 욕구, 불확실성을 꿈으로 다시 고려하고 처리하는 것이라는 주장으로 즉 꿈의 내용이 우리의 걱정과 염려를 나타내는 것이기에 의미가 있다고 생각하는 것이다. 이 외에도 앞서 말한 역학습 이론과 맥을 같이하는 활성화–종합 이론이 있는데 이 이론은 대뇌의 뇌간에서 신경전달물질의 변화로 신경흥분이 발생하고 이것들이 대뇌의 피질에 전달되면 이를 그럴듯한 시나리오로 구성해 내는, 즉 종합의 부산물이 꿈일 것이라는 주장이다. 그러기에 어떤 특별한 심리적 의미를 부여할 필요가 없게 된다. 하지만 최근에 심리학자인 돔호프는 20,000 사례가 넘는 꿈을 분석하면서, 실제 꿈의 내용은 아주 잘 정돈되어 있으며 우리가 깨어 있을 때의 생각이나 사고와 아주 일치된다는 사실을 보고하며 활성화–종합 이론을 비판하고 있다.

더구나 5살 미만의 아이들에게는 꿈에 대한 보고가 드물고, 있다고 하더라도 아주 개략적인 특성 (예, '강아지를 보았다'는 식의)이라는 점, REM을 보이지만 전두엽 손상 환자는 꿈을 꾸지 않는다는 결과 등을 들며 새로운 꿈 이론이 필요함을 역설하고 있다. 그리고 꿈 자체가 어떤 적응적인 가치가 있는 것은 아니며, 단지 수면과 고차인지과정의 진화론적 발달의 부산물이라고 주장한다. 아울러 앞서 언급했던 것처럼 깨어있을 때 일어나는 우리의 인지과정 즉 생각이나 사고의 내용과, 꿈의 내용이 같은 특성이라는 점에서 즉, 평소 깨어 있을 때 하던 생각의 내용이 꿈에서도 나타난다는 점에서 인지과학적인 꿈 연구가 필요함을 역설하고 있다.

① 꿈이 어떤 심리적 기능 혹은 역할을 하는지, 그리고 꿈의 내용이 의미가 있는지에 대해서는 현재까지 여러 가지 이론들로 설명되어지고 있다.

② 역학습 이론이란 낮 동안 축적했던 여러 정보들 중 더 이상 필요 없는 정보들을 정리하는 작업이 필요하고 이것이 주관적 꿈 경험으로 나타난다고 생각하는 이론을 말한다.

③ REM 수면은 깊은 수면 상태인데도 불구하고, 1단계와 같은 뇌파를 보이며 혈압이 높아지고 호흡이 증가하며 안구가 신속하게 움직이는 단계다.

④ 돔호프의 연구결과 꿈에 대한 보고는 5살 미만의 아이들에게서 현저히 높은 비율로 나타나며 꿈의 내용 또한 매우 구체적이라는 것은 알았다.

> ✔해설  ④ 돔호프는 그의 연구에서 5살 미만의 아이들에게는 꿈에 대한 보고가 드물고, 있다고 하더라도 아주 개략적인 특성만 나타난다고 주장하였다.

**71** 다음 글의 내용으로 옳지 않은 것은?

과수원을 중심으로 하여 형성된 취락을 과원취락이라고 한다. 과수의 경우 특유의 자연적 조건이 필요하기 때문에 이것이 과원취락의 중요한 입지인자가 되는 것이다. 그 한계 지대에는 생리적으로 재배가 가능하여도 경제적 재배가 불가능한 곳이 있다. 자연적 조건에는 대지역의 범위를 결정하는 것과 소지역의 것을 결정하는 것이 있다.

우리나라의 대표적인 과원취락으로는 1890년부터 1900년 사이에 형성된 길주 · 원산 · 서울 등지를 중심으로 외국인 선교사에 의하여 개원된 것과, 1900년부터 1910년 사이에 인천 · 황주 · 남포 · 대구 · 나주 · 포항 · 구포 · 소사(지금의 부천) 등지에 일본인에 의하여 개원된 것으로 구분된다. 그러나 한국의 기업적 과원과 과원취락 형성에 결정적인 영향을 미친 것은 후자 쪽이다.

과원취락의 발달 과정은 초기에는 대지에 인접하여 있는 토지에 묘목을 재배하여 과원입지가 촌내에 한정되고 부업의 한계를 벗어나지 못하였으나, 그 규모가 확대됨에 따라 촌내에서 촌외 경지로 확산되었다. 경작권이 외곽으로 격리된 과원은 이윤 추구를 목표로 철저한 개별 경영에 초점을 맞추었다.

과원농가는 농가와 과원까지의 거리가 증가함에 따른 노동 시간 감소 · 체력 소모 · 운반비 부담 등의 불이익을 줄이기 위하여 과원 안에 입지하며, 특히 교통로에 인접하는 경향을 보이고 있다. 그리하여 과원취락은 농가가 고립하여 분산된 산촌을 형성하고 있다.

과원취락의 농가 구조는 과원의 규모 및 발달 단계에 따라 개척형 · 토착형 · 기업형으로 구분된다. 개척형은 아직 수확을 바라볼 수 없는 유목 단계에서 계절 거주나 일시적 휴식을 위한 가건물의 성격을 띠며, 방과 부엌으로 된 두 칸 구조를 이루고 있다. 토착형은 개척 단계에서 벗어나 경제적 기반이 확립되면서 세 칸 구조를 기본으로 생활공간이 확대되고 다실화된 것이다. 즉, 두 칸 구조에 대청 또는 툇마루가 첨가되어 두 가구의 생활권을 공존시키거나 자녀를 포함한 전 가족의 생활공간으로 이용된 것이다.

이는 과목이 성장하고 과원 경영이 전문화됨에 따라 지속적이며 장기적인 노동력 투하가 요구되고, 따라서 과원주(主) 또는 관리인의 과원 상주가 필요하였기 때문이다. 기업형은 쾌적한 생활환경 조성에 역점을 두어 다실화 구조에 욕실 · 실내 화장실 · 응접실 등을 갖추고 있다. 특히, 토착형에서 종적 배치를 이루던 대청이 기업형에서는 횡적 배치를 이루었고, 응접실과 사랑방이 전면양측으로 확장, 곡부가 발달되어 일자형의 농가 배치에서 ㄷ자형으로 발전하였다. 또한, 과원농업의 기업화에 따라서 창고 · 저장고 · 저수탱크 등이 농가 주변으로 분리되는 별동구조를 보이고 있다.

과원농가는 그 규모에 따라 부업형 · 전업형 · 기업형으로 구분할 수 있으며, 그 계층유형에 따라 경영 규모 · 생산 시설 · 생활환경이 각각 다르다.

그러나 일반적으로 순(純) 곡물 농업 지역보다도 기계 이용에 의한 과학 영농과 편익도가 높은 쾌적한 환경으로 구조 개선의 경향이 뚜렷하다. 그러므로 과원농가는 기술 · 소득 · 경영 · 시설 면에서 촌락 사회의 선진적 구실을 담당하고 있다고 볼 수 있다.

과원 지역의 산촌은 철저한 개별 경영을 하고 있는 까닭에 경영 합리화에 이로움이 없지 않으나, 저장고 · 창고 · 저수탱크 등 필수 시설이 농가 주변에 설치되어야 하므로, 부대 시설비와 생활 기반 시설비 부담이 클 뿐만 아니라, 생활권의 고립과 방어상의 취약성 등 부정적 측면도 가지고 있다. 이에 산촌이 가지는 본질적 취약성을 보완하고 농촌 생활의 안정적 향상을 위하여 과원 지역의 취락 재편성이 필요하다.

① 우리나라의 기업적 과원과 과원취락 형성에 결정적인 영향을 미친 것은 1890년부터 1900년 사이에 외국인 선교사에 의하여 개원된 과원취락이다.

② 과원취락의 농가 구조 중 기업형은 쾌적한 생활환경 조성에 역점을 두어 다실화 구조에 욕실 · 실내 화장실 · 응접실 등을 갖추고 있다.

③ 과수의 경우 특유의 자연적 조건이 필요하기 때문에 과원취락은 과수원을 중심으로 하여 형성된다.

④ 과원농가는 보통 노동 시간 감소 · 체력 소모 · 운반비 부담 등의 불이익을 줄이기 위하여 과원 안에 입지하였다.

✔ 해설 ① 우리나라의 기업적 과원과 과원취락 형성에 결정적인 영향을 미친 것은 1900년부터 1910년 사이에 인천 · 황주 · 남포 · 대구 · 나주 · 포항 · 구포 · 소사(지금의 부천) 등지에 일본인에 의하여 개원된 과원취락이다.

**Answer** 71.①

## 72 다음 글의 설명으로 옳지 않은 것은?

문학은 그 갈래에 따라 산문문학, 운문문학으로 나눌 수 있고 이것은 다시 여러 개의 하위 갈래들로 나눠진다. 동화는 그 중에서도 동심을 바탕으로 어린이를 위하여 지은 산문문학의 한 갈래에 속한다. 동화가 무엇이냐 하는 것은 그것을 광의로 보느냐, 협의로 보느냐에 따라 범주와 의미가 달라진다 하겠다. 동화는 옛날이야기 · 민담 · 우화 · 신화 · 전설 등과 같은 설화의 종류가 아니라 그러한 것을 재구성, 고치거나 또는 그러한 특징을 동화라는 형태 속에 포용한 것이다. 동화의 문예적 우수성을 살펴보면 다음과 같다. 첫째, 뛰어난 상징으로 커다란 유열과 황홀한 미감을 주며, 둘째, 풍부한 정서로 비교할 수 없는 인간성의 미묘함을 보여 주고, 셋째, 다양한 활동에 의해 여러 가지 인생의 진실을 보여 준다. 동화의 근원은 원시시대의 설화문학이며 그 중에서도 협의의 동화인 메르헨은 원시민족이 신의 행적을 읊은 서사시의 일종이라 할 수 있다. 그것은 현실에 속박을 받지 않고 공상에 의하여 비현실적인 일들을 이야기한 것이다. 구전된 전래동화는 19세기 초엽 그림형제가 「독일의 어린이와 가정의 동화」를 수집, 편찬함으로써 최초로 체계를 이루었고 19세기 중엽 덴마크의 안데르센에 의하여 본격적인 문예동화가 창작되기 시작하였다. 근대 시인들이 예술적 의식에서 안데르센을 전후, 괴테와 낭만파 작가들이 쓰기 시작하였다. 전래동화는 입으로 전해지는 아동을 위한 옛날이야기이다. 이것은 다시 입으로 전해지는 구승문예와 아동을 위한 옛날이야기로 나뉜다. 첫째, 입으로 전해지는 구승문예는 이야기가 어떤 기록이나 문헌을 통하여 전승되지 않는다는 뜻이다. 즉, 화자의 입을 통하여 청자의 귀로 전해지는 옛날이야기라는 뜻이다. 이런 점은 민담과 다를 바가 없다. 그러기에 아시야(蘆谷重常)는 기록이나 시가에 의하여 전해지는 아동들의 옛날이야기를 고전동화라 일컫고, 오로지 입으로 전해지는 아동들의 옛날이야기만을 구비동화라 하였다. 이 주장에 따르면, 우리나라의 '임금님 귀는 당나귀 귀'라든지 '돌종' 등은 「삼국유사」에 실려 있는 이야기들이므로 고전동화에 속하고, '금도끼 은도끼' · '혹부리영감' · '세 개의 병' · '토끼와 호랑이이야기' 등은 구비동화에 속한다고 볼 수 있다. 둘째, 아동을 위한 옛날이야기라는 것은 아동심리, 곧 동심에 부합해야 하고, 궁극적으로는 그 이야기가 도덕적으로 강한 교훈성과 괴기적인 공상성을 갖추어야 한다는 것이다. 그러므로 아무리 재미있는 옛날이야기라 할지라도 위의 기본 여건들을 갖추지 못할 때, 그것은 민담은 될지언정 전래동화는 될 수 없다. 예컨대, 유머나 재치에 치중한 나머지 반도덕적 · 비교육적이 된 옛날이야기나 외설적인 이야기 따위가 그것이다. 한편, 민담 채집은 중국과 서구 각국에서 이미 오래 전부터 계속되어 왔으나 아동을 위한 전래동화의 본격적인 채집은 독일의 그림 형제가 그 효시라는 것이 정설이다.

① 유머나 재치에 치중한 나머지 반도덕적 · 비교육적이 된 옛날이야기나 외설적인 이야기 따위는 민담은 될지언정 전래동화는 될 수 없다.

② 동화가 풍부한 정서로 비교할 수 없는 인간성의 미묘함을 보여준다는 것은 동화의 문예적 우수성 중 하나라고 할 수 있다.

③ 아시야의 주장에 따르면 우리나라의 '금도끼 은도끼' · '혹부리영감' · '세 개의 병' · '토끼와 호랑이 이야기' 등은 고전동화에 속한다.

④ 19세기 전까지 입으로만 전해오던 전래동화는 그림형제에 의해 최초로 그 체계를 이루었고 이후 안데르센에 의해 본격적으로 창작되기 시작했다.

✔ 해설  ③ 아시야의 주장에 따르면 우리나라의 '금도끼 은도끼' · '혹부리영감' · '세 개의 병' · '토끼와 호랑이이야기' 등은 구비동화에 속한다고 볼 수 있다.

**┃73~74┃ 다음 글을 읽고 물음에 답하시오.**

도덕이나 윤리는 원만한 사회 생활을 위한 지혜이며, 나를 포함한 모든 사람들을 위하여 매우 소중하고 보배로운 것이다. 그런데 우리 사회에는 윤리와 도덕을 존중하는 것이 오히려 손해를 보는 것이라는 인식이 널리 퍼져 있다. 사람들은 왜 도덕적 삶이 자신에게 손해를 가져온다고 생각하는 것일까?

첫째 이유는 그러한 주장을 하는 사람들의 계산법이 근시안적이기 때문이다. 당장 눈앞에 보이는 이해 관계만을 계산할 때 우리는 윤리를 존중하는 사람은 손해를 본다는 결론을 내리게 된다. 근시안적인 관점에서 눈에 보이는 이해 관계만을 눈여겨볼 때, 정직하고 성실한 사람은 손해를 본다는 인상을 받기 쉽다. 그러나 긴 안목으로 볼 때는, 정직하고 성실한 사람이 불행한 생애의 주인공이 된 경우보다는 부도덕하기로 소문난 사람이 말년을 비참하게 보낸 사례가 더 많을 것이다. _____㉠_____ (이)라는 말이 언제나 적중한다고는 보기 어려우나 전혀 근거 없는 허사(虛辭)라고 보기는 더욱 어렵다.

둘째 이유는 우리 사회에 도덕률을 어기는 사람들이 너무나 많기 때문이다. 도덕률 또는 윤리가 삶의 지혜로서의 진가를 발휘하는 것은 대부분의 사회 성원이 그것을 준수할 경우이다. 대부분의 사람들이 도덕률을 실천으로써 존중할 경우에 나를 포함한 모든 사람들이 도덕률의 혜택을 입게 되는 것이며, 대부분의 사람들이 그것을 지키지 않고 소수만이 그것을 지킬 경우에는 도덕을 지키는 소수의 사람들은 피해자가 될 염려가 있다.

셋째 이유는 시대상 또는 사회상이 급변하는 과정에서 옛날의 전통 윤리가 오늘의 우리 현실에 적합하지 않을 경우도 많기 때문이다. 삶의 지혜로서의 윤리는 행복한 삶을 위한 행위의 원칙 또는 그 처방에 해당한다. 그 행위의 처방은 상황에 적합해야 하거니와, 시대상 또는 사회상이 크게 바뀌고 생활의 조건이 크게 달라지면, 행복을 위한 행위의 처방도 따라서 달라져야 할 경우가 많다. 그런데 우리가 윤리와 도덕성을 강조할 때 사람들의 머리에 떠오르는 것은 대체로 전통 윤리의 규범들이다. 그 전통 윤리의 규범 가운데는 현대의 생활 조건에 맞지 않는 것도 흔히 있으며, 오늘의 상황에 맞지 않는 윤리의 규범을 맹목적으로 지키는 사람들은 현대의 생활 조건에 적응하지 못하고 어려움을 겪게 된다. 이러한 경우에 '윤리를 지키는 사람은 손해를 본다.'라는 말이 나올 수 있는 여지가 생기는 것이다.

**73** 이 글의 중심 내용으로 가장 적절한 것은?

① 바뀌는 시대상과 도덕성의 관계
② 도덕적 삶이 손해라고 인식하는 까닭
③ 전통 윤리에 깃들어 있는 도덕적 가치
④ 손해를 무릅쓰고 도덕을 지켜야 하는 이유

> **해설** 처음 문단에서 도덕적 삶을 손해라고 생각하는 인식이 널리 퍼지게 된 까닭이 무엇인지에 대해 문제를 제기하고, 이어지는 문단에서 그 이유를 밝히고 있다.

**74** 문맥상 ㉠에 들어갈 알맞은 한자 성어는?

① 사필귀정(事必歸正)

② 권선징악(勸善懲惡)

③ 적자생존(適者生存)

④ 선공후사(先公後私)

> ✔해설 ㉠의 바로 앞에 쓰인 문장은, 정직하고 성실한 사람이 말년에 비참하게 보내지 않을 확률이 더 높다는 뜻으로 해석할 수 있다.
> ① 사필귀정(事必歸正) : 모든 일은 반드시 바른길로 돌아감
> ② 권선징악(勸善懲惡) : 착한 일을 권장하고 악한 일을 징계함
> ③ 적자생존(適者生存) : 환경에 적응하는 생물만이 살아남고, 그렇지 못한 것은 도태되어 멸망하는 현상
> ④ 선공후사(先公後私) : 공적인 일을 먼저 하고 사사로운 일은 뒤로 미룸

**Answer** 73.② 74.①

문학은 언어로 이루어진 언어예술이다. 언어로 이루어졌다는 점에서는 다른 예술과 구별되고, 예술이라는 점에서는 언어활동의 다른 영역과 차이점이 있다. 따라서 말로 된 것이든 글로 적은 것이든 언어예술이면 모두 다 문학이라고 볼 수 있다.

한국문학은 한국인의 문학이고 한국어로 된 문학이다. 이 경우의 한국인은 한민족을 말한다. 국가는 침탈되거나 분단되어도 한민족과 한국어가 지속되고 기본적인 동질성을 가진다는 이유에서 한국문학은 단일한 민족문학이다. 다른 나라의 국적을 가진 해외교포의 문학이라도 자신을 한민족으로 의식한 작가가 한국어로 창작한 것이면 한국 문학에 속한다. 그런데 민족문학과 민족어로 된 문학은 일치하지 않는 경우가 있어서 문제이다. 한국한문학은 한민족이 쓴 문학이고 한민족의 생활을 다룬 문학임에 틀림없으나 한문으로 쓰였다는 점이 논란이 된다. 그러나 한문은 동아시아 전체의 공동문어였으므로 모두 다 중국의 글이라고 할 수 없을 뿐만 아니라, 한국에서는 한국발음으로 토까지 달아서 읽었다. 이렇게 읽는 한문은 중국어와는 거리가 멀며 오히려 한국어 문어체의 극단적인 양상이라고 보아 마땅하다. 현대에 와서 한민족 출신의 작가가 일본어나 영어로 쓴 작품은 이렇게 고려할 여지가 없기에 한국문학에서 제외됨은 물론이다.

한국문학은 크게 보아서 세 가지 영역으로 이루어져 있다. 하나는 구비문학이다. 말로 이루어지고 말로 전하는 문학을 구비문학이라고 한다. 문학의 요건이 말이 아니고 글이라고 할 때는 관심 밖에 머무르거나 민속의 한 분야라고만 여기던 구비문학이 이러한 관점이 수정되는 것과 함께 한국문학의 기저로 인식되고 평가되기에 이르렀다.

처음에는 구비문학뿐이었는데, 한자의 수용에 이어서 한문학이 나타나자 구비문학과 기록문학이 공존하는 시대로 들어섰다. 한문학은 동아시아 공동 문어문학의 규범과 수준을 이룩하는 한편, 민족적인 삶을 표현하는 데 그 나름대로 적극적인 구실을 하였기에 소홀하게 다룰 수 없다. 국문 기록문학은 처음에 한자를 이용한 차자문학으로 시작되었다가 훈민정음 창제 이후 구비문학을 받아들이고 한문학의 영향을 수용하면서 그 판도를 결정적으로 넓혔다. 그러다가 신문학운동이 일어난 다음 구비문학이 약화되고 한문학이 청산되어 국문 기록문학만이 현대문학으로서의 의의를 가지게 되었다. 현대문학은 서구문학의 이식으로 시작되었으며 계속 그러한 방향으로 나아가야 한다는 주장도 한때 있었다.

한국문학의 특질은 우선 시가의 율격에서 잘 나타난다. 한국 시가는 정형시의 경우에도 한 음보를 이루는 음절수가 변할 수 있고, 음보 형성에 모음의 고저·장단·강약 같은 것들이 작용하지 않으며, 운이 발달되어 있지 않은 것을 특징으로 삼는다. 고저를 갖춘 한시, 장단을 갖춘 그리스어·라틴어 시, 강약을 갖춘 영어나 독일어 시에 비한다면 단조롭다고 느껴질 수 있다. 그러나 그러한 요건을 갖추지 않은 특질을 공유하고 있는 프랑스어 시나 일본어 시와는 다르게 음절수가 가변적일 수 있기 때문에 오히려 변화와 여유를 누린다. 가령, 시조가 대표적인 정형시라고 하지만, 시조의 율격은 네 음보씩 석 줄로 이루어져 있고, 마지막 줄의 앞부분은 특이한 규칙을 가져야 한다는 점만 정해져 있을 따름이다. 각 음보가 몇 음절씩으로 구성되는가는 경우에 따라서 달라진다. 그래서 작품마다 율격이 특이하게 이룩될 수 있는 진폭이 인정된다. 정형시로서의 규칙은 최소한의 것으로 한정되고, 가능한 대로 변이의 영역이 보장되어 있다. 뿐만 아니라, 그 범위를 확대해서 자유시에 근접하려는 시형이 일찍부터 여러 가지로 나타났다.

① 한 음보를 이루는 음절수가 변할 수 있고, 음보 형성에 모음의 고저·장단·강약 같은 것들이 작용하지 않으며, 운이 발달되어 있지 않은 것 등은 한국 정형시가의 특징이라 할 수 있다.

② 문학은 언어로 이루어졌다는 점에서는 다른 예술과 구별되고, 예술이라는 점에서는 언어활동의 다른 영역과 차이점을 갖는다.

③ 한문학은 비록 한민족이 쓴 문학이고 한민족의 생활을 다룬 문학임에 틀림없으나 한문으로 쓰였다는 점에서 한국문학이라 할 수 없다.

④ 한국문학은 크게 세 가지 영역으로 이루어져 있지만 신문학운동이 일어난 다음에는 국문 기록 문학만이 현대문학으로서의 의의를 가지게 되었다.

**✔ 해설** ③ 한문학은 비록 한문으로 쓰였지만 당시 한문은 동아시아 전체의 공동문어이었으며 한국에서는 한국발음으로 토까지 달아서 읽었으므로 이러한 한문은 중국어와 거리가 멀고 오히려 한국어 문어체의 극단적인 양상이라고 볼 수 있기 때문에 한문학 또한 한국문학의 한 범주라고 할 수 있다.

**Answer** 75.③

**76** 강연의 내용을 고려할 때 ⊙에 대한 대답으로 가장 적절한 것은?

여러분 안녕하세요. 저는 타이포그래피 디자이너 ○○○입니다. 이렇게 사내 행사에 초청받아 타이포그래피에 대해 소개하게 되어 무척 기쁩니다.

타이포그래피는 원래 인쇄술을 뜻했지만 지금은 그 영역이 확대되어 문자로 구성하는 디자인 전반을 가리킵니다. 타이포그래피에는 언어적 기능과 조형적 기능이 있는데요, 그 각각을 나누어 말씀드리겠습니다.

먼저 타이포그래피의 언어적 기능은 글자 자체가 가지고 있는 의미전달에 중점을 두는 기능을 말합니다. 의미를 정확하게 전달하기 위해서는 가독성을 높이는 일이 무엇보다 중요하지요. (화면의 '작품1'을 가리키며) 이것은 여러분들도 흔히 보셨을 텐데요, 학교 앞 도로의 바닥에 적혀 있는 '어린이 보호구역'이라는 글자입니다. 운전자에게 주의하며 운전하라는 의미를 전달해야 하므로 이런 글자는 무엇보다도 가독성이 중요하겠지요? 그래서 이 글자들은 전체적으로 크면서도 세로로 길게 디자인하여 운전 중인 운전자에게 글자가 쉽게 인식될 수 있도록 제작한 것입니다.

이어서 타이포그래피의 조형적 기능을 살펴보겠습니다. 타이포그래피의 조형적 기능이란 글자를 재료로 삼아 구체적인 형태의 외형적 아름다움을 전달하는 기능을 말합니다. (화면(의 '작품2'를 가리키며) 이 작품은 '등'이라는 글씨의 받침 글자 'ㅇ'을 전구 모양으로 만들었어요. 그리고 받침 글자를 중심으로 양쪽에 사선을 그려 넣고 사선의 위쪽을 검은색으로 처리했어요. 이렇게 하니까 마치 갓이 씌워져 있는 전등에서 나온 빛이 아래쪽을 환하게 밝히고 있는 그림처럼 보이지요. 이렇게 회화적 이미지를 첨가하면 외형적 아름다움뿐만 아니라 글자가 나타내는 의미까지 시각화하여 전달할 수 있습니다.

(화면의 '작품3'을 가리키며) 이 작품은 '으'라는 글자 위아래를 뒤집어 나란히 두 개를 나열했어요. 그러니까 꼭 사람의 눈과 눈썹을 연상시키네요. 그리고 'ㅇ' 안에 작은 동그라미를 세 개씩 그려 넣어서 눈이 반짝반짝 빛나고 있는 듯한 모습을 표현했습니다. 이것은 글자의 의미와는 무관하게 글자의 형태만을 활용하여 제작자의 신선한 발상을 전달하기 위한 작품이라고 할 수 있습니다.

지금까지 작품들을 하나씩 보여 드리며 타이포그래피를 소개해 드렸는데요, 한번 정리해 봅시다. (화면에 '작품1', '작품2', '작품3'을 한꺼번에 띄워 놓고) ⊙좀 전에 본 작품들은 타이포그래피의 어떤 기능에 중점을 둔 것일까요?

① '작품1'은 운전자가 쉽게 읽을 수 있도록 글자를 제작하였으므로 타이포그래피의 언어적 기능에 중점을 둔 것이라 할 수 있습니다.

② '작품2'는 글자가 나타내는 의미와 상관없이 글자를 작품의 재료로만 활용하고 있으므로 타이포그래피의 조형적 기능에 중점을 둔 것이라 할 수 있습니다.

③ '작품3'은 회화적 이미지를 활용하여 글자의 외형적 아름다움을 표현했으므로 타이포그래피의 언어적 기능에 중점을 둔 것이라 할 수 있습니다.

④ '작품1'과 '작품2'는 모두 글자의 색을 화려하게 사용하여 의미를 정확하게 전달하고 있으므로 타이포그래피의 언어적 기능에 중점을 둔 것이라 할 수 있습니다.

**✔해설** ② '작품2'는 회화적 이미지를 첨가하여 외형적 아름다움뿐만 아니라 글자가 나타내는 의미까지 시각화하여 전달하였으므로 글자가 나타내는 의미와 상관없이 글자를 작품의 재료로만 활용하고 있다고 볼 수 없다.

③ '작품3'은 글자의 의미와는 무관하게 글자의 형태만을 활용하여 제작자의 신선한 발상을 전달하기 위한 작품으로 타이포그래피의 조형적 기능에 중점을 둔 것이라고 할 수 있다.

④ '작품1'은 가독성을 중시하였으며 타이포그래피의 언어적 기능에 중점을 둔 것이라고 할 수 있다. 그러나 '작품2'는 타이포그래피의 조형적 기능에 중점을 두면서 글자의 의미를 시각화해 전달한 작품이다.

**Answer** 76.①

**77** 다음 A, B 두 사람의 논쟁에 대한 분석으로 가장 적절한 것은?

> A1 : 최근 인터넷으로 대표되는 정보통신기술 혁명은 과거 유례를 찾을 수 없을 정도로 세상이 돌아
> 가는 방식을 근본적으로 바꿔놓았다. 정보통신기술 혁명은 물리적 거리의 파괴로 이어졌고, 그
> 에 따라 국경 없는 세계가 출현하면서 국경을 넘나드는 자본, 노동, 상품에 대한 규제가 철폐될
> 수밖에 없는 사회가 되었다. 이제 개인이나 기업 혹은 국가는 과거보다 훨씬 더 유연한 자세를
> 견지해야 하고, 이를 위해서는 강력한 시장 자유화가 필요하다.
> B1 : 변화를 인식할 때 우리는 가장 최근의 것을 가장 혁신적인 것으로 생각하는 경향이 있다. 인터
> 넷 혁명의 경제적, 사회적 영향은 최소한 지금까지는 세탁기를 비롯한 가전제품만큼 크지 않았
> 다. 가전제품은 집안일에 들이는 노동시간을 대폭 줄여줌으로써 여성들의 경제활동을 촉진했고,
> 가족 내의 전통적인 역학관계를 바꾸었다. 옛것을 과소평가해서도 안 되고 새것을 과대평가해서
> 도 안 된다. 그렇게 할 경우 국가의 경제정책이나 기업의 정책은 물론이고 우리 자신의 직업과
> 관련해서도 여러 가지 잘못된 결정을 내리게 된다.
> A2 : 인터넷이 가져온 변화는 가전제품이 초래한 변화에 비하면 전 지구적인 규모이고 동시적이라는 점
> 에 주목해야 한다. 정보통신기술이 초래한 국경 없는 세계의 모습을 보라. 국경을 넘어 자본, 노
> 동, 상품이 넘나들게 됨으로써 각 국가의 행정 시스템은 물론 세계 경제 시스템에도 변화가 불가피
> 하게 되었다. 그런 점에서 정보통신기술의 영향력은 가전제품의 영향력과 비교될 수 없다.
> B2 : 최근의 기술 변화는 100년 전에 있었던 변화만큼 혁명적 이라고 할 수 없다. 100년 전의 세계는
> 1960~1980년에 비해 통신과 운송 부문에서의 기술은 훨씬 뒤떨어졌으나 세계화는 오히려 월등
> 히 진전된 상태였다. 사실 1960~1980년 사이에 강대국 정부가 자본, 노동, 상품이 국경을 넘어
> 들어오는 것을 엄격하게 규제했기에 세계화의 정도는 그리 높지 않았다. 이처럼 세계화의 정도
> 를 결정하는 것은 정치이지 기술력이 아니다.

① 이 논쟁의 핵심 쟁점은 정보통신기술 혁명과 가전제품을 비롯한 제조분야 혁명의 영향력 비교
이다.

② A1은 최근의 정보통신기술 혁명으로 말미암아 자본, 노동, 상품이 국경을 넘나드는 것이 보편
적 현상이 되었다는 점을 근거로 삼고 있다.

③ B1은 A1이 제시한 근거가 다 옳다고 하더라도 A1의 주장을 받아들일 수 없다고 주장하고 있다.

④ B1과 A2는 인터넷의 영향력에 대한 평가에는 의견을 달리 하지만 가전제품의 영향력에 대한
평가에는 의견이 일치한다.

> **해설** ② A1에 따르면 정보통신기술 혁명은 물리적 거리의 파괴로 이어졌고, 그에 따라 국경 없는 세계가
> 출현하면서 자본, 노동, 상품이 국경을 넘나드는 것이 보편적 현상이 되었다.
> ① 정보통신기술 혁명과 가전제품을 비롯한 제조분야 혁명의 영향력 비교는 개인이나 기업, 국가의 결정
> 에 임하는 자세에 대한 논의를 이끌어 내는 과정에서 언급된 것이지 핵심 쟁점이라고 볼 수는 없다.
> ③ B1은 A1이 제시한 근거가 과대평가되었다고 본다.
> ④ B1과 A2는 인터넷의 영향력에 대한 평가와 가전제품의 영향력에 대한 평가에서 모두 의견을 달리한다.

**78** 다음 글을 통해 추론할 수 있는 내용으로 가장 적절한 것은?

> 카발리는 윌슨이 모계 유전자인 mtDNA 연구를 통해 발표한 인류 진화 가설을 설득력 있게 확인시켜 줄 수 있는 실험을 제안했다. 만약 mtDNA와는 서로 다른 독립적인 유전자 가계도를 통해서도 같은 결론에 도달할 수 있다면 윌슨의 인류 진화에 대한 가설을 강화할 수 있다는 것이다.
>
> 이에 언더힐은 Y염색체를 인류 진화 연구에 이용하였다. 그가 Y염색체를 연구에 이용한 이유가 있다. 그것은 Y염색체가 하나씩 존재하는 특성이 있어 재조합을 일으키지 않고, 그 점은 연구 진행을 수월하게 하기 때문이다. 그는 Y염색체를 사용한 부계 연구를 통해 윌슨이 밝힌 연구결과와 매우 유사한 결과를 도출했다. 언더힐의 가계도도 윌슨의 가계도와 마찬가지로 아프리카 지역의 인류 원조 조상에 뿌리를 두고 갈라져 나오는 수형도였다. 또 그 수형도는 인류학자들이 상상한 장엄한 떡갈나무가 아니라 윌슨이 분석해 놓은 약 15만 년밖에 안 된 키 작은 나무와 매우 유사하였다.
>
> 별개의 독립적인 연구로 얻은 두 자료가 인류의 과거를 똑같은 모습으로 그려낸다면 그것은 대단한 설득력을 지닌다. mtDNA와 같은 하나의 영역만이 연구된 상태에서는 그 결과가 시사적이기는 해도 결정적이지는 않다. 그 결과의 양상은 단지 DNA의 특정 영역에 일어난 특수한 역사만을 반영하는 것일 수도 있기 때문이다. 하지만 언더힐을 Y염색체에서 유사한 양상을 발견함으로써 그 불완전성은 크게 줄어들었다. 15만 년 전에 아마도 전염병이나 기후 변화로 인해 유전자 다양성이 급격하게 줄어드는 현상이 일어났을 것이다.

① 윌슨의 mtDNA 연구결과는 인류 진화 가설에 대한 결정적인 증거였다.

② 부계 유전자 연구와 모계 유전자 연구를 통해 얻은 각각의 인류 진화 수형도는 매우 비슷하다.

③ 윌슨과 언더힐의 연구결과는 현대 인류 조상의 기원에 대한 인류학자들의 견해를 뒷받침한다.

④ 언더힐은 우리가 갖고 있는 Y염색체 연구를 통해 인류가 아프리카에서 유래했다는 것을 부정했다.

> **✔ 해설** ① mtDNA와 같은 하나의 영역만이 연구된 상태에서는 그 결과가 시사적이기는 해도 결정적이지는 않다.
> ③ 그 수형도는 인류학자들이 상상한 장엄한 떡갈나무가 아니라 윌슨이 분석해 놓은 약 15만 년밖에 안 된 키 작은 나무와 매우 유사하였다.
> ④ 언더힐의 가계도도 윌슨의 가계도와 마찬가지로 아프리카 지역의 인류 원조 조상에 뿌리를 두고 갈라져 나오는 수형도였다.

**Answer** 77.② 78.②

**79** 다음 글에 나타난 아리스토텔레스의 견해에 대한 이해로 가장 적절한 것은?

자연에서 발생하는 모든 일은 목적 지향적인가? 자기 몸통보다 더 큰 나뭇가지나 잎사귀를 허둥대며 운반하는 개미들은 분명히 목적을 가진 듯이 보인다. 그런데 가을에 지는 낙엽이나 한밤중에 쏟아지는 우박도 목적을 가질까? 아리스토텔레스는 모든 자연물이 목적을 추구하는 본성을 타고나며, 외적 원인이 아니라 내재적 본성에 따른 운동을 한다는 목적론을 제시한다. 그는 자연물이 단순히 목적을 갖는 데 그치는 것이 아니라 목적을 실현할 능력도 타고나며, 그 목적은 방해받지 않는 한 반드시 실현될 것이고, 그 본성적 목적의 실현은 운동 주체에 항상 바람직한 결과를 가져온다고 믿는다. 아리스토텔레스는 이러한 자신의 견해를 "자연은 헛된 일을 하지 않는다!"라는 말로 요약한다.

근대에 접어들어 모든 사물이 생명력을 갖지 않는 일종의 기계라는 견해가 강조되면서, 아리스토텔레스의 목적론은 비과학적이라는 이유로 많은 비판에 직면한다. 갈릴레이는 목적론적 설명이 과학적 설명으로 사용될 수 없다고 주장하며, 베이컨은 목적에 대한 탐구가 과학에 무익하다고 평가하고, 스피노자는 목적론이 자연에 대한 이해를 왜곡한다고 비판한다. 이들의 비판은 목적론이 인간 이외의 자연물도 이성을 갖는 것으로 의인화한다는 것이다. 그러나 이런 비판과는 달리 아리스토텔레스는 자연물을 생물과 무생물로, 생물을 식물·동물·인간으로 나누고, 인간만이 이성을 지닌다고 생각했다.

일부 현대 학자들은, 근대 사상가들이 당시 과학에 기초한 기계론적 모형이 더 설득력을 갖는다는 일종의 교조적 믿음에 의존했을 뿐, 아리스토텔레스의 목적론을 거부할 충분한 근거를 제시하지 못했다고 비판한다. 이런 맥락에서 볼로틴은 근대 과학이 자연에 목적이 없음을 보이지도 못했고 그렇게 하려는 시도조차 하지 않았다고 지적한다. 또한 우드필드는 목적론적 설명이 과학적 설명은 아니지만, 목적론의 옳고 그름을 확인할 수 없기 때문에 목적론이 거짓이라 할 수도 없다고 지적한다.

17세기의 과학은 실험을 통해 과학적 설명의 참·거짓을 확인할 것을 요구했고, 그런 경향은 생명체를 비롯한 세상의 모든 것이 물질로만 구성된다는 물질론으로 이어졌으며, 물질론 가운데 일부는 모든 생물학적 과정이 물리·화학 법칙으로 설명된다는 환원론으로 이어졌다. 이런 환원론은 살아 있는 생명체가 죽은 물질과 다르지 않음을 함축한다. 하지만 아리스토텔레스는 자연물의 물질적 구성 요소를 알면 그것의 본성을 모두 설명할 수 있다는 엠페도클레스의 견해를 반박했다. 이 반박은 자연물이 단순히 물질로만 이루어진 것이 아니며, 또한 그것의 본성이 단순히 물리·화학적으로 환원되지도 않는다는 주장을 내포한다.

첨단 과학의 발전에도 불구하고 생명체의 존재 원리와 이유를 정확히 규명하는 과제는 아직 진행 중이다. 자연물의 구성 요소에 대한 아리스토텔레스의 탐구는 자연물이 존재하고 운동하는 원리와 이유를 밝히려는 것이었고, 그의 목적론은 지금까지 이어지는 그러한 탐구의 출발점이라 할 수 있다.

① 자연물의 본성적 운동은 외적 원인에 의해 야기되기도 한다.

② 낙엽의 운동은 본성적 목적 개념으로는 설명되지 않는다.

③ 본성적 운동의 주체는 본성을 실현할 능력을 갖고 있다.

④ 자연물의 목적 실현은 때로는 그 자연물에 해가 된다.

> **✔ 해설** 아리스토텔레스는 모든 자연물이 목적을 추구하는 본성을 타고나며, 외적 원인이 아니라 내재적 본성에 따른 운동을 한다는 목적론을 제시하였다. 아리스토텔레스에 따르면 이러한 본성적 운동의 주체는 단순히 목적을 갖는 데 그치는 것이 아니라 목적을 실현할 능력도 타고난다.

**Answer** 79.③

**80** 다음 글에 대한 이해로 적절하지 않은 것은?

외국 통화에 대한 자국 통화의 교환 비율을 의미하는 환율은 장기적으로 한 국가의 생산성과 물가 등 기초 경제 여건을 반영하는 수준으로 수렴된다. 그러나 단기적으로 환율은 이와 괴리되어 움직이는 경우가 있다. 만약 환율이 예상과는 다른 방향으로 움직이거나 또는 비록 예상과 같은 방향으로 움직이더라도 변동 폭이 예상보다 크게 나타날 경우 경제 주체들은 과도한 위험에 노출될 수 있다. 환율이나 주가 등 경제 변수가 단기에 지나치게 상승 또는 하락하는 현상을 오버슈팅(overshooting)이라고 한다. 이러한 오버슈팅은 물가 경직성 또는 금융 시장 변동에 따른 불안 심리 등에 의해 촉발되는 것으로 알려져 있다. 여기서 물가 경직성은 시장에서 가격이 조정되기 어려운 정도를 의미한다.

물가 경직성에 따른 환율의 오버슈팅을 이해하기 위해 통화를 금융 자산의 일종으로 보고 경제 충격에 대해 장기와 단기에 환율이 어떻게 조정되는지 알아보자. 경제에 충격이 발생할 때 물가나 환율은 충격을 흡수하는 조정 과정을 거치게 된다. 물가는 단기에는 장기 계약 및 공공요금 규제 등으로 인해 경직적이지만 장기에는 신축적으로 조정된다. 반면 환율은 단기에서도 신축적인 조정이 가능하다. 이러한 물가와 환율의 조정 속도 차이가 오버슈팅을 초래한다. 물가와 환율이 모두 신축적으로 조정되는 장기에서의 환율은 구매력 평가설에 의해 설명되는데, 이에 의하면 장기의 환율은 자국 물가 수준을 외국 물가 수준으로 나눈 비율로 나타나며, 이를 균형 환율로 본다. 가령 국내 통화량이 증가하여 유지될 경우 장기에서는 자국 물가도 높아져 장기의 환율은 상승한다. 이때 통화량을 물가로 나눈 실질 통화량은 변하지 않는다.

그런데 단기에는 물가의 경직성으로 인해 구매력 평가설에 기초한 환율과는 다른 움직임이 나타나면서 오버슈팅이 발생할 수 있다. 가령 국내 통화량이 증가하여 유지될 경우, 물가가 경직적이어서 실질 통화량은 증가하고 이에 따라 시장 금리는 하락한다. 국가 간 자본 이동이 자유로운 상황에서, 시장 금리 하락은 투자의 기대 수익률 하락으로 이어져, 단기성 외국인 투자 자금이 해외로 빠져나가거나 신규 해외 투자 자금 유입을 위축시키는 결과를 초래한다. 이 과정에서 자국 통화의 가치는 하락하고 환율은 상승한다. 통화량의 증가로 인한 효과는 물가가 신축적인 경우에 예상되는 환율 상승에, 금리 하락에 따른 자금의 해외 유출이 유발하는 추가적인 환율 상승이 더해진 것으로 나타난다. 이러한 추가적인 상승 현상이 환율의 오버슈팅인데, 오버슈팅의 정도 및 지속성은 물가 경직성이 클수록 더 크게 나타난다. 시간이 경과함에 따라 물가가 상승하여 실질 통화량이 원래 수준으로 돌아오고 해외로 유출되었던 자금이 시장 금리의 반등으로 국내로 복귀하면서, 단기에 과도하게 상승했던 환율은 장기에는 구매력 평가설에 기초한 환율로 수렴된다.

① 환율의 오버슈팅이 발생한 상황에서 물가 경직성이 클수록 구매력 평가설에 기초한 환율로 수렴되는 데 걸리는 기간이 길어질 것이다.

② 환율의 오버슈팅이 발생한 상황에서 외국인 투자 자금이 국내 시장 금리에 민감하게 반응할수록 오버슈팅 정도는 커질 것이다.

③ 물가 경직성에 따른 환율의 오버슈팅은 물가의 조정 속도보다 환율의 조정 속도가 빠르기 때문에 발생하는 것이다.

④ 국내 통화량이 증가하여 유지될 경우 장기에는 실질 통화량이 변하지 않으므로 장기의 환율도 변함이 없을 것이다.

✔해설 ④ 국내 통화량이 증가하여 유지될 경우 장기에는 자국의 물가도 높아져 장기의 환율은 상승한다.

**Answer** 80.④

# 출제예상문제

**1** 찬수네 가게는 원가가 14,000원인 제품 A 30개와 원가가 12,000원인 제품 B 50개를 판매하려고 한다. 제품 A의 정가를 원가의 15%의 이익이 있게 책정하고 제품 A, B의 총 판매 순수익이 같도록 제품 B의 정가를 정하려고 할 때, 제품 B의 이윤율은 얼마로 해야 하는가?

① 10%

② 10.5%

③ 11%

④ 11.5%

> ✔ **해설** 제품 A의 순수익은 $30 \times 14,000 \times 0.15 = 63,000$(원)이다.
> 제품 A와 B의 순수익을 같도록 한다고 했으므로 $50 \times 12,000 \times x = 63,000$, $x = 0.105$ 즉, 10.5%의 이윤율로 정가를 정해야 한다.

**2** 어느 인기 그룹의 공연을 준비하고 있는 기획사는 다음과 같은 조건으로 총 1,500장의 티켓을 판매하려고 한다. 티켓 1,500장을 모두 판매한 금액이 6,000만 원이 되도록 하기 위해 판매해야 할 S석 티켓의 수를 구하면?

> (개) 티켓의 종류는 R석, S석, A석 세 가지이다.
> (내) R석, S석, A석 티켓의 가격은 각각 10만 원, 5만 원, 2만 원이고, A석 티켓의 수는 R석과 S석 티켓의 수의 합과 같다.

① 450장

② 600장

③ 750장

④ 900장

> ✔ **해설** 조건 (개)에서 R석의 티켓의 수를 $a$, S석의 티켓의 수를 $b$, A석의 티켓의 수를 $c$라 놓으면
> $a + b + c = 1,500$ ⋯⋯ ㉠
> 조건 (내)에서 R석, S석, A석 티켓의 가격은 각각 10만 원, 5만 원, 2만 원이므로
> $10a + 5b + 2c = 6,000$ ⋯⋯ ㉡
> A석의 티켓의 수는 R석과 S석 티켓의 수의 합과 같으므로
> $a + b = c$ ⋯⋯ ㉢
> 세 방정식 ㉠, ㉡, ㉢을 연립하여 풀면 ㉠, ㉢에서 $2c = 1,500$ 이므로 $c = 750$
> ㉠, ㉡에서 연립방정식
> $\begin{cases} a + b = 750 \\ 2a + b = 900 \end{cases}$
> 을 풀면 $a = 150$, $b = 600$ 이다.
> 따라서 구하는 S석의 티켓의 수는 600장이다.

**3** 윷놀이에서 한 번을 던져 윷이나 모가 나올 확률은?

① $\dfrac{1}{5}$  ② $\dfrac{1}{6}$

③ $\dfrac{1}{7}$  ④ $\dfrac{1}{8}$

 해설

• 1개의 윷이 앞 면이 나올 확률은 $\dfrac{1}{2}$ 이th, 뒤 면이 나올 확률도 $\dfrac{1}{2}$ 이다.

• 윷이나 모가 되려면 윷 4개가 앞 면만 나오거나 뒤 면만 나와야 한다.

• 윷 4개가 앞 면만 나올 확률은 $\dfrac{1}{2}\times\dfrac{1}{2}\times\dfrac{1}{2}\times\dfrac{1}{2}=\dfrac{1}{2^4}=\dfrac{1}{16}$

• 윷 4개가 뒤 면만 나올 확률은 $\dfrac{1}{2}\times\dfrac{1}{2}\times\dfrac{1}{2}\times\dfrac{1}{2}=\dfrac{1}{2^4}=\dfrac{1}{16}$

따라서 $\dfrac{1}{16}+\dfrac{1}{16}=\dfrac{2}{16}=\dfrac{1}{8}$

**4** A팀 후보 6명, B팀 후보 4명 중 국가대표 선수 두 명을 뽑는다. 뽑힌 두 명의 선수가 같은 팀일 확률은 얼마인가? (소수점 셋째자리에서 반올림하시오.)

① 0.27%  ② 0.39%

③ 0.47%  ④ 0.54%

해설

$$\frac{{}_6C_2+{}_4C_2}{{}_{10}C_2}=\frac{\dfrac{6\times5}{2\times1}+\dfrac{4\times3}{2\times1}}{\dfrac{10\times9}{2\times1}}=\frac{21}{45}\fallingdotseq0.47$$

**5** 십의 자리의 숫자가 3인 두 자리의 자연수에서 십의 자리와 일의 자리의 숫자를 바꾸면 원래의 수의 2배보다 1이 작다. 이 자연수의 일의 자리 수는 무엇인가?

① 4

② 5

③ 6

④ 7

✔ 해설 일의 자리 수를 $x$라 하면,

$10x+3=2(3\times10+x)-1$

$\therefore x=7$

**6** 2자리의 정수 중 8의 배수의 총합은 얼마인가?

① 613

② 614

③ 615

④ 616

✔ 해설 ㉠ 16, 24, 32 … 순으로 진행하는 등차수열이므로,

$a_n=a_1+(n-1)d=16+(n-1)8=8+8n$

㉡ 2자리의 정수 중 8의 배수의 최댓값은 96이므로,

$a_n=8+8n=96, \quad \therefore n=11$

㉢ 첫 항($a_1$)이 16, 마지막 항($a_{11}$)이 96이므로,

$S_n=\dfrac{n(a_1+a_n)}{2}=\dfrac{11(16+96)}{2}=616$

**7** A국 축구 국가대표 팀의 공격수가 3명, 미드필더가 7명, 수비수가 10명, 골키퍼가 3명이 선발되었다. 경기에 뛸 주전 선수가 총 11명일 때, 공격수 3명, 미드필더 3명, 수비수 4명, 골키퍼 1명을 선발하는 경우의 수는?

① 9300

② 10400

③ 11500

④ 22050

✔ 해설 • 공격수 3명 중 3명을 뽑는 경우 : $_3C_3=1$

• 미드필더 7명 중에 3명을 뽑는 경우 : $_7C_3=\dfrac{7\times6\times5}{3\times2\times1}=35$

• 수비수 10명 중에 4명을 뽑는 경우 : $_{10}C_4=\dfrac{10\times9\times8\times7}{4\times3\times2\times1}=210$

• 골키퍼 3명 중에 1명을 뽑는 경우 : $_3C_1=3$

따라서 $1\times35\times210\times3=22050$

**8** 형이 학교를 향해 분속 50m로 걸어간 지 24분 후에 동생이 자전거를 타고 분속 200m로 학교를 향해 출발하여 학교 정문에서 두 사람이 만났다. 형이 학교까지 가는 데 걸린 시간은?

① 24분　　　　　　　　　　　② 26분

③ 30분　　　　　　　　　　　④ 32분

　　✔**해설** 형이 학교까지 가는 데 걸린 시간 $x$
　　　　　동생이 학교까지 가는 데 걸린 시간 $(x-24)$
　　　　　두 사람의 이동거리는 같으므로
　　　　　$50x = 200(x-24)$
　　　　　$\therefore x = 32$

**9** 양의 정수 $x$를 5배 한 수는 30보다 크고, $x$를 5배 한 수에서 30을 뺀 수는 40보다 작을 때, $x$ 값은 몇 가지가 나오는가?

① 4가지　　　　　　　　　　② 5가지

③ 6가지　　　　　　　　　　④ 7가지

　　✔**해설** • $5x > 30$
　　　　　• $5x - 30 < 40$
　　　　　• $6 < x < 14$
　　　　　$\therefore x$는 7~13이 될 수 있다.

**10** 지금부터 3년 후에 아버지의 나이는 자식의 5배가 된다. 현재 자식의 나이는 3살일 때, 현재 아버지의 나이는 자식의 몇 배인가?

① 7배　　　　　　　　　　　② 8배

③ 9배　　　　　　　　　　　④ 10배

　　✔**해설** 현재 아버지의 나이를 $x$라 하면,
　　　　　$(x+3) = 5(3+3)$,　　$\therefore x = 27$살
　　　　　따라서 현재 아버지와 자식의 나이의 차이는 9배이다.

**Answer**　5.④　6.④　7.④　8.④　9.④　10.③

**11** 강을 따라 36km 떨어진 지점을 배로 왕복하려고 한다. 배의 속력이 7.5km/h이고, 강물이 흘러 가는 속력은 1.5km/h일 때, 올라 갈 때에는 6시간이 걸린다면 내려올 때에는 몇 시간이 걸리겠는가? (단, 배의 속력은 일정하다.)

① 4시간                                    ② 5시간
③ 6시간                                    ④ 7시간

> ✔해설 내려올 때의 시간을 $x$라 하면,
> $x(7.5+1.5)=36$
> $\therefore x=4$시간

**12** 부피가 $210cm^3$, 높이가 $7cm$, 밑면의 세로의 길이가 가로보다 $13cm$ 긴 직육면체가 있다. 이 직육면체의 밑면의 넓이는?

① $20cm^2$                                ② $25cm^2$
③ $30cm^2$                                ④ $35cm^2$

> ✔해설 ㉠ 부피＝가로×세로×높이
> 가로의 길이를 $x$라 하면,
> $(x+13)\times x\times 7=210$
> $x^2+13x-30=0$
> $(x+15)(x-2)=0$이므로 $\therefore x=2$
> ㉡ 밑면의 넓이＝가로×세로
> $\therefore$ 밑면의 넓이＝$2\times 15=30cm^2$

**13** G사의 공장 앞에는 '가로 20m×세로 15m' 크기의 잔디밭이 조성되어 있다. 시청에서는 이 잔디밭의 가로, 세로 길이를 동일한 비율로 확장하여 새롭게 잔디를 심었는데 새로운 잔디밭의 총 면적은 432m²였다. 새로운 잔디밭의 가로, 세로의 길이는 순서대로 얼마인가?

① 24m, 18m                                ② 23m, 17m
③ 22m, 16.5m                              ④ 21.5m, 16m

> ✔해설 늘어난 비율을 $x$라 하면, 다음 공식이 성립한다.
> $20x\times 15x=432 \rightarrow (5x)^2=6^2, \therefore x=1.2$
> 따라서 $x$의 비율로 확장된 가로, 세로의 길이는 각각 24m(＝20×1.2), 18m(＝15×1.2)가 된다.

**14** 서로 다른 색깔의 빛을 내는 전등이 있다. 총 15가지의 신호를 보낼 수 있다면 몇 개의 전등을 사용한 것인가?(단, 전등이 모두 꺼진 경우는 신호로 인정하지 않으며 전등색의 순서와 신호는 무관하다.)

① 3개　　　　　　　　　　　　　② 4개

③ 5개　　　　　　　　　　　　　④ 6개

✔해설　전등이 모두 꺼진 경우를 포함하면 총 16가지의 신호를 보낸 것이고,
　　　　각 전등은 켜지거나 꺼지는 2가지의 신호를 보낸다.
　　　　$2 \times 2 \times 2 \cdots = 2^x = 16$
　　　　$\therefore x = 4$개

**15** 5%의 소금물과 15%의 소금물로 12%의 소금물 200g을 만들고 싶다. 각각 몇 g씩 섞으면 되는가?

| | 5% 소금물 | 15% 소금물 |
|---|---|---|
| ① | 40g | 160g |
| ② | 50g | 150g |
| ③ | 60g | 140g |
| ④ | 70g | 130g |

✔해설　200g에 들어 있는 소금의 양은 섞기 전 5%의 소금의 양과 12% 소금이 양을 합친 양과 같아야 한다.
　　　　5% 소금물의 필요한 양을 $x$라 하면 녹아 있는 소금의 양은 $0.05x$
　　　　15% 소금물의 소금의 양은 $0.15(200 - x)$
　　　　$0.05x + 0.15(200 - x) = 0.12 \times 200$
　　　　$5x + 3,000 - 15x = 2,400$
　　　　$10x = 600$
　　　　$x = 60(\mathrm{g})$
　　　　$\therefore$ 5%의 소금물 60g, 15%의 소금물 140g

**Answer**　11.①　12.③　13.①　14.②　15.③

**16** 일의 자리의 숫자가 8인 두 자리의 자연수에서 십의 자리와 일의 자리의 숫자를 바꾸면 원래의 수의 2배보다 7만큼 크다. 이 자연수의 십의 자리 수는?

① 2

② 3

③ 4

④ 5

> **✔ 해설** 십의 자리 수를 $x$라 하면
> $2(10x+8)+7=8\times10+x$
> $\therefore x=3$

**17** 민지, 대수, 철민이가 가위, 바위, 보를 한 번만 할 때, 대수가 가위를 내서 이길 확률은?

① $\dfrac{1}{27}$

② $\dfrac{1}{9}$

③ $\dfrac{1}{6}$

④ $\dfrac{1}{3}$

> **✔ 해설** 전체 경우의 수는 $3\times3\times3=27$
> 대수가 가위를 내서 이길 경우는 민지와 철민이가 모두 보를 내는 경우뿐이다.
> 따라서 대수가 가위를 내서 이길 확률은 $\dfrac{1}{27}$이다.

**18** 어느 회사에서 92명의 직원들이 긴 의자에 6명씩 앉으면 8명이 남는다고 한다. 이 의자에 8명씩 앉으면 남는 의자는 몇 개인가?

① 1개

② 2개

③ 3개

④ 4개

> **✔ 해설** ㉠ 의자의 수를 $x$라 하면
> $6x+8=92$, $x=14$개
> ㉡ 14개의 의자에 8명씩 앉으면 92명의 직원들은 12개의 의자를 차지하게 된다.
> 따라서 2개의 의자가 남는다.

**19** 길이가 30cm, 40cm인 양초 2자루가 있다. 불을 붙이면 길이가 30cm인 양초는 1분에 0.2cm씩 짧아진다고 한다. 동시에 불을 붙였을 때, 타고 남은 두 양초가 길이가 같아지는 것은 25분 후라면 40cm인 양초는 1분에 몇 cm씩 짧아지는 것인가?

① $0.3cm$                    ② $0.4cm$

③ $0.5cm$                    ④ $0.6cm$

> ✔해설 $40cm$의 양초가 1분에 $xcm$씩 짧아진다고 하면
> $$30-(0.2\times25)=40-(x\times25)$$
> $$\therefore x=0.6cm$$

**20** 14년 후에 아버지의 나이가 아들의 나이의 2배가 된다면, 현재 아버지와 아들의 나이의 합은? (단, 아버지의 현재 나이는 48세이다.)

① 51                    ② 59

③ 65                    ④ 73

> ✔해설 ㉠ 아들의 나이를 $x$라 하면, $48+14=2(x+14)$, $x=17$살
> ㉡ 아버지의 나이+아들의 나이=$48+17=65$

**21** 모현이의 올해 기본급은 작년에 비해 20% 인상되고 300만 원의 성과급을 받았다. 작년 기본급이 2,500만 원이고 성과급은 없었다고 할 때, 작년 대비 올해 연봉의 인상률을 구하시오. (단, 연봉=기본급+성과급)

① 32%                    ② 34%

③ 36%                    ④ 38%

> ✔해설 • 모현이의 올해 연봉은 $2,500\times1.2+300=3,300$만 원
> • 작년 대비 올해 연봉의 인상률은 $\dfrac{3,300-2,500}{2,500}\times100=32\%$

**22** 공사중인 500m의 길 양측에 안전띠 A, B, C를 설치하려고 한다. A는 7m마다, B는 9m마다, C 는 11m마다 설치하여 총 342개의 안전띠를 설치했다고 한다. 안전띠 B와 C는 총 몇 개를 설치 하였는가? (단, 처음과 끝에는 안전띠를 설치하지 않았다.)

① 140개                          ② 160개
③ 180개                          ④ 200개

 500m에 설치할 수 있는 안전띠 B의 수는 55개, C의 수는 45개이다.
양측에 다 설치해야 하므로 총 $2(55+45)=200$개이다.

**23** 영수, 경미, 민희는 함께 저녁을 먹고 총 식사비는 10,500원이 나왔다. 영수가 일부를 계산하고, 경미가 그 나머지의 $\frac{1}{7}$을, 민희가 그 나머지인 3,600원을 냈다면 영수가 낼 금액은 얼마인가?

① 6,000원                        ② 6,300원
③ 6,600원                        ④ 6,900원

 영수가 낼 금액을 $x$라 하면,
㉠ 경미가 낸 금액은 $(10500-x)\times\frac{1}{7}$
㉡ 은희가 낸 금액은 $10500-\left\{x+(10500-x)\times\frac{1}{7}\right\}=3600$
∴ $x=6,300$원

**24** 원가에 2할의 이익을 붙여 정한 정가에서 1,000원을 할인하여 팔았을 때, 이익이 원가의 10% 이상이었다면 원가는 얼마 이상인가?

① 10,000원 이상                  ② 15,000원 이상
③ 20,000원 이상                  ④ 25,000원 이상

 $1.2x-1,000 \geq 1.1x$
$0.1x \geq 1,000$
∴ $x \geq 10,000$

**25** 경진이와 경수가 계단에서 가위 바위 보를 하여 이긴 사람은 2계단을 올라가고, 진 사람은 1계단을 내려간다고 한다. 두 사람이 가위 바위 보를 하여 경수가 5계단을 올라갔을 때 경진이는 처음보다 몇 계단을 올라갔는가? (단, 비기는 경우는 없고, 경진이는 11회를, 경수는 8회를 이겼다.)

① 8계단
② 10계단
③ 12계단
④ 14계단

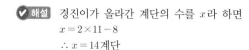 경진이가 올라간 계단의 수를 $x$라 하면

$x = 2 \times 11 - 8$

$\therefore x = 14$계단

**26** 서원교육의 직원은 작년에 730명이었고, 올해는 작년보다 20명이 증가했다. 작년의 여자 직원은 400명이었고 올해에 5% 증가하였다면, 남자 직원은 작년에 비하여 몇 % 증감하였는가?

① 변화 없다.
② 5% 감소하였다.
③ 5% 증가하였다.
④ 10% 증가하였다.

 현재 남자 직원의 수를 $x$라 하면,

$400 \times 1.05 + x = 750, x = 330$명

$\therefore$ 작년의 남자 직원 수는 330명으로 작년과 올해의 직원 수는 변함이 없다.

**27** 욕조에 물을 채우는데 민구가 10분 동안 물을 채우고 나머지를 진성이가 채우면 7분 30초가 걸린다고 한다. 진성이 혼자 욕조에 물을 가득 채운다면, 얼마나 걸리겠는가? (단, 민구 혼자 욕조에 물을 채우는데 16분이 걸린다.)

① 15분
② 20분
③ 25분
④ 30분

 민구가 10분 동안 욕조에 물을 채우면 $\frac{10}{16}$이므로, 진성이가 채운 양은 $\frac{6}{16}$이다.

진성이 혼자 욕조에 물을 가득 채우는데 걸리는 시간을 $x$라 하면,

$\frac{6}{16} \times x = 7.5$분, $\therefore x = 20$분

**Answer**　22.④　23.②　24.①　25.④　26.①　27.②

**28** 서원이는 오늘 사온 책을 오늘부터 읽기 시작하여 이번 달 안에 모두 읽었다. 매일 28 페이지씩 읽었을 때, 서원이가 사온 책의 총 페이지 수는? (단, 오늘은 10월 11일이다.)

① 556 　　　　　　　　　　　② 572
③ 588 　　　　　　　　　　　④ 594

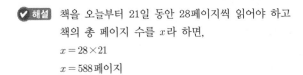 책을 오늘부터 21일 동안 28페이지씩 읽어야 하고
책의 총 페이지 수를 $x$라 하면,
$x = 28 \times 21$
$x = 588$페이지

**29** 서원버스의 첫 차가 5시 50분에 출발하여 6시 50분에 출발한 차까지 총 6대의 버스가 출발했을 때, 서원버스의 배차시간은?

① 12분 　　　　　　　　　　　② 13분
③ 14분 　　　　　　　　　　　④ 15분

해설 첫 차를 제외하면 60분 동안 5대의 버스가 배차된 것이다.
따라서 $60 \div 5 = 12$분 간격으로 배차되었다.

**30** 두 자리의 자연수가 있다. 십의 자리의 숫자의 2배는 일의 자리의 숫자보다 1이 크고, 십의 자리의 숫자와 일의 자리의 숫자를 바꾼 자연수는 처음 수보다 9가 크다고 한다. 이를 만족하는 자연수는?

① 11 　　　　　　　　　　　② 23
③ 35 　　　　　　　　　　　④ 47

해설 두 자리 자연수를 $10a + b$라 하면 주어진 문제에 따라 다음이 성립한다.
$\begin{cases} 2a = b+1 \\ 10b+a = (10a+b)+9 \end{cases} \Rightarrow \begin{cases} 2a-b=1 \\ 9a-9b=-9 \end{cases} \Rightarrow \begin{cases} 18a-9b=9 \\ 9a-9b=-9 \end{cases} \Rightarrow a=2, \ b=3$
따라서 구하는 두 자리 자연수는 $10a + b = 23$이다.

**31** 매달 민수는 2,000원씩, 지원이는 800원씩 예금을 할 예정이다. 민수가 지원이의 예금액의 2배가 되는 것은 20개월 후라고 하면, 지원이가 처음 5,000원을 예금을 했다면 민수가 처음 예금한 금액은 얼마인가?

① 1,000원

② 1,500원

③ 2,000원

④ 2,500원

 해설 민수가 처음 예금한 금액을 $x$라 하면,
$x + 2000 \times 20 = 2(5000 + 800 \times 20)$
$\therefore x = 2,000$원

**32** 길이가 300m인 기차 한 대가 옆 레일의 길이가 200m인 기차와 만나서 완전히 지나쳐갈 때까지의 시간이 40초일 때, 달리는 기차의 속력은?

① 35km/h

② 40km/h

③ 45km/h

④ 50km/h

해설 길이가 300m인 기차가 200m의 기차를 완전히 지나치는 동안 달리는 거리는 500m이다.

속력 $= \dfrac{\text{거리}}{\text{시간}}$ 이므로 기차의 속력은 $\dfrac{500m}{40s} = \dfrac{\dfrac{500}{1000}km}{\dfrac{40}{3600}h} = 45km/h$이다.

**33** 톱니의 수가 각각 72개, 45개인 톱니바퀴 A, B가 서로 맞물려 있다. 두 톱니바퀴가 회전하기 시작하여 최초로 다시 같은 톱니에서 맞물리려면 B는 몇 번 회전해야 하는가?

① 5번

② 6번

③ 7번

④ 8번

해설 72와 45의 최소공배수는 360이다. 따라서 두 톱니바퀴가 같은 톱니에서 처음으로 다시 맞물리려면
$360 \div 45 = 8$이므로 8번 회전해야 한다.

**34** 어떤 수를 82로 나누면 몫이 7이고, 나머지가 15였다. 어떤 수를 33으로 나누었을 때의 나머지를 구하면?

① 24                      ② 28

③ 32                      ④ 36

 $82 \times 7 + 15 = 589$

589를 33으로 나누면 몫이 17이 되고, 나머지가 28이 된다.

**35** 가로가 372cm, 세로가 368cm인 직사각형 모양의 큰 종이를 가로는 12등분, 세로는 16등분을 하여 직사각형을 만들었다. 작은 직사각형 한 개의 둘레는 몇 cm일까?

① 130cm               ② 126cm

③ 122cm               ④ 108cm

 $372 \div 12 = 31$

$368 \div 16 = 23$

$31 \times 2 + 23 \times 2 = 108$

**36** 직장에서 병원에 갈 때는 60km/h로 가고, 병원에서 집에 갈 때는 30km/h로 간다. 직장에서 병원의 거리가 10km이고, 병원에서 집의 거리가 15km라면 직장에서 병원을 거쳐 집까지 가는데 걸리는 시간은 얼마인가?

① 20분                     ② 30분

③ 40분                     ④ 50분

✔해설 시간은 $\dfrac{거리}{속도}$ 로 구할 수 있다.

직장에서 병원까지 가는데 걸리는 시간은 $\dfrac{10}{60} = \dfrac{1}{6}$ 이므로 $\dfrac{1}{6} \times 60 = 10$(분)이다.

병원에서 집까지 가는데 걸리는 시간은 $\dfrac{15}{30} = \dfrac{1}{2}$ 이므로 $\dfrac{1}{2} \times 60 = 30$(분)이다.

직장에서 집까지 가는데 걸리는 시간은 $10 + 30 = 40$(분)이 된다.

**37** 통신사 A의 월별 기본료는 40,000원이고 무료통화는 300분이 제공되며 무료통화를 다 쓴 후의 초과 1분당 통화료는 60원이다. 통신사 B의 월별 기본료는 50,000원이고 무료통화는 400분 제공되고 초과 1분당 통화료는 50원이다. 통신사 B를 선택한 사람의 통화량이 몇 분이 넘어야 통신사 A를 선택했을 때보다 이익인가?

① 650분        ② 700분

③ 750분        ④ 800분

> ✔ **해설** 통화량이 $x$분인 사람의 요금은
> 통신사 A의 경우 $40,000+60(x-300)$, 통신사 B의 경우 $50,000+50(x-400)$이므로
> $50,000+50(x-400)<40,000+60(x-300)$일 때 A를 선택했을 때보다 더 이익이다.
> $\therefore x > 800(분)$

**38** 아버지의 키와 내 키의 평균은 169cm이고, 나는 아버지보다 14cm 작다. 내 키는 몇 cm인가?

① 162cm        ② 160cm

③ 158cm        ④ 155cm

> ✔ **해설** 나의 키를 $x$라 하고, 아버지의 키를 $y$라 하면
> $\dfrac{x+y}{2}=169$, $x+14=y$의 두 식이 성립한다.
> 두 식을 연립하여 풀면 $x=162(\text{cm})$가 된다.

**39** 한 학년에 세 반이 있는 학교가 있다. 학생수가 A반은 20명, B반은 30명, C반은 50명이다. 수학 점수 평균이 A반은 70점, B반은 80점, C반은 60점일 때, 이 세 반의 평균은 얼마인가?

① 62점        ② 64점

③ 66점        ④ 68점

> ✔ **해설** 평균 $=\dfrac{\text{자료 값의 합}}{\text{자료의 수}}$ 이므로
> $A=\dfrac{x}{20}=70 \rightarrow x=1,400$
> $B=\dfrac{y}{30}=80 \rightarrow y=2,400$
> $C=\dfrac{z}{50}=60 \rightarrow z=3,000$
> 세 반의 평균은 $\dfrac{1,400+2,400+3,000}{20+30+50}=68$점

**Answer**    34.②   35.④   36.③   37.④   38.①   39.④

**40** 갑이 걷는 속도는 을보다 1.1배 빠르고, 병이 걷는 속도는 갑보다 0.9배 빠르다. 정이 걷는 속도가 병보다 1.2배 빠를 때, 동시에 출발하여 동일한 시간 동안 이동 거리가 가장 긴 사람은?

① 갑                  ② 을

③ 병                  ④ 정

✔ 해설   을이 걷는 속도를 $x$라 하면,

     ㉠ 갑이 걷는 속도는 $1.1x$

     ㉡ 병이 걷는 속도는 $1.1x \times 0.9 = 0.99x$

     ㉢ 정이 걷는 속도는 $0.99x \times 1.2 = 1.188x$

┃41~42┃ 다음은 농촌의 유소년, 생산연령, 고령인구 연도별 추이 조사 자료이다. 이를 보고 이어지는 물음에 답하시오.

(단위 : 천 명, %)

| 구분 | | 2007 | 2012 | 2017 | 2022 |
|---|---|---|---|---|---|
| 농촌 | 합계 | 9,343 | 8,705 | 8,627 | 9,015 |
| | 유소년 | 1,742 | 1,496 | 1,286 | 1,130 |
| | 생산연령 | 6,231 | 5,590 | 5,534 | 5,954 |
| | 고령 | 1,370 | 1,619 | 1,807 | 1,931 |
| - 읍 | 소계 | 3,742 | 3,923 | 4,149 | 4,468 |
| | 유소년 | 836 | 832 | 765 | 703 |
| | 생산연령 | 2,549 | 2,628 | 2,824 | 3,105 |
| | 고령 | 357 | 463 | 560 | 660 |
| - 면 | 소계 | 5,601 | 4,782 | 4,478 | 4,547 |
| | 유소년 | 906 | 664 | 521 | 427 |
| | 생산연령 | 3,682 | 2,962 | 2,710 | 2,849 |
| | 고령 | 1,013 | 1,156 | 1,247 | 1,271 |

**41** 다음 중 농촌 전체 유소년, 생산연령, 고령인구의 2007년 대비 2022년의 증감률을 각각 순서대로 올바르게 나열한 것은 어느 것인가?

① 약 35.1%, 약 4.4%, 약 40.9%

② 약 33.1%, 약 4.9%, 약 38.5%

③ 약 −37.2%, 약 −3.8%, 약 42.5%

④ 약 −35.1%, 약 −4.4%, 약 40.9%

✔해설 $A$에서 $B$로 변동한 수치의 증감률은 $(B-A) \div A \times 100$임을 활용하여 다음과 같이 계산할 수 있다.
- 유소년 : $(1,130-1,742) \div 1,742 \times 100 =$ 약 $-35.1\%$
- 생산연령 : $(5,954-6,231) \div 6,231 \times 100 =$ 약 $-4.4\%$
- 고령인구 : $(1,931-1,370) \div 1,370 \times 100 =$ 약 $40.9\%$

**42** 다음 중 위의 자료를 올바르게 해석하지 못한 것은 어느 것인가?

① 유소년 인구는 읍과 면 지역에서 모두 지속적으로 감소하였다.

② 생산연령 인구는 읍과 면 지역에서 모두 증가세를 보였다.

③ 고령인구의 지속적 증가로 노령화 지수는 지속 상승하였다.

④ 읍 지역의 고령인구는 면 지역의 고령 인구보다 2007년 대비 2022년의 증감률이 더 크다.

✔해설 생산연령 인구는 읍 지역에서는 지속 증가세를 보였으나, 면 지역에서는 계속 감소하다가 2022년에 증가세로 돌아선 것을 알 수 있다.
① 유소년 인구는 빠르게 감소 추세를 보이고 있다.
③ 유소년 인구와 달리 고령인구는 빠른 증가로 인해 도시의 노령화 지수가 상승하였다고 볼 수 있다.
④ 읍 지역 고령인구의 증감률은 $(660-357) \div 357 \times 100 =$ 약 $84.9\%$이며, 면 지역 고령 인구의 증감률은 $(1,271-1,013) \div 1,013 \times 100 =$ 약 $25.5\%$이다.

**Answer** 40.④  41.④  42.②

**43** 다음 표는 2021~2022년 지역별 직장인들의 자기개발에 관해 조사한 내용을 정리한 것이다. 이에 대한 분석으로 옳은 것은?

(단위 : %)

| 연도 | 2021 | | | | 2022 | | | |
|---|---|---|---|---|---|---|---|---|
| 구분<br>지역 | 자기개발<br>하고 있음 | 자기개발 비용 부담 주체 | | | 자기개발<br>하고 있음 | 자기개발 비용 부담 주체 | | |
| | | 직장<br>100% | 본인<br>100% | 직장50%+<br>본인50% | | 직장<br>100% | 본인<br>100% | 직장50%+<br>본인50% |
| 충청도 | 36.8 | 8.5 | 88.5 | 3.1 | 45.9 | 9.0 | 65.5 | 24.5 |
| 제주도 | 57.4 | 8.3 | 89.1 | 2.9 | 68.5 | 7.9 | 68.3 | 23.8 |
| 경기도 | 58.2 | 12 | 86.3 | 2.6 | 71.0 | 7.5 | 74.0 | 18.5 |
| 서울시 | 60.6 | 13.4 | 84.2 | 2.4 | 72.7 | 11.0 | 73.7 | 15.3 |
| 경상도 | 40.5 | 10.7 | 86.1 | 3.2 | 51.0 | 13.6 | 74.9 | 11.6 |

① 자기개발 비용을 본인이 100% 부담하는 사람의 비율은 다른 주체의 비율보다 많다.

② 자기개발을 하고 있다고 응답한 사람의 비율은 2021년과 2022년 모두 충청도가 가장 높다.

③ 자기개발 비용을 직장과 본인이 각각 절반씩 부담하는 사람의 비율은 2021년과 2022년 모두 서울시가 가장 높다.

④ 2021년과 2022년 모두 자기개발을 하고 있다고 응답한 비율이 가장 높은 지역에서 자기개발비용을 직장이 100% 부담한다고 응답한 사람의 비율이 가장 높다.

**✔해설** ② 자기개발을 하고 있다고 응답한 사람의 비율은 2021년과 2022년 모두 서울시가 가장 높다.

③ 2021년에는 경상도에서, 2022년에는 충청도에서 가장 높은 비율을 보인다.

④ 2021년과 2022년 모두 '자기 개발을 하고 있다'고 응답한 비율이 가장 높은 지역은 서울시이며, 2022년의 경우 자기개발 비용을 직장이 100% 부담한다고 응답한 사람의 비율이 가장 높은 지역은 경상도이다.

**44** 다음 표는 ⑷, ⑷, ⑷ 세 기업의 남자 사원 400명에 대해 현재의 노동 조건에 만족하는가에 관한 설문 조사를 실시한 결과이다. ㉠~㉣ 중에서 옳은 것은 어느 것인가?

| 구분 | 불만 | 어느 쪽도 아니다 | 만족 | 계 |
|---|---|---|---|---|
| ⑺회사 | 34 | 38 | 50 | 122 |
| ⑷회사 | 73 | 11 | 58 | 142 |
| ⑴회사 | 71 | 41 | 24 | 136 |
| 계 | 178 | 90 | 132 | 400 |

㉠ 이 설문 조사에서는 현재의 노동 조건에 대해 불만을 나타낸 사람은 과반수를 넘지 않는다.
㉡ 가장 불만 비율이 높은 기업은 ⑴회사이다.
㉢ 어느 쪽도 아니다라고 회답한 사람이 가장 적은 ⑷회사는 가장 노동조건이 좋은 기업이다.
㉣ 만족이라고 답변한 사람이 가장 많은 ⑷회사가 가장 노동조건이 좋은 회사이다.

① ㉠, ㉡
② ㉠, ㉢
③ ㉡, ㉢
④ ㉡, ㉣

**✔해설** 각사 조사 회답 지수를 100%로 하고 각각의 회답을 집계하면 다음과 같은 표가 된다.

| 구분 | 불만 | 어느 쪽도 아니다 | 만족 | 계 |
|---|---|---|---|---|
| ⑺회사 | 34(27.9) | 38(31.1) | 50(41.0) | 122(100.0) |
| ⑷회사 | 73(51.4) | 11(7.7) | 58(40.8) | 142(100.0) |
| ⑴회사 | 71(52.2) | 41(30.1) | 24(17.6) | 136(100.0) |
| 계 | 178(44.5) | 90(22.5) | 132(33.0) | 400(100.0) |

㉢ 어느 쪽도 아니다라고 답한 사람이 가장 적다는 것은 만족이거나 불만으로 나뉘어져 있는 것만 나타내는 것이며 노동 조건의 좋고 나쁨과는 관계가 없다.
㉣ 만족을 나타낸 사람의 수가 ⑷회사가 가장 많았으나 142명 중 58명으로 40.8%이므로 ⑺회사의 41% 보다 낮다.

**45** 다음 중 표에 대한 설명으로 옳은 것은?

〈성, 연령집단 및 교육수준별 자원봉사 참여율〉

(단위 : %)

| | | 2016 | 2018 | 2020 | 2022 |
|---|---|---|---|---|---|
| **전체** | | **19.3** | **19.8** | **19.9** | **18.2** |
| 성 | 남자 | 19.3 | 19.6 | 19.6 | 17.7 |
| | 여자 | 19.3 | 20.1 | 20.1 | 18.7 |
| 연령집단 | 20세 미만 | 79.8 | 77.7 | 80.1 | 76.6 |
| | 20–29세 | 13.9 | 13.2 | 13.7 | 11.6 |
| | 30–39세 | 13.6 | 11.2 | 11.2 | 10.6 |
| | 40–49세 | 18.6 | 17 | 17.3 | 15.6 |
| | 50–59세 | 15.5 | 14.6 | 14.5 | 14.6 |
| | 60세 이상 | 7 | 7.2 | 7.8 | 7.8 |
| 교육수준 | 초졸 이하 | 10.4 | 24 | 23.8 | 22.5 |
| | 중졸 | 42.4 | 39.8 | 39.8 | 37.1 |
| | 고졸 | 15 | 13.6 | 13.4 | 11.9 |
| | 대졸 이상 | 18.4 | 16.2 | 16.8 | 16.1 |

① 전체 대상자의 자원봉사 참여율은 점점 증가했다.

② 교육수준이 낮을수록 자원봉사 참여율이 높다.

③ 20세 미만의 자원봉사 참여율은 60세 이상 자원봉사 참여율의 10배 이상이다.

④ 중졸의 자원봉사 참여율은 대졸 이상의 자원봉사 참여율의 2배 이상이다.

✔ 해설  ① 자원봉사 참여율은 2022년에 감소했다.

② 교육수준에 따른 일정한 경향성이 보이지 않는다.

③ 2022년에는 10배가 되지 않는다.

**46** 다음 표는 A지역 전체 가구를 대상으로 원자력발전소 사고 전·후 식수 조달원 변경에 대해 사고 후 설문조사한 결과이다. 사고 전에 비해 사고 후에 이용 가구 수가 감소한 식수 조달원의 수는 몇 개인가? (단, A지역 가구의 식수 조달원은 수돗물, 정수, 약수, 생수로 구성되며, 각 가구는 한 종류의 식수 조달원만 이용한다.)

〈원자력발전소 사고 전·후 A지역 조달원별 가구 수〉

(단위 : 가구)

| 사고 전 조달원 \ 사고 후 조달원 | 수돗물 | 정수 | 약수 | 생수 |
|---|---|---|---|---|
| 수돗물 | 40 | 30 | 20 | 30 |
| 정수 | 10 | 50 | 10 | 30 |
| 약수 | 20 | 10 | 10 | 40 |
| 생수 | 10 | 10 | 10 | 40 |

① 0개  ② 1개
③ 2개  ④ 3개

✔ 해설

| 사고 전 조달원 \ 사고 후 조달원 | 수돗물 | 정수 | 약수 | 생수 | 합계 |
|---|---|---|---|---|---|
| 수돗물 | 40 | 30 | 20 | 30 | 120 |
| 정수 | 10 | 50 | 10 | 30 | 100 |
| 약수 | 20 | 10 | 10 | 40 | 80 |
| 생수 | 10 | 10 | 10 | 40 | 70 |
| 합계 | 80 | 100 | 50 | 140 | 370 |

수돗물은 120가구에서 80가구로, 약수는 80가구에서 50가구로 각각 이용 가구 수가 감소하였다. 정수는 100가구로 변화가 없으며, 생수는 70가구에서 140가구로 증가하였다.

따라서 사고 전에 비해 사고 후에 이용 가구 수가 감소한 식수 조달원의 수는 2개이다.

**47** 박물관을 찾는 사람의 연령층을 조사했더니 다음과 같았다. 각 박물관에서 40세 미만의 손님이 가장 많은 곳은 두 번째로 많은 곳의 몇 배인가? (단, 소수 셋째 자리에서 반올림하여 계산한다.)

| 구분 | 국립 중앙 박물관 | 공주 박물관 | 부여 박물관 |
|---|---|---|---|
| 10 ~ 19세 | 32% | 28% | 26% |
| 20 ~ 29세 | 29% | 23% | 25% |
| 30 ~ 39세 | 20% | 20% | 35% |
| 40 ~ 49세 | 17% | 18% | 16% |
| 50세 이상 | 9% | 15% | 20% |
| 총 인원수 | 40,000 | 28,000 | 25,000 |

① 1.32배      ② 1.39배

③ 1.45배      ④ 1.51배

> ✔해설 각 박물관을 찾은 40세 미만인 손님의 인원수를 구한다.
> 국립 중앙 박물관 : $32+29+20=81$
> $$40,000 \times 0.81 = 32,400$$
> 공주 박물관 : $28+23+20=71$
> $$28,000 \times 0.71 = 19,880$$
> 부여 박물관 : $26+25+35=86$
> $$25,000 \times 0.86 = 21,500$$
> 그러므로, $32,400 \div 21,500 ≒ 1.51$

**48** 다음은 E국의 연도별 연령별 인구에 관한 자료이다. 다음 중 옳지 않은 것들로 묶인 것은?

| 연령＼연도 | 2010년 | 2015년 | 2020년 |
|---|---|---|---|
| 전체 인구 | 85,553,710 | 89,153,187 | 90,156,842 |
| 0~30세 | 36,539,914 | 35,232,370 | 33,257,192 |
| 0~10세 | 6,523,524 | 6,574,314 | 5,551,237 |
| 11~20세 | 11,879,849 | 10,604,212 | 10,197,537 |
| 21~30세 | 18,136,541 | 18,053,844 | 17,508,418 |

㉠ 11~20세 인구의 10년간 흐름은 전체 인구의 흐름과 일치한다.
㉡ 20세 이하의 인구는 2010, 2015, 2020년 중 2015년에 가장 많다.
㉢ 2020년의 21~30세의 인구가 전체 인구에서 차지하는 비율은 20% 이상이다.
㉣ 2010년 대비 2020년의 30세 이하 인구는 모두 감소하였다.

① ㉠㉢
② ㉠㉣
③ ㉡㉢
④ ㉡㉣

 **해설** ㉠ 11~20세 인구의 10년간 흐름은 5년마다 감소하고 있지만 전체 인구의 흐름은 증가하고 있다.

㉢ $\frac{17,508,418}{90,156,842} \times 100 ≒ 19.42\%$

㉡ 20세 이하의 인구는 2010년(18,403,373명), 2015년(17,178,526명), 2020년(15,748,774명)이다.

㉣ 2010년 대비 2020년의 30세 이하 인구는 모두 감소하였다.
· 0~10세 인구 : 972,287명 감소
· 11~20세 인구 : 1,682,312명 감소
· 21~30세 인구 : 628,123명 감소

**49** 다음은 회사별 유연근무제도 활용률에 대한 자료이다. 이에 대한 설명으로 옳은 것은?

(단위 : %)

| 회사 규모＼유연근무제도 유형 | 재택근무제 | 원격근무제 | 탄력근무제 | 시차출퇴근제 |
|---|---|---|---|---|
| 중소기업 | 9.8 | 52.4 | 14.6 | 39.7 |
| 중견기업 | 27.4 | 10.8 | 35.5 | 30.1 |
| 대기업 | 8.1 | 21.2 | 19.2 | 25.1 |

① 회사 규모에 상관없이 재택근무제가 가장 활용률이 낮다.

② 탄력근무제 활용률이 가장 높은 회사 규모는 대기업이다.

③ 중소기업의 원격근무제 활용률은 중견기업의 4배 이상이다.

④ 회사 규모별 시차출퇴근제 활용률의 합은 재택근무제 활용률 합의 1.8배 이하이다.

> ✔해설 ① 중견기업은 원격근무제 활용률이 가장 낮다.
> ② 탄력근무제 활용률이 가장 높은 회사 규모는 중견기업이다.
> ③ 중소기업의 원격근무제 활용률은 중견기업의 약 4.85배이다.
> ④ 회사 규모별 시차출퇴근제 활용률의 합은 재택근무제 활용률 합의 2.09배이다.

**50** 다음은 A기업의 부채 및 통행료 수입에 관한 자료이다. 이에 대한 설명으로 옳지 않은 것은?

(단위 : 십억 원, km)

| 구분＼연도 | 2018 | 2019 | 2020 | 2021 | 2022 |
|---|---|---|---|---|---|
| 부채 지급이자 | 603 | 748 | 932 | 926 | 953 |
| 통행료 수입 | 1,264 | 1,443 | 1,687 | 1,826 | 2,200 |
| 유료도로 길이 | 1,893 | 1,898 | 1,996 | 2,041 | 2,600 |

① 부채 지급이자는 2018년부터 2020년까지 매년 증가하고 있다.

② 위 자료를 토대로 2023년도 통행료 수입은 2,000원 이하로 예상할 수 있다.

③ 유료도로 길이는 2022년도에 급격하게 늘어났다.

④ 2018년도 유료도로 1km당 통행료 수입은 6억 원 이상이다.

> ✔해설 ① 부채 지급이자는 2018년부터 2020년까지 매년 증가하고 있다.
> ② 위 자료만으로 알 수 없다.
> ③ 유료도로 길이는 2022년도에 559km 늘어났다.
> ④ $\frac{1,264,000,000,000}{1,893} ≒ 667,723,190$원이다.

**| 51~52 |** 다음은 인천공항, 김포공항, 양양공항, 김해공항, 제주공항을 이용한 승객을 연령별로 분류해 놓은 표이다. 물음에 답하시오.

| 구분 | 10대 | 20대 | 30대 | 40대 | 50대 | 총 인원수 |
|------|------|------|------|------|------|-----------|
| 인천공항 | 13% | 36% | 20% | 15% | 16% | 5,000명 |
| 김포공항 | 8% | 21% | 33% | 24% | 14% | 3,000명 |
| 양양공항 | – | 17% | 37% | 39% | 7% | 1,500명 |
| 김해공항 | – | 11% | 42% | 30% | 17% | 1,000명 |
| 제주공항 | 18% | 23% | 15% | 28% | 16% | 4,500명 |

**51**  인천공항의 이용승객 중 20대 승객은 모두 몇 명인가?

① 1,600명          ② 1,700명

③ 1,800명          ④ 1,900명

 5,000×0.36 = 1,800명

**52**  김포공항 이용승객 중 30대 이상 승객은 김해공항 30대 이상 승객의 약 몇 배인가? (소수점 둘째 자리에서 반올림 하시오.)

① 2.3배          ② 2.4배

③ 2.5배          ④ 2.6배

 김포공항의 30대 이상 승객 : 33%+24%+14% = 71%이므로 3,000×0.71 = 2,130명
김해공항의 30대 이상 승객 : 42%+30%+17% = 89%이므로 1,000×0.89 = 890명
∴ 2,130÷890 ≒ 2.4배

**53** 다음은 문화산업부문 예산에 관한 자료이다. 다음 중 (개)와 (래)의 합을 구하면?

| 분야 | 예산(억 원) | 비율(%) |
|---|---|---|
| 출판 | (개) | (대) |
| 영상 | 40.85 | 19 |
| 게임 | 51.6 | 24 |
| 광고 | (내) | 31 |
| 저작권 | 23.65 | 11 |
| 총합 | (래) | 100 |

|   | (개) | (래) |
|---|---|---|
| ① | 29.25 | 185 |
| ② | 30.25 | 195 |
| ③ | 31.25 | 205 |
| ④ | 32.25 | 215 |

 **해설** ㉠ 영상 분야의 예산은 40.85(억 원), 비율은 19(%)이므로, 40.85 : 19 =(개) : (대)
- (대)=100−(19+24+31+11)=15%
- 40.85×15=19×(개),  ∴ 출판 분야의 예산 (개) = 32.25(억 원)

㉡ 위와 동일하게 광고 분야의 예산을 구하면, 40.85 : 19 = (내) : 31
- 40.85×31=19×(내),  ∴ 광고 분야의 예산 (내)=66.65(억 원)

㉢ 예산의 총합 (래)는 32.25+40.85+51.6+66.65+23.65=215(억 원)

**54** 다음 표에 대한 설명으로 옳지 않은 것은?

소득계층별 주거환경 만족도

(단위 : 최저 1점 ~ 최고 4점)

| | | 저소득층 | | 중소득층 | | 고소득층 | |
|---|---|---|---|---|---|---|---|
| | | 2020 | 2022 | 2020 | 2022 | 2020 | 2022 |
| 주거환경 만족도 | 편의시설 | 2.66 | 2.76 | 2.85 | 2.96 | 3.01 | 3.09 |
| | 의료시설 | 2.64 | 2.76 | 2.78 | 2.95 | 2.92 | 3.09 |
| | 대중교통 | 2.7 | 2.8 | 2.79 | 2.94 | 2.97 | 3.05 |
| | 주차시설 | 2.66 | 2.67 | 2.76 | 2.72 | 2.95 | 2.93 |
| | 교육환경 | 2.57 | 2.71 | 2.75 | 2.85 | 2.88 | 3 |
| | 치안문제 | 2.77 | 2.81 | 2.84 | 2.9 | 3.01 | 3.07 |
| | 소음문제 | 2.69 | 2.73 | 2.68 | 2.72 | 2.8 | 2.84 |
| | 주변청결 | 2.88 | 2.9 | 2.96 | 2.95 | 3.07 | 3.13 |
| | 전반적 만족도 | 2.74 | 2.78 | 2.84 | 2.87 | 2.99 | 3 |

① 고소득층의 주거환경 만족도는 모든 부분에서 증가했다.

② 저소득층의 경우 만족도가 가장 많이 증가한 부분은 교육환경 만족도이다.

③ 중소득층의 경우 만족도가 가장 많이 증가한 부분은 의료시설 만족도이다.

④ 소음문제 만족도는 모든 계층에서 전반적 만족도에 미치지 못한다.

✔해설 ① 고소득층의 주거환경 만족도는 주차시설 만족도에서 감소했다.

**| 55~56 |** 다음은 어느 기업의 해외 수출 상담실적에 관한 자료이다. 물음에 답하시오.

| 구분 | 2020년 | 2021년 | 2022년 |
|---|---|---|---|
| 아르헨티나 | 361 | 429 | 418 |
| 말레이시아 | 480 | 412 | 396 |
| 베트남 | 387 | 435 | 492 |
| 러시아 | 529 | 631 | 658 |
| 노르웨이 | 230 | 224 | 253 |
| 캐나다 | 385 | 498 | 754 |
| 브라질 | 936 | 458 | 785 |

**55** 이 회사의 전년 대비 2022년 캐나다 수출 상담실적의 증감률은? (단, 소수 둘째자리에서 반올림하시오.)

① 43.2%
② 47.1%
③ 51.4%
④ 56.9%

 증감률 구하는 공식은 $\dfrac{\text{올해 매출}-\text{전년도 매출}}{\text{전년도 매출}} \times 100$ 이다.

따라서 $\dfrac{754-498}{498} \times 100 \fallingdotseq 51.4(\%)$

**56** 2021년 이 회사의 남미 국가 수출 상담실적은 동남아 국가의 몇 배인가? (단, 소수 셋째자리에서 반올림하시오.)

① 1.00배
② 1.05배
③ 1.10배
④ 1.15배

 2021년 남미 국가 수출 상담실적은 429(아르헨티나)+458(브라질) = 887이고, 동남아 국가 수출 상담실적은 412(말레이시아)+435(베트남) = 847이므로 $\dfrac{887}{847} \fallingdotseq 1.05$ 배이다.

**|57~58|** 다음은 지역별 재건축 및 대체에너지 설비투자 현황에 관한 자료이다. 물음에 답하시오.

(단위 : 건, 억 원, %)

| 지역 | 재건축 건수 | 건축공사비(A) | 대체에너지 설비투자액 | | | | 대체에너지 설비투자 비율 |
|---|---|---|---|---|---|---|---|
| | | | 태양열 | 태양광 | 지열 | 합(B) | |
| 강남 | 28 | 15,230 | 32 | 150 | 385 | 567 | ( ) |
| 강북 | 24 | 11,549 | 29 | 136 | 403 | 568 | ( ) |
| 분당 | 26 | 13,697 | 33 | 264 | 315 | 612 | 4.46 |
| 강서 | 31 | 10,584 | 26 | 198 | 296 | 520 | ( ) |
| 강동 | 22 | 8,361 | 13 | 210 | 338 | 561 | 6.70 |

※ 대체에너지 설비투자 비율 = (B/A)×100

**57** 다음 중 옳지 않은 것은?

① 재건축 건수 1건당 건축공사비가 가장 적은 곳은 강서이다.
② 강남~강동 지역의 대체에너지 설비투자 비율은 각각 4% 이상이다.
③ 강동 지역에서 지열 설비투자액이 280억 원으로 줄어들어도 대체에너지 설비투자 비율은 6% 이상이다.
④ 대체에너지 설비투자액 중 태양광 설비투자액 비율이 두 번째로 낮은 지역은 대체에너지 설비투자 비율이 가장 낮다.

✔해설 강남 지역의 대체에너지 설비투자 비율은 3.72%이다.

$$\frac{567}{15,230} \times 100 ≒ 3.72(\%)$$

**58** 강서 지역의 지열 설비투자액이 250억 원으로 줄어들 경우 대체에너지 설비투자 비율의 변화는?

① 약 0.35%p 감소
② 약 0.38%p 감소
③ 약 0.41%p 감소
④ 약 0.44%p 감소

✔해설 강서 지역의 지열 설비투자액이 250억 원으로 줄어들 경우 대체에너지 설비투자액의 합(B)은 474억 원이 된다. 이때의 대체에너지 설비투자 비율은 $\frac{474}{10,584} \times 100 ≒ 4.47$이므로 원래의 대체에너지 설비투자 비율인 4.91에 비해 약 0.44%p 감소한 것으로 볼 수 있다.

**Answer** 55.③ 56.② 57.② 58.④

**┃59~60┃** 다음 그림과 표를 보고 물음에 답하시오.

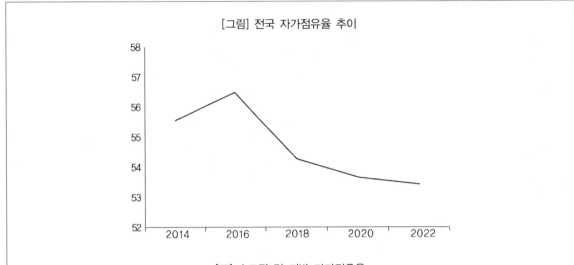

[그림] 전국 자가점유율 추이

[표] 수도권 및 지방 자가점유율

(단위 : %)

|  | 2014 | 2016 | 2018 | 2020 | 2022 |
|---|---|---|---|---|---|
| 수도권 | 50.2 | 50.7 | 46.6 | 45.7 | 45.9 |
| 지방 | 60.3 | 61.4 | 61.2 | 61.2 | 60.9 |

※ 자가점유율 : 일반가구 중 자신이 소유한 주택에 거주하는 가구의 비율

**59** 다음 중 옳지 않은 것은?

① 수도권의 경우 자가점유율이 매 해마다 감소하고 있다.

② 지방의 경우 자가에 거주하는 가구의 비율이 60% 이상이다.

③ 전국의 자가점유율은 2016년 이후 감소하고 있다.

④ 전국의 자가점유율은 57%를 넘지 않는다.

✔해설 ① 2016년과 2022년에는 수도권 가구의 자가점유율이 증가했으며, 제시된 자료는 2년 단위이다.


**60** 2018년의 전국 가구 수가 16,096,500가구일 때, 자가에 거주하는 가구는 몇 가구인가?

① 약 8,300,000 가구

② 약 8,500,000 가구

③ 약 8,700,000 가구

④ 약 8,900,000 가구

✔해설 2018년 전국 자가점유율이 54.1~54.5 사이인 것으로 보이므로
16,096,500×0.541=8,708,206.5
16,096,500×0.545=8,772,592.5
약 8,700,000가구이다.

**▮61~62▮** 다음은 철수의 3월 생활비 40만 원의 항목별 비율을 나타낸 자료이다. 물음에 답하시오.

| 구분 | 학원비 | 식비 | 교통비 | 기타 |
|---|---|---|---|---|
| 비율(%) | 35 | 15 | 35 | 15 |

**61** 식비 및 교통비의 지출 비율이 아래 표와 같을 때 다음 설명 중 가장 적절한 것은 무엇인가?

〈표1〉 식비 지출 비율

| 항목 | 채소 | 과일 | 육류 | 어류 | 기타 |
|---|---|---|---|---|---|
| 비율(%) | 30 | 20 | 25 | 15 | 10 |

〈표2〉 교통비 지출 비율

| 교통수단 | 버스 | 지하철 | 자가용 | 택시 | 기타 |
|---|---|---|---|---|---|
| 비율(%) | 50 | 25 | 15 | 5 | 5 |

① 식비에서 채소 구입에 사용한 금액은 교통비에서 자가용 이용에 사용한 금액보다 크다.

② 교통비에서 지하철을 타는데 지출한 비용은 식비에서 육류를 구입하는데 지출한 비용의 약 2.3 배에 달한다.

③ 철수의 3월 생활비 중 교통비에 지출된 금액은 총 12만 5천 원이다.

④ 교통비에서 자가용을 타는데 지출한 금액은 식비에서 과일과 어류를 구입하는데 지출한 비용보다 크다.

✔해설 각각의 금액을 구해보면 다음과 같다.

철수의 3월 생활비 40만 원의 항목별 비율과 금액

| 구분 | 학원비 | 식비 | 교통비 | 기타 |
|---|---|---|---|---|
| 비율(%) | 35 | 15 | 35 | 15 |
| 금액(만 원) | 14 | 6 | 14 | 6 |

〈표1〉 식비 지출 비율과 금액

| 항목 | 채소 | 과일 | 육류 | 어류 | 기타 |
|---|---|---|---|---|---|
| 비율(%) | 30 | 20 | 25 | 15 | 10 |
| 금액(만 원) | 1.8 | 1.2 | 1.5 | 0.9 | 0.6 |

| 교통수단 | 버스 | 지하철 | 자가용 | 택시 | 기타 |
|---|---|---|---|---|---|
| 비율(%) | 50 | 25 | 15 | 5 | 5 |
| 금액(만 원) | 7 | 3.5 | 2.1 | 0.7 | 0.7 |

① 식비에서 채소 구입에 사용한 금액 : 1만 8천 원

  교통비에서 자가용 이용에 사용한 금액 : 2만 1천 원

② 교통비에서 지하철을 타는데 지출한 비용 : 3만 5천 원

  식비에서 육류를 구입하는데 지출한 비용 : 1만 5천 원

③ 철수의 3월 생활비 중 교통비 : 14만 원

④ 교통비에서 자가용을 타는데 지출한 금액 : 2만 1천 원

  식비에서 과일과 어류를 구입하는데 지출한 비용 : 1만 2천 원+9천 원

**62** 철수의 2월 생활비가 35만 원이었고 각 항목별 생활비의 비율이 3월과 같았다면 3월에 지출한 교통비는 2월에 비해 얼마나 증가하였는가?

① 17,500원

② 19,000원

③ 20,500원

④ 22,000원

✔ 해설 2월 생활비 35만원의 항목별 금액은 다음과 같다.

| 구분 | 학원비 | 식비 | 교통비 | 기타 |
|---|---|---|---|---|
| 비율(%) | 35 | 15 | 35 | 15 |
| 금액(만 원) | 12.25 | 5.25 | 12.25 | 5.25 |

따라서 3월에 교통비가 14만 원이므로 2월에 비해 17,500원 증가하였다.

**Answer** 61.② 62.①

**| 63~64 |** 다음은 주식시장에서 외국인의 최근 한 달간의 주요 매매 정보 자료이다. 물음에 답하시오.

| | 순매수 | | | 순매도 | |
|---|---|---|---|---|---|
| 종목명 | 수량(백주) | 금액(백만 원) | 종목명 | 수량(백주) | 금액(백만 원) |
| A 그룹 | 5,620 | 695,790 | 가 그룹 | 84,930 | 598,360 |
| B 그룹 | 138,340 | 1,325,000 | 나 그룹 | 2,150 | 754,180 |
| C 그룹 | 13,570 | 284,350 | 다 그룹 | 96,750 | 162,580 |
| D 그룹 | 24,850 | 965,780 | 라 그룹 | 96,690 | 753,540 |
| E 그룹 | 70,320 | 110,210 | 마 그룹 | 12,360 | 296,320 |

**63** 다음 설명 중 옳은 것은?

① 외국인은 가 그룹의 주식 8,493,000주를 팔고 D그룹의 주식 1,357,000주를 사들였다.

② C 그룹과 D 그룹, E 그룹의 순매수량의 합은 B 그룹의 순매수량 보다 작다.

③ 다 그룹의 순매도량은 라 그룹의 순매도량 보다 작다.

④ 나 그룹의 순매도액은 598,360(백만 원)이다.

✔ 해설 ② 13,570+24,850+70,320 = 108,740이다.

**64** 다음 중 옳지 않은 것은?

① 외국인들은 A 그룹보다 D 그룹의 주식을 더 많이 사들였다.

② 가 그룹과 마 그룹의 순매도량의 합은 다 그룹의 순매도량보다 많다.

③ 나 그룹의 순매도액은 라 그룹의 순매도액보다 많다.

④ A 그룹과 D 그룹의 순매수액의 합은 B 그룹의 순매수액보다 작다.

✔ 해설 695,790+965,780 = 1,661,570

**65** 다음은 2022년 국가별 수출입 실적표이다. 표에 대한 설명 중 옳지 않은 것은?

| 국가 | 수출건수 | 수출금액 | 수입건수 | 수입금액 | 무역수지 |
|---|---|---|---|---|---|
| 브라질 | 485,549 | 9,685,217 | 68,524 | 4,685,679 | 4,999,538 |
| 중국 | 695,541 | 26,574,985 | 584,963 | 14,268,957 | 12,306,028 |
| 인도 | 74,218 | 6,329,624 | 19,689 | 967,652 | 5,361,972 |
| 그리스 | 54,958 | 7,635,148 | 36,874 | 9,687,452 | −2,052,304 |

① 2022년 수출금액이 가장 큰 국가는 중국이다.

② 그리스는 위 4개국 중 수출건수가 가장 적다.

③ 브라질과 인도의 무역수지를 더한 값은 중국의 무역수지 값보다 크다.

④ 브라질과 그리스의 수입금액의 합은 중국의 수입금액보다 크다.

> **✔해설** ③ 브라질과 인도의 무역수지를 더한 값은 중국의 무역수지 값보다 작다.
> ① 중국이 26,574,985로 수출금액이 가장 크다.
> ② 그리스는 54,958로 수출건수가 가장 적다.
> ④ 브라질과 그리스의 수입금액의 합은 14,373,131로 중국의 수입금액보다 104,174 크다.

**66** 다음 그림에 대한 설명으로 가장 옳은 것은?

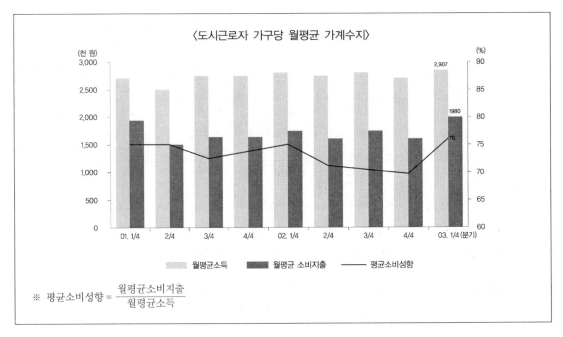

〈도시근로자 가구당 월평균 가계수지〉

※ 평균소비성향 = $\dfrac{월평균소비지출}{월평균소득}$

① 소득이 증가할수록 소비지출도 소득에 비례하여 증가하였다.

② 월평균 소득과 평균소비성향은 서로 반비례적인 관계를 보인다.

③ 우리나라 도시 근로자 가구는 대개 소득의 75 ~ 80% 정도를 지출하고 있다.

④ 매년 1/4분기에는 동일 연도 다른 분기에 비해 소득에서 더 많은 부분을 소비하였다.

**✔해설** ① 소득의 증가와 소비지출의 증가가 반드시 비례하지는 않는다.

② 월평균 소득과 평균소비성향은 서로 반비례적인 관계를 보이지 않는다.

③ 우리나라 도시 근로자 가구는 대개 소득의 70 ~ 76% 정도를 지출하고 있다.

**|67~68|** 다음은 최근 5년간 5개 도시의 지하철 분실물개수와 분실물 중 핸드폰 비율을 조사한 결과이다. 물음에 답하시오.

[표 1] 도시별 분실물 습득현황

(단위 : 개)

| 연도<br>도시 | 2018 | 2019 | 2020 | 2021 | 2022 |
|---|---|---|---|---|---|
| A | 49 | 58 | 45 | 32 | 28 |
| B | 23 | 25 | 27 | 28 | 24 |
| C | 19 | 24 | 31 | 39 | 48 |
| D | 30 | 52 | 48 | 54 | 64 |
| E | 31 | 28 | 29 | 24 | 19 |

[표 2] 도시별 분실물 중 핸드폰 비율

(단위 : %)

| 연도<br>도시 | 2018 | 2019 | 2020 | 2021 | 2022 |
|---|---|---|---|---|---|
| A | 40 | 41 | 44 | 49 | 50 |
| B | 78 | 60 | 55 | 71 | 83 |
| C | 47 | 45 | 74 | 58 | 54 |
| D | 60 | 61 | 62 | 61 | 57 |
| E | 48 | 39 | 48 | 50 | 68 |

**67** 다음 중 옳지 않은 것은?

① A도시는 분실물 중 핸드폰의 비율이 꾸준히 증가하고 있다.

② 분실물이 매년 가장 많이 습득되는 도시는 D이다.

③ 2022년 A도시에서 발견된 핸드폰 개수는 14개이다.

④ D도시의 2022년 분실물 개수는 2018년과 비교하여 50% 이상 증가하였다.

✔해설 ② 2018년, 2019년에는 A도시의 분실물이 가장 많이 습득되었다.

**68** 다음 중 분실물로 핸드폰이 가장 많이 발견된 도시와 연도는?

① D도시, 2021년       ② B도시, 2021년

③ B도시, 2019년       ④ C도시, 2020년

✔ 해설
① $54 \times 0.61 = 32.94$
② $28 \times 0.71 = 19.88$
③ $25 \times 0.60 = 15$
④ $31 \times 0.74 = 22.94$

**69** 다음은 OECD 가입 국가별 공공도서관을 비교한 표이다. 다음 중 바르게 설명한 것을 고르면?

| 국명 | 인구수 | 도서관수 | 1관당 인구수 | 장서수 | 1인당 장서수 | 기준년도 |
|---|---|---|---|---|---|---|
| 한국 | 49,268,928 | 607 | 81,168 | 54,450,217 | 1.11 | 2021 |
| 미국 | 299,394,900 | 9,198 | 31,253 | 896,786,000 | 3.1 | 2019 |
| 영국 | 59,855,742 | 4,549 | 13,158 | 107,654,000 | 1.8 | 2019 |
| 일본 | 127,998,984 | 3,111 | 41,144 | 356,710,000 | 2.8 | 2020 |
| 프랑스 | 60,798,563 | 4,319 | 14,077 | 152,159,000 | 2.51 | 2019 |
| 독일 | 82,505,220 | 10,339 | 7,980 | 125,080,000 | 1.5 | 2019 |

> ㉠ 2021년 우리나라 공공도서관 수는 607개관이며, 8만 1천 명 당 1개관 수준으로 인구 대비 도서관 수와 이용자 서비스의 수준이 떨어진다.
> ㉡ 우리나라의 1관 당 인구수가 미국 대비 약 2.5배, 일본 대비 약 2배로 도서관 수가 OECD 가입 국가 대비 현저히 부족하다.
> ㉢ 우리나라의 도서관수는 현재 미국이나, 일본의 2분의 1 수준이나 영국 등과는 비슷한 수준이다.
> ※ 단, 수치는 백의 자리에서 버림, 소수 둘째자리에서 반올림한다.

① ㉠, ㉢       ② ㉠, ㉡

③ ㉡, ㉢       ④ ㉡, ㉢

✔ 해설 ㉢ 미국이나 일본의 2분의 1 수준에도 미치지 못한다.

**┃70~71┃** 다음은 2018년부터 2022년까지 5년 동안 A, B, C사의 매출액을 나타낸 것이다. 표를 보고 다음 물음에 답하시오.

(단위 : 백만 원)

|  | 2018년 | 2019년 | 2020년 | 2021년 | 2022년 |
|---|---|---|---|---|---|
| A사 | 58,365,216 | 62,682,974 | 65,914,653 | 72,584,689 | 79,519,753 |
| B사 | 49,682,581 | 61,585,268 | 72,914,358 | 79,358,621 | 84,695,127 |
| C사 | 69,548,587 | 65,845,239 | 63,254,169 | 59,473,982 | 55,691,472 |

**70** 2018년부터 2022년까지 A사의 매출액은 얼마만큼 증가하였나?

① 21,154,517백만 원
② 21,154,527백만 원
③ 21,154,537백만 원
④ 21,154,547백만 원

✔해설 $79,519,753 - 58,365,216 = 21,154,537$

**71** B사의 2022년 매출액은 2018년 매출액의 몇 배인가? (소수 셋째 자리에서 반올림하시오.)

① 1.53
② 1.69
③ 1.70
④ 1.84

✔해설 $84,695,127 \div 49,682,581 \fallingdotseq 1.70\cdots$

**| 72~73 |** 다음은 어느 가전제품 매장의 종류별 판매비율을 나타낸 자료이다. 물음에 답하시오.

(단위 : %)

| 종류 | 2019년 | 2020년 | 2021년 | 2022년 |
|---|---|---|---|---|
| 핸드폰 | 33.5 | 35.5 | 37.0 | 39.0 |
| TV | 14.0 | 13.5 | 16.5 | 17.0 |
| 냉장고 | 19.0 | 21.0 | 16.5 | 15.5 |
| 컴퓨터 | 22.0 | 20.5 | 19.0 | 17.5 |
| 카메라 | 11.5 | 9.5 | 11.0 | 11.0 |

**72** 2022년 총 판매개수가 2,500개라면 핸드폰의 판매개수는 몇 개인가?

① 965개      ② 975개

③ 985개      ④ 995개

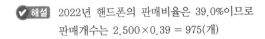 2022년 핸드폰의 판매비율은 39.0%이므로
판매개수는 $2,500 \times 0.39 = 975$(개)

**73** 다음 중 옳지 않은 것은?

① 최근 4년 동안 판매비율의 폭이 가장 크게 변화한 제품은 컴퓨터이다.

② 최근 4년 동안 컴퓨터의 판매비율은 4.5%p 감소하였다.

③ 2019년과 비교할 때 카메라의 2021년 판매비율은 다른 제품에 비해 큰 변화를 보이지 않고 있다.

④ TV의 판매비율은 2022년에 처음으로 냉장고의 판매비율을 앞질렀다.

✔해설 최근 4년 동안 판매비율의 변동 폭
- 핸드폰 : $39.0 - 33.5 = 5.5$%p
- TV : $17.0 - 14.0 = 3$%p
- 냉장고 : $19.0 - 15.5 = 3.5$%p
- 컴퓨터 : $22.0 - 17.5 = 4.5$%p
- 카메라 : $11.5 - 11.0 = 0.5$%p

| 74~75 | 다음은 우리나라 농수산식품의 수출입 동향을 나타낸 자료이다. 물음에 답하시오.

(단위 : 백만 달러)

| | | 2018년 | 2019년 | 2020년 | 2021년 | 2022년 |
|---|---|---|---|---|---|---|
| 수출 | 소계 | 4,070 | 4,846 | 5,261 | 5,112 | 5,099 |
| | 농산물 | 3,595 | 4,328 | 4,713 | 4,532 | 4,498 |
| | 축산물 | 160 | 182 | 203 | 213 | 210 |
| | 임산물 | 315 | 336 | 345 | 367 | 391 |
| 수입 | 소계 | 23,289 | 30,190 | 40,323 | 42,555 | 43,532 |
| | 농산물 | 14,026 | 17,758 | 23,694 | 25,847 | 28,189 |
| | 축산물 | 3,295 | 5,648 | 8,691 | 7,851 | 6,328 |
| | 임산물 | 5,968 | 6,784 | 7,938 | 8,857 | 9,015 |
| 무역수지 | | −19,219 | −25,344 | −35,062 | −37,443 | −41,433 |

**74** 다음 중 옳은 것은?

① 최근 5년 동안 무역수지 적자는 약 3.15배 증가했다.

② 2022년 농산물의 수입액은 같은 해 농산물의 수출액의 약 7.06배에 달한다.

③ 최근 5년 동안의 농수산식품 총 수출액의 합은 2018년 농수산식품 총 수입액보다 작다.

④ 최근 5년 동안에 농수산식품 총 수입액은 1.5배 이상 증가했다.

✔ 해설 ① $41,433 \div 19,219 \fallingdotseq 2.15\cdots$

② 2022년 농산물의 수입액 : 28,189

2022년 농산물의 수출액 : 4,498

$28,189 \div 4,498 \fallingdotseq 6.26\cdots$

③ 최근 5년 동안의 농수산식품 총 수출액의 합 : 24,388

2018년 농수산식품 총 수입액 : 23,289

**75** 다음 중 농수산식품의 총 수입액 중 농산물의 비율이 다른 해에 비해 가장 낮았던 해는 언제인가?

① 2018년 ② 2019년
③ 2020년 ④ 2021년

✔ 해설 최근 5년 동안의 농수산식품 총 수입액 중 농산물의 비율
- 2018년 : 약 60.2%
- 2019년 : 약 58.8%
- 2020년 : 약 58.7%
- 2021년 : 약 60.7%
- 2022년 : 약 64.7%

┃76~78┃ 다음은 호텔 4곳을 경영하는 다이스에서 2022년 VIP 회원의 직업별 구성 비율을 각 지점별로 조사한 자료이다. 물음에 답하시오. (단, 가장 오른쪽은 각 지점의 회원 수가 전 지점의 회원 총수에서 차지하는 비율이다.)

| 구분 | 공무원 | 기업인 | 자영업 | 외국인 | 각 지점/전 지점 |
|------|--------|--------|--------|--------|------------------|
| A | 30% | 20% | 10% | 40% | 20% |
| B | 10% | 40% | 20% | 30% | 30% |
| C | 10% | 30% | 20% | 40% | 40% |
| D | 10% | 40% | 30% | 20% | 10% |
| 전 지점 | ( ) | 32% | ( ) | 35% | 100% |

**76** 다이스 각 지점에서 자영업자의 수는 전체 회원의 몇 %인가?

① 16% ② 17%
③ 18% ④ 19%

✔ 해설 A : 0.2×0.1 = 0.02 = 2(%)
B : 0.3×0.2 = 0.06 = 6(%)
C : 0.4×0.2 = 0.08 = 8(%)
D : 0.1×0.3 = 0.03 = 3(%)
∴ A+B+C+D = 19(%)

**77** C지점의 회원 수를 3년 전과 비교했을 때 외국인의 수는 2배 증가했고 자영업자와 공무원의 수는 절반으로 감소했으며 그 외는 변동이 없었다. 그렇다면 3년 전 기업인의 비율은? (단, C지점의 2022년 VIP회원의 수는 200명이다.)

① 약 25.34%
② 약 27.27%
③ 약 29.16%
④ 약 31.08%

> ✔해설 2022년 C지점의 회원 수는 공무원 20명, 기업인 60명, 자영업자 40명, 외국인 80명이다.
> 따라서 2019년의 회원 수는 공무원 40명, 기업인 60명, 자영업자 80명, 외국인 40명이 된다.
> 이 중 기업인의 비율은 $\frac{60}{220} \times 100 ≒ 27.27\%$가 된다.

**78** D지점의 외국인 수가 400명일 때 A지점의 외국인 회원 수는?

① 1,300명
② 1,400명
③ 1,500명
④ 1,600명

> ✔해설 D지점의 외국인이 차지하는 비율 : $0.1 \times 0.2 = 0.02 = 2(\%)$
> A지점의 외국인이 차지하는 비율 : $0.2 \times 0.4 = 0.08 = 8(\%)$
> D지점의 외국인 수가 400명이므로 $2 : 8 = 400 : x$
> $\therefore x = 1,600$(명)

**Answer** 75.③ 76.④ 77.② 78.④

**┃79~80┃** 다음에 제시된 투자 조건을 보고 물음에 답하시오.

| 투자안 | 판매단가(원/개) | 고정비(원) | 변동비(원/개) |
|---|---|---|---|
| A | 2 | 20,000 | 1.5 |
| B | 2 | 60,000 | 1.0 |

1) 매출액 = 판매단가×매출량(개)
2) 매출원가 = 고정비+(변동비×매출량(개))
3) 매출이익 = 매출액−매출원가

**79** 위의 투자안 A와 B의 투자 조건을 보고 매출량과 매출이익을 해석한 것으로 옳은 것은?

① 매출량 증가폭 대비 매출이익의 증가폭은 투자안 A가 투자안 B보다 항상 작다.

② 매출량 증가폭 대비 매출이익의 증가폭은 투자안 A가 투자안 B보다 항상 크다.

③ 매출이익이 0이 되는 매출량은 투자안 A가 투자안 B보다 많다.

④ 매출이익이 0이 되는 매출량은 투자안 A가 투자안 B가 같다.

✔해설 ①② 매출량 증가폭 대비 매출이익의 증가폭은 기울기를 의미하는 것이다.
매출량을 $x$, 매출이익을 $y$라고 할 때,
A는 $y = 2x - (20,000 + 1.5x) = -20,000 + 0.5x$
B는 $y = 2x - (60,000 + 1.0x) = -60,000 + x$
따라서 A의 기울기는 0.5, B의 기울기는 1이 돼서 매출량 증가폭 대비 매출이익의 증가폭은 투자안 A가 투자안 B보다 항상 작다.
③④ A의 매출이익은 매출량 40,000일 때 0이고, B의 매출이익은 매출량이 60,000일 때 0이 된다.
따라서 매출이익이 0이 되는 매출량은 투자안 A가 투자안 B보다 작다.

**80** 매출량이 60,000개라고 할 때, 투자안 A와 투자안 B를 비교한 매출이익은 어떻게 되겠는가?

① 투자안 A가 투자안 B보다 같다.

② 투자안 A가 투자안 B보다 작다.

③ 투자안 A가 투자안 B보다 크다.

④ 제시된 내용만으로 비교할 수 없다.

✔ 해설 ㉠ A의 매출이익
  • 매출액 $= 2 \times 60,000 = 120,000$
  • 매출원가 $= 20,000 + (1.5 \times 60,000) = 110,000$
  • 매출이익 $= 120,000 - 110,000 = 10,000$
㉡ B의 매출이익
  • 매출액 $= 2 \times 60,000 = 120,000$
  • 매출원가 $= 60,000 + (1.0 \times 60,000) = 120,000$
  • 매출이익 $= 120,000 - 120,000 = 0$
∴ 투자안 A가 투자안 B보다 크다.

# 출제예상문제

※ 상황판단능력은 주어진 상황에서 응시자의 행동을 파악하기 위한 자료로써 별도의 정답이 존재
하지 않습니다.

**┃1~80┃ 주어진 상황에서 자신이라면 어떻게 행동할지 가장 가까운 번호를 고르시오.**

**1**   당신은 이제 막 들어온 신입이다. 회사에서 급하게 지시한 업무를 하다가 막히는 부분을 발견했
다. 상사가 중요한 미팅건으로 외부에 나가있다면 어떻게 하겠는가?

① 다른 선배에게 상황을 말하고 대책을 물어본다.

② 상사에게 전화해서 물어본다.

③ 상사가 돌아올 때 까지 기다린다.

④ 급한 업무인 만큼 직접 해결한다.

**2**   당신은 팀장이다. 회사가 업무로 한참 바쁠 시기에 팀원 중 한명이 휴가를 내겠다고 한다. 어떻
게 하겠는가?

① 바쁜 시기인 만큼 휴가를 다음에 쓰도록 팀원을 설득한다.

② 팀원에게 휴가를 허락한다.

③ 휴가를 허가하되 짧게 내도록 권한다.

④ 다른 팀장에게 조언을 구한다.

**3**   당신은 전날 회식으로 늦잠을 잤다. 급하게 가던 중에 눈앞에서 교통사고를 목격했다. 주변에 도
와줄 사람이 몇 명 없다. 어떻게 하겠는가?

① 출근이 먼저이므로 그냥 지나간다.

② 주변사람을 불러온다.

③ 회사에 일이 생겨 늦겠다고 전화한다.

④ 병원까지 함께 한다.

**4** 당신은 이번 휴가에 가족과 해외 여행을 가기로 마음먹었다. 그러나 휴가 당일에 상사로부터 회사에 급한 일이 있으니 휴가를 다음으로 미루라고 지시를 받았다면 당신은 어떻게 하겠는가?

① 상사의 지시를 무시하고 여행을 간다.

② 상사의 지시에 따른다.

③ 가족들만이라도 여행을 보낸다.

④ 동료에게 일을 부탁한다.

**5** 당신은 팀장이다. 요 근래 야근이 잦을 정도로 업무가 밀려 정신이 없는 상황이다. 팀원들이 회식을 은근히 바라는 눈치다. 어떻게 하겠는가?

① 팀원들의 사기를 돋우기 위해 회식을 진행한다.

② 업무를 위해 회식을 후일로 미룬다.

③ 팀 분위기를 다시 살핀다.

④ 팀원이 직접 말할 때까지 기다린다.

**6** 당신은 열의를 가지고 새로운 방식으로 일을 제시하는 스타일이다. 그러나 매번 상사의 반대에 부딪혀 자신의 의견이 무시되었다면 당신은 어떻게 하겠는가?

① 새로운 방식으로 상사를 설득시킨다.

② 기존의 방식으로 다시 보고를 한다.

③ 새로운 방식과 기존의 방식의 절충안을 찾아본다.

④ 서로의 입장을 이해하여 같이 고민한다.

**7** 새로 들어온 신입사원이 눈치를 살피며 일을 게을리하는게 보인다. 업무시간에도 다른 일을 하다가 급하게 정리하기도 한다. 이 상황에서 당신은 어떻게 할 것인가?

① 요즘 행동에 대해 조용히 묻는다.　　② 따로 불러내서 혼을 낸다.

③ 무시한다.　　④ 상사에게 알린다.

**8** 이번 프로젝트에서 부장은 자신의 의견대로 회의를 마무리하려 한다. 그러나 당신은 다른 의견을 가지고 있다. 당신이라면 어떻게 하겠는가?

① 아무리 상사일지라도 자신의 의견을 확고히 말한다.

② 부하 직원에게 자신의 의견을 대신 말하라 지시한다.

③ 회사 생활을 위해 입을 꾹 다문다.

④ 회의가 끝난 후 부장님에게 따로 보고를 한다.

**9** 당신은 퇴근 도중에 사고가 나서 다음날 출근이 불가능하다. 병원에 입원해야 할 상황이라면 당신은 어떻게 하겠는가?

① 동료에게 일을 부탁한다.

② 상사에게 사고의 자초지종을 설명한다.

③ 어떻게든 회사에 출근한다.

④ 보험회사와 이야기하여 방법을 모색한다.

**10** 당신은 회사에서 불법적인 일을 행하는 상사의 모습을 발견했다. 당신이라면 어떻게 하겠는가?

① 회사에 해가 되는 일이라면 바로 신고한다.

② 상사에게 이런 일을 하는 이유를 묻는다.

③ 사회 생활을 위해 조용히 묻는다.

④ 상사의 일이므로 일단 모른체하고 대가를 요구한다.

**11** 당신은 매 회의마다 부장에게서 팀장 자질이 없다며 모욕 및 폭언을 당했다. 당신이라면 어떻게 하겠는가?

① 부장을 상대로 소송을 한다.

② 부장이 퇴사할 때까지 기다린다.

③ 예민한 직원으로 찍힐 수 있으므로 조용히 묻는다.

④ 다른 상사에게 도움을 요청한다.

**12** 당신은 입사한지 1년 차인 사원이다. 예상치 못하게 서울 본사에서 제주도로 발령이 났다면 당신은 어떻게 하겠는가?

① 힘들더라도 제주도에서 혼자 생활한다.

② 회사에 인사발령 취소를 요청한다.

③ 현재 회사를 그만두고 다른 회사를 찾아본다.

④ 가족들과 함께 제주도로 이사한다.

**13** 당신은 팀원들을 이끌고 야유회를 열 예정이다. 팀원 대다수는 좋아하지만 일부는 불참 의사를 밝히고 있다. 당신이라면 어떻게 하겠는가?

① 팀의 단합을 위한 것이므로 참여하도록 독려한다.

② 회사 일의 연장선이므로 불참사유서를 작성하게 한다.

③ 분위기가 흐트러질 수 있으므로 야유회를 엄격하게 진행한다.

④ 후배에게 따로 불참자를 만날 것을 지시한다.

**14** 점심시간을 제대로 활용하지 못할 정도로 회사에 일이 많다. 팀원들이 지친 기색이 역력하다면 당신이 팀장이라면 어떻게 하겠는가?

① 팀원들에게 별도의 휴식 시간을 제공한다.

② 팀원들에게 따로 간식을 제공한다.

③ 팀의 사정을 말하고 일을 마무리 하도록 재촉한다.

④ 다른 팀의 상황을 참고한다.

**15** 오늘 회식은 한식집에서 열기로 하였다. 그러나 당신은 하루종일 속이 메스꺼워 회식에 빠지고 싶다. 당신이라면 어떻게 하겠는가?

① 동료에게 말하고 혼자 빠진다.

② 상사에게 오늘은 사정이 있어서 다음에 참가하겠다고 말한다.

③ 회식에 참여하지 못하는 이유를 적은 사유서를 제출한다.

④ 그냥 상사의 말에 따른다.

**16** 갑자기 팀원 두 명이 식중독 증세를 보여 병원에 입원했다. 팀원들은 점심에 먹은 음식이 의심이 된다고 한다. 당신이라면 어떻게 하겠는가?

① 식당에 전화하여 상황을 알린다.

② 상사에게 현 상황을 알린다.

③ 다른 팀원들이 일을 처리할 것으로 생각하고 모른척한다.

④ 식중독 증세의 원인을 인터넷으로 검색한다.

**17** 당신은 들어 온지 얼마 안 된 신입사원이다. 오늘은 여자 친구와 만난지 300일이 되는 날이다. 그러나 공교롭게 회식일정이 겹치게 되었다. 당신이라면 어떻게 하겠는가?

① 여자 친구에게 전화로 사정을 이야기한 후 회식에 참여한다.

② 회식에 1차를 참여하고 여자 친구에게 간다.

③ 여자 친구에게 잠깐 들렸다가 회식 자리에 참여한다.

④ 상사에게 사정을 말하고 여자 친구에게 간다.

**18** 식당에서 점심을 먹은 후 계산을 하려는데, 지갑이 없는 것을 알았다. 당신이라면 어떻게 하겠는 가?

① 후배에게 연락하여 지갑을 가지고 오라고 시킨다.

② 점심을 같이 먹은 동료에게 돈을 빌린다.

③ 식당 계산대에서 은행계좌번호를 받아온다.

④ 식당 주인에게 연락처를 주고 다음에 주겠다고 약속한다.

**19** 업무 시간에 컴퓨터가 인터넷이 먹통이 되었다. 상사가 자기 일이 많아 도움을 주지 못할 상황이 라면 당신은 어떻게 하겠는가?

① 상사의 일이 다 마무리될 때까지 기다린다.

② 동료에게 도움을 요청한다.

③ 회사의 컴퓨터 담당 업무자에게 전화한다.

④ 어떻게든 혼자서 해결한다.

**20**  당신은 팀장이다. 들어 온지 얼마 안 되는 신입사원이 자꾸 졸고 있다. 이 상황에서 당신은 어떻게 하겠는가?

① 피곤한가 보다 하고 무시한다.

② 흔들어 깨운 후 따로 불러 따끔하게 혼낸다.

③ 사유서를 제출하도록 지시한다.

④ 당장 일어나라고 소리를 질러 깨운다.

**21**  당신의 부하 직원이 변심한 여자친구 때문에 힘들어하고 있다. 당신이라면 어떻게 하겠는가?

① 모르는 척 한다.

② 업무를 마친 후 술을 사주면서 고민을 함께한다.

③ 따로 휴식 시간을 제공한다.

④ 힘든 일을 다른 부하 직원에게 넘긴다.

**22**  당신은 팀장이다. 그런데 새로 들어온 신입사원이 당신보다 나이가 많다. 이 상황에서 당신은 어떻게 하겠는가?

① 자신보다 나이가 많으므로 인간적으로 존중한다.

② 회사는 위계질서가 있기 때문에 나이를 떠나 엄하게 대한다.

③ 다른 팀장에게 조언을 구한다.

④ 그냥 모르는 척 한다.

**23**  당신의 부하 직원이 출근하자마자 소화불량으로 굉장히 힘들어하고 있다. 부하 직원이 일을 제대로 못하고 있는 상황에서 당신이라면 어떻게 하겠는가?

① 반차를 쓰고 쉬라고 권유한다.

② 따로 불러내서 잠깐 쉴 시간을 제공한다.

③ 병원에 다녀오도록 지시한다.

④ 알아서 해결하도록 무시한다.

**24** 당신은 팀장이다. 갑자기 팀원 사이에 싸움이 나서 언성이 높아지고 있다. 이 상황에서 당신은 어떻게 하겠는가?

① 모르는 척 한다.
② 전체 팀원을 불러내서 따끔하게 혼낸다.
③ 이유를 불문하고 팀장이 보는 앞에서 일어난 사건이므로 엄한 처벌을 가한다.
④ 다른 팀원들을 불러 어떻게 된 일인지 상황을 파악한다.

**25** 당신은 부하 직원이 업무 시간에 스마트폰으로 게임을 하는 것을 목격했다. 주위에서도 해당 직원에 대해 봐주지 말라는 분위기이다. 당신이라면 어떻게 하겠는가?

① 처음 일어난 일이니 한 번의 기회를 준다.
② 앞으로 업무시간에 스마트폰을 만지지 못하게 지시한다.
③ 해당 직원을 따로 불러 따끔하게 혼낸다.
④ 주위 분위기에 따라 그 자리에서 바로 혼낸다.

**26** 당신은 인사팀에서 기획실로 발령이 났다. 새로운 부서원들과 관계가 서먹하여 관계개선을 위하여 노력을 하고자 한다. 당신이라면 어떻게 하겠는가?

① 친목을 위해 술자리를 자주 갖는다.
② 부서원들 일정을 일일이 관리해준다.
③ 부서원들을 파악한 후 적정선을 그어 상대한다.
④ 기획실의 분위기를 바꾸려고 노력한다.

**27** 어느 날 유대리는 당신에게 업무를 시켜 하는 도중에 박팀장은 또 다른 업무를 지시했다. 그러나 시간 관계상 두 가지 일을 모두 하기에는 힘든 상황이다. 당신이라면 어떻게 하겠는가?

① 유대리가 먼저 업무를 시켰으므로 이 업무부터 마무리한다.
② 박팀장이 직급이 더 높은 사람이므로, 이 업무부터 마무리한다.
③ 유대리가 시킨 업무를 먼저 하고, 이후 늦게라도 박팀장이 시킨 업무를 한 후 사정을 말씀 드린다.
④ 박팀장이 시킨 업무를 본인이 하고, 유대리가 시킨 업무는 다른 동료에게 부탁한다.

**28** 당신은 승진을 위해 1년 동안 무단한 노력을 해왔다. 그러나 당신과 함께 입사한 동료만 승진하게 되었다. 이 상황에서 당신은 어떻게 하겠는가?

① 회사에 대한 회의를 느껴 그만둔다.

② 부당한 승진에 대하여 인사권자에게 따진다.

③ 승진에 대해 부정이 있었음을 회사 홈페이지에 올린다.

④ 자신이 승진하지 못한 이유에 대하여 설명해줄 것을 인사권자에게 요청한다.


**29** 당신은 평소 친하게 지내던 동료와 1년간 교제를 하고 있다. 둘의 관계를 동료들에게 알리고 싶지만 워낙에 담당 팀장이 업무 효율을 운운하며 사내연애를 반대하는 통에 고민이 깊다. 당신이라면 어떻게 하겠는가?

① 자신의 상관의 의지가 확고하므로 조용히 묻는다.

② 친한 동료 몇몇과 이야기하여 방법을 연구한다.

③ 어쩔 수 없이 다른 부서로 이동한다.

④ 팀장에게 사실대로 고한다.


**30** 당신은 회사에 이익이 될 만한 아이디어를 가지고 있다. 그러나 신입사원인 당신의 아이디어를 상사는 하찮게 생각하고 있다. 그렇다면 당신은 어떻게 행동할 것인가?

① 아이디어가 받아들여지지 않더라도 내가 할 수 있는 한도에서 반영해본다.

② 아이디어 제도를 제시할 방법에 대해 고민한다.

③ 내 아이디어를 인정해주는 사람이 없으니 조용히 묻는다.

④ 아이디어를 인정받기 어려운 회사는 미래가 없다고 생각하여 회사를 그만둔다.

**31** 사무실의 냉장고에 자신의 점심식사를 위해 넣어놓은 음식을 누군가 일부 먹은 것을 확인했다. 어떻게 대처하겠는가?

① 다 먹은 것이 아니기 때문에 아무 일도 없는 듯 넘어간다.

② 자신의 식사이니 손대지 말 것을 당부하는 메모를 붙여놓는다.

③ 상사에게 누군가 자신의 것을 먹은 것 같다고 상의한다.

④ 누가 자신의 것을 먹었는지 모든 사원들에게 물어 확인해서 보상을 받는다.


**32** 같은 팀 동료의 컴퓨터를 잠깐 사용하는 동안에 우연히 그 동료가 메신저를 통해 자신의 친한 동기의 험담을 하고 있는 것을 발견하였다. 어떻게 대처하겠는가?

① 보지 못한 척 넘어간다.

② 그 동기에게 누군가 너의 험담을 하니 행동을 조심하라 일러준다.

③ 팀 동료에게 험담은 옳지 않으니 하지 않는 것이 좋겠다고 충고한다.

④ 상사에게 이러한 상황은 어찌해야 좋을지 상담한다.


**33** 할머니의 팔순잔치와 회사의 중요한 미팅이 겹쳤다. 당신의 행동은?

① 잔치에 참석해 인사만 하고 바로 미팅에 참석한다.

② 미팅에 참석하여 간단하게 보고 후, 잔치에 참석한다.

③ 미팅을 다른 동료에게 부탁하고 팔순잔치에 참석한다.

④ 할머니께 전화로 사정을 설명하고 미팅에 참석한다.


**34** 마감기한이 급한 업무를 처리하다가 오류를 발견했다. 상사가 빨리 업무를 마무리 지으라고 재촉하는 상황에서 어떠한 행동을 취하겠는가?

① 정해진 시간이 중요하기 때문에 무시하고 일단 마무리를 짓는다.

② 상사에게 상황을 설명하고 마감시간을 연장해달라고 부탁한다.

③ 마감시간보다 일의 완성도가 중요하므로 대대적으로 수정을 감행한다.

④ 다른 동료에게 문제가 생겼으니 자신을 도와달라고 요청한다.

**35** 출근길에 떨어진 만원을 발견했다. 경찰서에 가기엔 빠듯한 시간인데 어떻게 처리할 것인가?

① 근처의 가게에 돈이 떨어져 있었다며 설명하고 맡긴다.

② 상사에게 전화해 사정을 설명하고 경찰서에 돈을 맡긴다.

③ 출근시간과 양심을 모두 지키기 위해 무시하고 지나간다.

④ 액수가 크지 않으므로 가까운 편의점에 들려 전부 써버린다.


**36** 상사가 항상 작게 음악을 틀어놓거나 흥얼거리면서 일을 한다. 조용한 환경에서 효율이 올라가는 당신은 그 소리가 매우 신경 쓰인다. 당신의 행동은?

① 상사에게 직접 시끄럽다고 건의한다.

② 상사에게 이어폰과 마스크를 선물한다.

③ 동료들에게 상사의 험담을 하여 소문이 퍼지게 한다.

④ 상사의 상사에게 상담한다.


**37** 당신은 후배 B를 많이 아끼고 키워주고 싶다. 그래서 업무를 많이 맡겼다. 하루는 지나가다가 B가 동료들에게 당신이 자기만 일을 시킨다고 불평하는 것을 우연히 듣게 되었다. 이에 대한 당신의 반응은?

① 일을 더 많이 시킨다.

② 일을 시키지 않는다.

③ 불러서 혼낸다.

④ 아예 무시한다.


**38** 당신은 오늘 해야 할 업무를 다 끝마쳤다. 그런데 퇴근시간이 지나도 대부분의 동료들과 상사가 퇴근을 하지 않고 있다. 그렇다면 당신은?

① 그냥 말없이 퇴근한다.

② 인터넷 등을 하며 상사가 퇴근할 때까지 기다린다.

③ 상사나 동료들에게 도와줄 업무가 있는지 물어보고 없다면 먼저 퇴근한다.

④ 퇴근시간이 되었다고 크게 말한 후 동료들을 이끌고 함께 퇴근하도록 한다.

**39** 당신은 신입사원이다. 신입사원 교육의 일환으로 간부회의에 참석하게 되었다. 회의 중 간부 A가 설명하고 있는 내용이 틀렸다. 그 어떤 누구도 그것이 틀린 내용인지 모르는 것 같다. 당신은 그것이 명백히 틀렸다는 것을 알고 있다. 그렇다면 당신은?

① 그냥 모르는 척 한다.

② 나중에 간부를 찾아가 아까 말한 내용이 틀렸다고 말해준다.

③ 옆에 있는 동료에게 틀렸다고 귓속말을 해준다.

④ 회의 도중 손을 들고 그 내용이 틀렸다고 말한다.

**40** 당신의 동료 A가 당신에게 또 다른 동료인 B의 업무처리 능력에 관하여 불만을 토로하였다. 속도도 느리고 정보역시 정확하지 않아 일을 진행하는데 문제가 많다고 하소연을 하는데 이 상황에서 당신은 어떻게 하겠는가?

① 상사에게 말한다.

② A와 같이 험담한다.

③ B에게 가서 객관적으로 말을 전달한다.

④ A에게 직접 가서 이야기 하라고 한다.

**41** 유능한 인재였던 후배가 집안의 사정으로 점점 회사 일에 집중을 못하고 있는 상태이다. 주변사람들에게 알리는 것을 싫어하여 그 후배의 사정을 알고 있는 사람은 당신뿐, 점점 사람들이 안좋게 평가를 내리고 있는 상황이다. 이때 당신은 어떻게 하겠는가?

① 사람들에게 알린다.

② 조용히 혼자 방법을 연구한다.

③ 후배를 설득하여 마음을 바꾸도록 한다.

④ 사람들과 이야기하여 방법을 연구한다.

**42** 평상시 일과 결혼한 사람처럼 일을 해오던 상사가 있다. 당신은 능력 있는 그 사람의 모습에 이성적인 매력보다는 일처리 능력을 존경하고 친하게 지내길 원했다. 여느 때와 다름없이 회식이 끝나고 같은 방향이라 동행하던 중 그 상사가 갑자기 고백을 해온다면 당신은 어떻게 할 것인가?

① 정중하게 거절한다.
② 상관이므로 어쩔 수 없이 만난다.
③ 거절 후 다른 부서로 이동한다.
④ 퇴사한다.

**43** 중요한 회의를 하고 있다. 그런데 점심에 먹은 것이 잘못되었는지 배에서 요동이 친다. 배가 아파 화장실이 너무 급한 상황이다. 당신은 어떻게 하겠는가?

① 회의가 끝날 때까지 최대한 참기 위해 노력한다.
② 잠시 회의의 중단을 요구하고 화장실을 다녀온다.
③ 회의의 진행에 방해가 되지 않게 조용히 화장실을 다녀온다.
④ 옆의 동료에게 말하고 화장실을 다녀온다.

**44** 성실하고 모든 일에 열심이라 생각했던 후배의 행동이 이상해졌다. 업무시간에도 눈치를 살피며 부르면 화들짝 놀라기도 한다. 회의시간엔 멍하니 있다가 혼나기도 여러 번이다. 이 상황에서 당신은 어떻게 할 것인가?

① 따끔하게 혼을 낸다.
② 조용하게 불러서 사정을 물어본다.
③ 모르는 척 한다.
④ 상사에게 알린다.

**45** 당신이 입사한 기업이 새로운 경영전략으로 해외시장진출을 목표로 하고 있다. 이 해외시장진출 목표의 일환으로 중국 회사와의 합작사업추진을 위한 프로젝트팀을 구성하게 되었다. 당신은 이 팀의 리더로 선발 되었으며, 2년 이상 중국에서 근무를 해야만 한다. 그러나 당신은 집안 사정 및 자신의 경력 계획 실현을 위하여 중국 발령을 원하지 않고 있다. 당신의 상사는 당신이 꼭 가야만 한다고 당신을 밤낮으로 설득하고 있다. 당신은 어떻게 하였는가?

① 중국에 가고 싶지 않은 이유를 설명한 후 발령을 취소해 줄 것을 끝까지 요구한다.

② 회사를 그만둔다.

③ 해외발령을 가는 대신 그에 상응하는 대가를 요구한다.

④ 가기 싫지만 모든 것을 받아들이고 간다.

**46** 당신이 존경하는 상사가 회사를 위한 일이라며 회계장부의 조작 및 회사 자료의 허위조작 등을 요구한다면 당신은 어떻게 하겠는가?

① 회사를 위한 것이므로 따르도록 한다.

② 일 자체가 불법적이므로 할 수 없다고 한다.

③ 불법적 행위에 대하여 경찰에 고소하고 회사를 그만 둔다.

④ 존경하는 상사의 지시이므로 일단 하고 대가를 요구한다.

**47** 당신은 입사한 지 일주일도 안 된 신입사원이다. 당신이 속해 있는 팀과 팀원들은 현재 진행중인 프로젝트의 마무리로 인하여 매우 바쁜 상태에 있다. 그러나 신입사원인 당신은 자신이 해야 할 업무가 불명확하여 무엇을 해야 할지 모르고, 자신만 아무 일을 하지 않는 것 같아 다른 사람들에게 미안함을 느끼고 있다. 이런 경우 당신은 어떻게 하겠는가?

① 명확한 업무가 책정될 때까지 기다린다.

② 내가 해야 할 일이 무엇인지 스스로 찾아 한다.

③ 현재의 팀에는 내가 할 일이 없으므로 다른 부서로 옮겨줄 것을 요구한다.

④ 팀장에게 요구하여 빠른 시간 내에 자신의 역할이 할당되도록 한다.

**48** 당신은 현재 공장에서 근무를 하고 있다. 오랜 기간동안 일을 하면서 생산비를 절감할 수 있는 좋은 아이디어 몇 가지를 생각하게 되었다. 그러나 이 공장에는 제안제도라는 것이 없고 당신의 직속상관은 당신의 제안을 하찮게 생각하고 있다. 당신은 막연히 회사의 발전을 위하여 여러 제안들을 생각한 것이지만 아무도 당신의 진심을 알지 못한다. 그렇다면 당신은 어떻게 행동할 것인가?

① 나의 제안을 알아주는 사람도 없고 이 제안을 알리기 위해 이리저리 뛰어 다녀봤자 심신만 피곤할 뿐이니 그냥 앞으로 제안을 생각하지도 않는다.

② 제안제도를 만들 것을 회사에 건의한다.

③ 좋은 제안을 받아들일 줄 모르는 회사는 발전 가능성이 없으므로 이번 기회에 회사를 그만 둔다.

④ 제안이 받아들여지지 않더라도 내가 할 수 있는 한도 내에서 제안할 내용을 일에 적용한다.


**49** 당신은 현재 부서에서 약 2년간 근무를 하였다. 그런데 이번 인사를 통하여 기획실로 발령이 났다. 기획실은 지금까지 일해오던 부서와는 달리 부서원들이 아주 공격적이며 타인에게 무관심하고 부서원들간 인간적 교류도 거의 없다. 또한 새로운 사람들에게 대단히 배타적이라 당신이 새로운 부서에 적응하는 것을 어렵게 하고 있다. 그렇다면 당신은 어떻게 행동할 것인가?

① 기획실의 분위기를 바꾸기 위해 노력한다.

② 다소 힘이 들더라도 기획실의 분위기에 적응하도록 노력한다.

③ 회사를 그만 둔다.

④ 다른 부서로 바꿔 줄 것을 강력하게 상사에게 요구한다.


**50** 친하게 지내던 동기가 갑자기 당신의 인사를 무시하기 시작하였다. 뿐만 아니라 회사의 사람들이 당신을 보고 수군거리거나 자리를 피하는 것 같다. 이 상황에서 당신은 어떻게 할 것인가?

① 친하게 지내던 동기에게 먼저 다가가 인사한다.

② 적극적으로 무슨 일인지 알아본다.

③ 아무렇지 않은 척 태연하게 회사를 다닌다.

④ 평소보다 더 잘 웃으며 즐겁게 회사를 다닌다.

**51** 당신은 입사한지 세 달이 되어가는 신입사원이다. 어느 날 상사가 일을 맡기고는 알아서하라는 말만 남기고 가버렸다. 당신은 아직 업무에 익숙하지도 않은 상태라면, 이럴 때 당신은 어떻게 하겠는가?

① 시험이라고 생각하면서 지금까지 배운 것을 총동원하여 스스로 해결해본다

② 평소 친하게 지냈던 선배들에게 물어본다.

③ 상사에게 모르는 것을 질문하면서 도와달라고 요청한다.

④ 더 높은 상사에게 알린다.

**52** 당신은 서울본사에서 10년째 근무를 하고 있다. 그런데 이번 인사에서 전혀 연고가 없는 지방으로 발령이 났다. 이번의 발령은 좌천식 발령이 아닌 회사에서 당신의 능력을 인정하여 그 지방의 시장 확보를 위하여 가는 것이다. 그러나 가족 및 친구들과 떨어져 생활한다는 것이 쉽지 않고 가족 전체가 지방으로 가는 것도 아이들의 학교 때문에 만만치가 않다. 이 경우 당신은 어떻게 할 것인가?

① 가족들과 모두 지방으로 이사간다.

② 가족들의 양해를 구하고 힘들더라도 지방으로 혼자 옮겨 생활한다.

③ 회사 측에 나의 사정을 이야기하고 인사발령의 취소를 권유한다.

④ 현재의 회사를 그만두고 계속 서울에서 근무할 수 있는 다른 회사를 찾아본다.

**53** 당신은 이제 갓 일주일이 된 신입사원이다. 이 회사에 들어오기 위해 열심히 공부하였지만 영어만큼은 잘 되지 않아 주변의 도움으로 간신히 평균을 넘어서 입사를 하게 되었다. 그런데 갑자기 당신의 상사가 영어로 된 보고서를 주며 내일까지 정리해 오라고 하였다. 여기서 못한다고 한다면 영어실력이 허위인 것이 발각되어 입사가 취소될 지도 모를 상황이다. 그렇다면 당신은 어떻게 할 것인가?

① 솔직히 영어를 못한다고 말한다.

② 동료에게 도움을 요청하여 일을 하도록 한다.

③ 아르바이트를 고용하여 보고서를 정리하도록 한다.

④ 회사를 그만둔다.

**54** 어제 오랜만에 동창들과의 모임에서 과음을 한 당신, 회사에서 힘든 몸을 이끌고 해장을 할 점심 시간까지 잘 견디고 있다. 그런데 갑자기 당신의 상사가 오늘 점심시간에 모든 팀원들과 함께 자신의 친구가 회사 앞에 개업한 피자집에서 먹자고 한다. 당신은 어떻게 하겠는가?

① 그냥 상사의 말에 따른다.

② 상사에게 자신의 사정을 이야기하고 혼자 해장국집으로 간다.

③ 상사에게 오늘은 약속이 있어서 안 되므로 다음에 가자고 한다.

④ 동료에게 말하고 몰래 해장하러 간다.

**55** 당신은 기획부의 막내이자 신입사원이다. 그런데 갑자기 여자 친구가 아프다는 연락이 왔다. 하지만 엎친 데 덮친 격으로 상사의 부모님 부고소식이 들린다. 당신이 사랑하는 여자 친구에게 안 가면 여자 친구와 헤어질 수 있으며, 상사의 부모님 장례식장에 안가면 회사일이 고단해질 것이다. 당신은 어떻게 하겠는가?

① 여자 친구에게 전화를 걸어 사정을 이야기한 후 장례식장에 간다.

② 상사에게 사정을 이야기한 후 여자 친구에게 간다.

③ 여자 친구에게 잠깐 들렸다가 장례식장으로 간다.

④ 장례식장에 잠깐 들렸다가 여자친구에게 간다.

**56** 당신은 휴가를 맞아 가족들과 여행을 나왔다. 숙소도 예약하고 일정도 다 짜놓은 상태이다. 그런데 휴가지에서 직상상사를 만나게 되었다. 인사를 하고 헤어지려는데 상사가 같이 다닐 것을 제안한다. 이럴 때 당신은 어떻게 하겠는가?

① 사정을 잘 말씀드리고 양해를 구한다.

② 그냥 상사의 말에 따른다.

③ 이곳은 경유지일 뿐이라며 거절한 후 상사를 피해 다닌다.

④ 숙소와 일정을 이야기하며 합의를 한다.

**57** 당신은 친하게 지내는 입사동기가 있다. 승진의 기회가 달린 업무를 두고 선의의 경쟁을 하는데 주변에서 라이벌 관계라며 부추긴다. 결국 당신이 승진을 하였고 둘 사이는 서먹해졌다 이때 당신은 어떻게 하겠는가?

① 동기와 식사라도 하면서 속마음을 털어 놓는다.
② 경쟁사회이기 때문에 어쩔 수 없다고 생각한다.
③ 묵묵히 일에만 더 열중한다.
④ 또 다른 친한 동료를 만든다.

**58** 당신은 애인이 없는 상태이다. 직장상사가 지인을 소개시켜주고 싶다며 자꾸 권유한다. 적극적인 권유로 만나보았으나 당신하고 너무 맞지 않는 성격의 사람이었다. 소개팅 이후 한 번 더 만나보라며 상사가 자꾸 물어본다. 이럴 때 당신은 어떻게 하겠는가?

① 정중하게 자신의 의견을 말씀드린 후 양해를 구한다.
② 어쩔 수 없이 만난다.
③ 다른 부서로 간다.
④ 사생활과 회사생활은 다르므로 입을 꾹 다문다.

**59** 당신이 가장 자신 있는 분야를 당신과 사이가 좋지 않은 사람이 맡게 되었다. 소문을 들어보니 그 분야에서 문제가 생겨 일의 진척이 매우 더디다는 얘기를 들었다. 그러나 그 사람은 당신에게 조언을 구하러 오지 않았다. 이럴 때 당신은 어떻게 하겠는가?

① 그 분야의 문제점을 알아본 후 그 사람에게 넌지시 해결방법을 알려준다.
② 회사에 건의하여 그 일을 맡는다.
③ 무시한다.
④ 그 사람의 험담을 하고 다닌다.

**60** 당신은 새로운 기획 프로젝트를 맡아 팀을 이끌어 가고 있다. 그런데 아이디어 회의를 하는 도중 부하 직원이 모호한 말과 표현으로 회의 진행을 하고 있다. 당신은 어떻게 할 것인가?

① 구체적인 아이디어 주제로 전환한다.
② 부하 직원에게 구체적으로 전개하라고 명령한다.
③ 회의 후 자신의 구체적인 생각을 서면으로 제출하라고 한다.
④ 회의 후 개인적으로 불러 부하의 정확한 아이디어 내용을 듣는다.

**61** 당신의 회사는 예전부터 계속적으로 거래를 하고 있는 거래처가 있다. 그런데 어느 날 친한 친구로부터 물품납품을 청탁받았다. 당신은 어떻게 할 것인가?

① 아무리 친한 친구라도 단호하게 거절한다.
② 친한 친구의 요청이므로 받아들인다.
③ 공정한 가격입찰에 참여시킨다.
④ 친구와 연락을 두절한다.

**62** 회사에서 일한지 3년 째, 당신의 상사와 당신은 서로의 집도 오갈만큼 친한 사이이다. 당신의 상사가 꼭 갚겠다며 돈을 빌려갔는데 처음에는 적은 돈이었지만 점차 그 액수가 커져만 가고 액수가 커질수록 돈에 대해 부담감이 커져만 간다. 이럴 때 당신은 어떻게 하겠는가?

① 돈을 그냥 꿔준다.
② 돈이 없다고 거절한다.
③ 회사에 이야기한다.
④ 서로의 속사정을 이야기하며 그 상사의 문제 해결을 같이 고민한다.

**63** 원하던 회사의 원하는 부서에 입사하게 된 당신은 첫 출근을 하였다. 업무를 지시받아 처리하던 중 너무 긴장한 탓인지 모르는 것이 생겼다. 내용은 당신이 전공한 전공지식과 관련된 사항이다. 이러한 상황에서 당신은 어떻게 하겠는가?

① 전공지식도 모르면 무시할 수도 있으므로 혼자 힘으로 해결할 수 있도록 노력해본다.

② 솔직하게 말한 후 부서의 선배들에게 질문하여 빠르게 해결한다.

③ 도움을 받을 수 있는 주위의 선·후배 또는 친구들에게 미리 연락해 둔다.

④ 일단 모르는 것을 제외하고 업무를 처리한 후 상사의 언급이 있을 때 다시 처리한다.


**64** 고객으로부터 급한 연락이 왔다. 그러나 당신은 지금 중요 거래처 사람과의 약속장소로 가고 있다. 그런데 약속한 상대방과 연락이 되지 않고 있다면 당신은 어떻게 할 것인가?

① 동료에게 고객을 응대해 줄 것을 부탁한다.

② 고객에게 양해를 구하고 약속장소로 간다.

③ 동료에게 거래처 사람과 만날 것을 부탁하고 고객을 응대한다.

④ 상사에게 고객을 응대해 줄 것을 요청한다.


**65** 고객과 중요한 약속이 있어 약속장소로 향하고 있는 도중 상사로부터 급한 지시를 받았다면 당신은 어떻게 할 것인가?

① 상사의 지시를 무시하고 고객에게 간다.

② 상사의 지시에 따른다.

③ 친한 동료를 대신 약속장소에 보낸다.

④ 고객에게 양해를 구한 후 상사의 지시에 따른다.

**66** 직장 동료와 업무를 진행하는데 업무분담을 반반씩 하기로 하였다. 그런데 동료는 업무진행이 매우 늦고 상사가 볼 때만 일하는 척을 하고 있다. 당신은 이럴 때 어떻게 하겠는가?

① 상사에게 솔직하게 말한다.
② 동료의 일까지 내가 다 한다.
③ 동료에게 빨리 할 것을 강요한다.
④ 나의 일만 하도록 한다.

**67** 참신한 방식으로 상사에게 보고를 하였으나 상사가 이해가 가지 않는다며 기존의 방식으로 다시 보고하라고 한다면 당신은 어떻게 하겠는가?

① 새로운 방식의 보고방법에 대하여 부연설명을 하여 상사를 이해시킨다.
② 기존의 방식으로 고쳐 다시 보고를 한다.
③ 기존의 방식과 새로운 방식의 차이를 구별해 가면서 보고를 한다.
④ 부서의 장을 찾아가 새로운 방식으로 보고를 한다.

**68** 업무상 회의가 있는데 차가 막혀 회의실에 늦게 도착하였다면 당신은 어떻게 하겠는가?

① 회의가 끝날 때까지 회의실 앞에서 기다린다.
② 회의실 안으로 조심스럽게 들어간다.
③ 발언하고 있는 사람에게 방해가 되지 않을 정도로 사과를 한다.
④ 회의실의 상황에 맞춰 늦게 오지 않은 것처럼 행동한다.

**69** 당신에게만 유독 까다로운 상사가 있다. 당신의 일거수일투족을 감시라도 하듯 일을 잠시 쉬고 있을 때 나타나 지적하고 동료들과 약간의 대화라도 나누면 당신의 이름을 크게 부르면서 혼을 낸다. 이럴 때 당신은 어떻게 하겠는가?

① 상사에게 따진다.
② 상사의 험담을 하고 다닌다.
③ 동료들에게 상담한다.
④ 조용히 상사와 대화를 나눌 기회를 가진다.

**70** 당신의 직속상사는 일을 너무 열심히 하는 사람이라 야근하기 일쑤이다. 당신의 부서가 맡은 일 이외에도 찾아서 일을 하는 바람에 부하직원들 사이에 불만이 많다. 당신은 직속상사보다 나이도 있고 업무경험도 있어서 부하직원들이 당신에게 도움을 요청하였다. 이럴 때 당신이라면 어떻게 하겠는가?

① 조용히 직속상사에게 가서 이야기를 해본다.
② 모르는 척한다.
③ 부하 직원에게 떠넘긴다.
④ 부하 직원에게 회사 일을 더 열심히 하라고 한다.

**71** 동료가 고객에게 어떤 한 제품의 가격을 실제보다 낮은 가격으로 착각하고 알려주어 고객이 그 제품을 구매하러 왔다면 당신은 어떻게 하겠는가?

① 낮은 가격으로 그냥 제품을 판매한다.
② 고객에게 솔직하게 말을 한 후 양해를 구한다.
③ 동료가 알아서 하도록 한다.
④ 상사에게 보고하여 지시를 따른다.

**72** 당신은 회사에서 중요한 업무를 담당하고 있지만 동종의 업계에 비해 낮은 연봉과 열악한 근무 환경에 불만을 가지고 있다. 그런데 어느 날 다른 회사로부터 아주 좋은 조건으로 스카우트 제의가 들어왔다면 당신은 어떻게 할 것인가?

① 다른 회사의 스카우트 제의를 받아들인다.

② 다른 회사의 스카우트 제의를 거절한다.

③ 일단 진행 중인 업무를 완성하고 스카우트 제의를 고려한다.

④ 다른 회사로부터 스카우트 제의가 들어왔음을 상사에게 알려 연봉을 올려줄 것을 제의한다.


**73** 회사에서 커다란 프로젝트가 진행되고 있다. 규모가 커서 필요한 인력들은 모두 그 일에 동원이 되어있는 상태이다. 그런데 오래전부터 앙숙이던 A와 B가 같이 일을 하게 되면서 양쪽에서 불만이 쏟아져 나오기 시작했다. 또한 일의 진행이 지체가 되고 있는 상황이다. 이럴 때 당신은 어떻게 하겠는가?

① 상사에게 알린다.

② 둘 중 한명을 프로젝트에서 교체시킨다.

③ 둘의 업무에 접점이 존재하지 않도록 한다.

④ 둘의 오해를 풀 사적인 시간을 마련한다.


**74** 회사의 아이디어 공모에 평소 당신이 생각해두던 것을 알고 있던 동료가 자기 이름으로 제안을 하여 당선이 되었다면 당신은 어떻게 할 것인가?

① 나의 아이디어였음을 솔직히 말하고 당선을 취소시킨다.

② 동료에게 나의 아이디어였음을 말하고 설득한다.

③ 모른 척 그냥 넘어간다.

④ 상사에게 동료가 가로챈 것이라고 알린다.

**75** 회사에서 근무를 하던 중 본의 아닌 실수를 저질렀다. 그로 인하여 상사로부터 꾸지람을 듣게 되었는데 당신의 실수에 비해 상당히 심한 인격적 모독까지 듣게 되었다면 당신은 어떻게 할 것인가?

① 부당한 인격적인 모욕에 항의한다.

② 그냥 자리로 돌아가 일을 계속 한다.

③ 더 위의 상사에게 보고하여 그 상사의 사직을 권고한다.

④ 동료들에게 상사의 험담을 한다.

**76** 당신의 상사는 공적인 자리에서는 당신에게 잘 대해주지만, 사적인 자리에서는 당신을 완전히 무시한다. 이 상황에서 당신은 어떻게 하겠는가?

① 상사에게 따진다.

② 더 높은 상사에게 말한다.

③ 상사의 험담을 한다.

④ 조용히 상사와 대화를 나눈다.

**77** 상사가 직원들과 대화를 할 때 항상 반말을 하며, 이름을 함부로 부른다. 당신은 어떻게 하겠는가?

① 참고 지나간다.

② 상사에게 존댓말과 바른 호칭을 쓸 것을 요구한다.

③ 더 위의 상사에게 이런 상황에 대한 불쾌감을 호소한다.

④ 듣는 척 하지 않는다.

**78** 당신은 우연히 회의실 정리를 하다가 당신의 비방이 담긴 낙서를 보았다. 매우 화가 나지만 그전에 회의실을 사용한 모두를 의심할 수는 없는 법. 하루 종일 기분이 안 좋은 당신에게 후배가 자꾸 질문을 던진다. 점점 더 기분이 안 좋아지는 당신, 어떻게 하겠는가?

① 짜증을 내며 다시는 질문하지 말라고 한다.
② 기분이 안 좋은 일이 있으니 나중에 질문을 하거나 다른 사람에게 질문하라고 한다.
③ 무시한다.
④ 나를 비방하는 사람이 누군지 알아봐달라고 한다.

**79** 당신은 입사 후 회사가 돌아가는 분위기를 익히는데 바쁘다. 회사의 방문객이 와서 회의실의 위치를 묻는데 당신은 회의실의 위치를 모른다. 주변에 물어볼 사람도 없는 상황, 이럴 때 당신은 어떻게 하겠는가?

① 당신이 신입사원이라는 것을 설명한 후 양해를 구한다.
② 잠시 기다리라고 한 뒤 열심히 발로 뛰어서 찾아 낸 후 직접 안내한다.
③ 잠시 기다리라고 한 뒤 설명할 수 있는 사람을 찾아서 데리고 온다.
④ 같이 찾아보자고 하며 함께 회의실을 찾아본다.

**80** 30명의 회사직원들과 함께 산악회를 결성하여 산행을 가게 되었다. 그런데 오후 12시에 산 밑으로 배달되기로 했던 도시락이 배달되지 않아 우유와 빵으로 점심을 때우게 되었다. 점심을 다 먹고 난 후 도시락 배달원이 도착하였는데 음식점 주인의 실수로 배달장소를 다른 곳으로 알려주는 바람에 늦었다고 한다. 당신은 어떻게 할 것인가?

① 음식점 주인의 잘못이므로 돈을 주지 않는다.
② 빵과 우유 값을 공제한 음식 값을 지불한다.
③ 음식점 주인의 잘못이므로 절반의 돈만 준다.
④ 늦게라도 도착하였으므로 돈을 전액 주도록 한다.

PART

# 05

## 인성검사

CHAPTER 01

# 인성검사의 개요

## 1 인성(성격)검사의 개념과 목적

인성(성격)이란 개인을 특징짓는 평범하고 일상적인 사회적 이미지, 즉 지속적이고 일관된 공적 성격 (Public – personality)이며, 환경에 대응함으로써 선천적·후천적 요소의 상호작용으로 결정화된 심리적·사회적 특성 및 경향을 의미한다.

인성검사는 직무적성검사를 실시하는 대부분의 기업체에서 병행하여 실시하고 있으며, 인성검사만 독자적으로 실시하는 기업도 있다.

기업체에서는 인성검사를 통하여 각 개인이 어떠한 성격 특성이 발달되어 있고, 어떤 특성이 얼마나 부족한지, 그것이 해당 직무의 특성 및 조직문화와 얼마나 맞는지를 알아보고 이에 적합한 인재를 선발하고자 한다. 또한 개인에게 적합한 직무 배분과 부족한 부분을 교육을 통해 보완하도록 할 수 있다.

인성검사의 측정요소는 검사방법에 따라 차이가 있다. 또한 각 기업체들이 사용하고 있는 인성검사는 기존에 개발된 인성검사방법에 각 기업체의 인재상을 적용하여 자신들에게 적합하게 재개발하여 사용하는 경우가 많다. 그러므로 기업체에서 요구하는 인재상을 파악하여 그에 따른 대비책을 준비하는 것이 바람직하다. 본서에서 제시된 인성검사는 크게 '특성'과 '유형'의 측면에서 측정하게 된다.

## 2 인성검사의 대책

### (1) 미리 알아두어야 할 점

① 출제 문항 수 … 인성검사의 출제 문항 수는 특별히 정해진 것이 아니며 각 기업체의 기준에 따라 달라질 수 있다. 보통 100문항 이상에서 500문항까지 출제된다고 예상하면 된다.

② 출제형식

　　㉠ 1Set로 묶인 세 개의 문항 중 자신에게 가장 가까운 것(Most)과 가장 먼 것(Least)을 하나씩 고르는 유형 (72Set, 1Set당 3문항)

**다음 세 가지 문항 중 자신에게 가장 가까운 것은 Most, 가장 먼 것은 Least에 체크하시오.**

| 질문 | Most | Least |
|---|---|---|
| ① 자신의 생각이나 의견은 좀처럼 변하지 않는다. | ✔ | |
| ② 구입한 후 끝까지 읽지 않은 책이 많다. | | ✔ |
| ③ 여행가기 전에 계획을 세운다. | | |

　　㉡ '예' 아니면 '아니오'의 유형(178문항)

**다음 문항을 읽고 자신에게 해당되는지 안 되는지를 판단하여 해당될 경우 '예'를, 해당되지 않을 경우 '아니오'를 고르시오.**

| 질문 | 예 | 아니오 |
|---|---|---|
| ① 걱정거리가 있어서 잠을 못 잘 때가 있다. | ✔ | |
| ② 시간에 쫓기는 것이 싫다. | | ✔ |

　　㉢ 그 외의 유형

**다음 문항에 대해서 평소에 자신이 생각하고 있는 것이나 행동하고 있는 것에 체크하시오.**

| 질문 | 전혀 그렇지 않다 | 그렇지 않다 | 그렇다 | 매우 그렇다 |
|---|---|---|---|---|
| ① 머리를 쓰는 것보다 땀을 흘리는 일이 좋다. | | | ✔ | |
| ② 자신은 사교적이 아니라고 생각한다. | ✔ | | | |

## (2) 임하는 자세

① 솔직하게 있는 그대로 표현한다 ··· 인성검사는 평범한 일상생활 내용들을 다룬 짧은 문장과 어떤 대상이나 일에 대한 선로를 선택하는 문장으로 구성되었으므로 평소에 자신이 생각한 바를 너무 골똘히 생각하지 말고 문제를 보는 순간 떠오른 것을 표현한다.

② 모든 문제를 신속하게 대답한다 ··· 인성검사는 시간 제한이 없는 것이 원칙이지만 기업체들은 일정한 시간 제한을 두고 있다. 인성검사는 개인의 성격과 자질을 알아보기 위한 검사이기 때문에 정답이 없다. 다만, 기업체에서 바람직하게 생각하거나 기대되는 결과가 있을 뿐이다. 따라서 시간에 쫓겨서 대충 대답을 하는 것은 바람직하지 못하다.

③ 일관성 있게 대답한다 ··· 간혹 반복되는 문제들이 출제되기 때문에 일관성 있게 답하지 않으면 감점될 수 있으므로 유의한다. 실제로 공기업 인사부 직원의 인터뷰에 따르면 일관성이 없게 대답한 응시자들이 감점을 받아 탈락했다고 한다. 거짓된 응답을 하다보면 일관성 없는 결과가 나타날 수 있으므로, 위에서 언급한 대로 신속하고 솔직하게 답해 일관성 있는 응답을 하는 것이 중요하다.

④ 마지막까지 집중해서 검사에 임한다 ··· 장시간 진행되는 검사에 지치지 않고 마지막까지 집중해서 정확히 답할 수 있도록 해야 한다.

CHAPTER

02

# 실전 인성검사

※ 실제 시험은 총 340문항으로 약 50분간 치러집니다.

▌1~68▐ 다음 질문에 대해서 평소 자신이 생각하고 있는 것이나 행동하고 있는 것에 대해 박스에 주어진 응답 요령에 따라 답하시오.

---

응답요령

- 응답 Ⅰ : 제시된 문항들을 읽은 다음 각각의 문항에 대해 자신이 동의하는 정도를 ①(전혀 그렇지 않다)~⑤(매우 그렇 다)으로 표시하면 된다.
- 응답 Ⅱ : 제시된 문항들을 비교하여 상대적으로 자신의 성격과 가장 가까운 문항(Most) 하나와 가장 거리가 먼 문항 (Least) 하나를 선택하여야 한다(응답 Ⅱ의 응답은 Most 1개, Least 1개, 무응답 2개이어야 한다).

---

**1**

| 문항예시 | 응답 Ⅰ | | | | | 응답 Ⅱ | |
|---|---|---|---|---|---|---|---|
| | ① | ② | ③ | ④ | ⑤ | Most | Least |
| A. 모임에서 리더에 어울리지 않는다고 생각한다. | | | | | | | |
| B. 착실한 노력으로 성공한 이야기를 좋아한다. | | | | | | | |
| C. 어떠한 일에도 의욕적으로 임하는 편이다. | | | | | | | |
| D. 학급에서는 존재가 두드러졌다. | | | | | | | |

**2**

| 문항예시 | 응답 Ⅰ | | | | | 응답 Ⅱ | |
|---|---|---|---|---|---|---|---|
| | ① | ② | ③ | ④ | ⑤ | Most | Least |
| A. 아무것도 생각하지 않을 때가 많다. | | | | | | | |
| B. 스포츠는 하는 것보다는 보는 것이 좋다. | | | | | | | |
| C. 게으른 편이라고 생각한다. | | | | | | | |
| D. 비가 오지 않으면 우산을 가지고 가지 않는다. | | | | | | | |

**3**

| 문항예시 | 응답 I | | | | | 응답 II | |
|---|---|---|---|---|---|---|---|
| | ① | ② | ③ | ④ | ⑤ | Most | Least |
| A. 1인자보다는 조력자의 역할을 좋아한다. | | | | | | | |
| B. 의리를 지키는 타입이다. | | | | | | | |
| C. 리드를 하는 편이다. | | | | | | | |
| D. 신중함이 부족해서 후회한 적이 많다. | | | | | | | |

**4**

| 문항예시 | 응답 I | | | | | 응답 II | |
|---|---|---|---|---|---|---|---|
| | ① | ② | ③ | ④ | ⑤ | Most | Least |
| A. 모든 일을 여유 있게 대비하는 타입이다. | | | | | | | |
| B. 업무가 진행 중이라도 야근은 하지 않는다. | | | | | | | |
| C. 타인에게 방문하는 경우 상대방이 부재중인 때가 많다. | | | | | | | |
| D. 노력하는 과정이 중요하고 결과는 중요하지 않다. | | | | | | | |

**5**

| 문항예시 | 응답 I | | | | | 응답 II | |
|---|---|---|---|---|---|---|---|
| | ① | ② | ③ | ④ | ⑤ | Most | Least |
| A. 무리해서 행동하지 않는다. | | | | | | | |
| B. 유행에 민감한 편이다. | | | | | | | |
| C. 정해진 대로 움직이는 것이 안심이 된다. | | | | | | | |
| D. 현실을 직시하는 편이다. | | | | | | | |

**6**

| 문항예시 | 응답 I | | | | | 응답 II | |
|---|---|---|---|---|---|---|---|
| | ① | ② | ③ | ④ | ⑤ | Most | Least |
| A. 자유보다는 질서를 중요시 한다. | | | | | | | |
| B. 잡담하는 것을 좋아한다. | | | | | | | |
| C. 경험에 비추어 판단하는 편이다. | | | | | | | |
| D. 영화나 드라마는 각본의 완성도나 화면구성에 주목한다. | | | | | | | |

**7**

| 문항예시 | 응답 I | | | | | 응답 II | |
|---|---|---|---|---|---|---|---|
| | ① | ② | ③ | ④ | ⑤ | Most | Least |
| A. 타인의 일에는 별로 관심이 없다. | | | | | | | |
| B. 다른 사람의 소문에 관심이 많다. | | | | | | | |
| C. 실용적인 일을 할 때가 많다. | | | | | | | |
| D. 정이 많은 편이다. | | | | | | | |

**8**

| 문항예시 | 응답 I | | | | | 응답 II | |
|---|---|---|---|---|---|---|---|
| | ① | ② | ③ | ④ | ⑤ | Most | Least |
| A. 협동은 중요하다고 생각한다. | | | | | | | |
| B. 친구의 휴대폰 번호는 모두 외운다. | | | | | | | |
| C. 정해진 틀은 깨라고 있는 것이다. | | | | | | | |
| D. 이성적인 사람이고 싶다. | | | | | | | |

**9**

| 문항예시 | 응답 I | | | | | 응답 II | |
|---|---|---|---|---|---|---|---|
| | ① | ② | ③ | ④ | ⑤ | Most | Least |
| A. 환경은 변하지 않는 것이 좋다고 생각한다. | | | | | | | |
| B. 성격이 밝다. | | | | | | | |
| C. 반성하는 편이 아니다. | | | | | | | |
| D. 활동범위가 좁은 편이다. | | | | | | | |

**10**

| 문항예시 | 응답 I | | | | | 응답 II | |
|---|---|---|---|---|---|---|---|
| | ① | ② | ③ | ④ | ⑤ | Most | Least |
| A. 시원시원한 성격을 가진 사람이다. | | | | | | | |
| B. 좋다고 생각하면 바로 행동한다. | | | | | | | |
| C. 좋은 사람으로 기억되고 싶다. | | | | | | | |
| D. 한 번에 많은 일을 떠맡는 것은 골칫거리이다. | | | | | | | |

**11**

| 문항예시 | 응답 I | | | | | 응답 II | |
|---|---|---|---|---|---|---|---|
| | ① | ② | ③ | ④ | ⑤ | Most | Least |
| A. 사람과 만날 약속은 늘 즐겁다. | | | | | | | |
| B. 질문을 받으면 그때의 느낌으로 대답한다. | | | | | | | |
| C. 땀을 흘리는 것보다 머리를 쓰는 일이 좋다. | | | | | | | |
| D. 이미 결정된 것이라면 다시 생각하지 않는다. | | | | | | | |

**12**

| 문항예시 | 응답 I | | | | | 응답 II | |
|---|---|---|---|---|---|---|---|
| | ① | ② | ③ | ④ | ⑤ | Most | Least |
| A. 외출 시 문을 잠갔는지 몇 번씩 확인한다. | | | | | | | |
| B. 지위가 사람을 만든다고 생각한다. | | | | | | | |
| C. 안전책을 고르는 타입이다. | | | | | | | |
| D. 사교적인 사람이다. | | | | | | | |

**13**

| 문항예시 | 응답 I | | | | | 응답 II | |
|---|---|---|---|---|---|---|---|
| | ① | ② | ③ | ④ | ⑤ | Most | Least |
| A. 사람은 도리를 지키는 것이 당연하다고 생각한다. | | | | | | | |
| B. 착하다는 소릴 자주 듣는다. | | | | | | | |
| C. 단념을 하는 것노 중요하다고 생각한다. | | | | | | | |
| D. 누구도 예상치 못한 일을 하고 싶다. | | | | | | | |

**14**

| 문항예시 | 응답 I | | | | | 응답 II | |
|---|---|---|---|---|---|---|---|
| | ① | ② | ③ | ④ | ⑤ | Most | Least |
| A. 평범하고 평온하게 행복한 인생을 살고 싶다. | | | | | | | |
| B. 움직이는 일을 좋아하지 않는다. | | | | | | | |
| C. 소극적인 사람이라고 생각한다. | | | | | | | |
| D. 이것저것 평가하는 것이 싫다. | | | | | | | |

**15**

| 문항예시 | 응답 I | | | | | 응답 II | |
|---|---|---|---|---|---|---|---|
| | ① | ② | ③ | ④ | ⑤ | Most | Least |
| A. 성격이 급하다. | | | | | | | |
| B. 꾸준히 노력하는 것을 잘 못한다. | | | | | | | |
| C. 내일의 계획은 미리 세운다. | | | | | | | |
| D. 혼자 일을 하는 것이 편하다. | | | | | | | |

**16**

| 문항예시 | 응답 I | | | | | 응답 II | |
|---|---|---|---|---|---|---|---|
| | ① | ② | ③ | ④ | ⑤ | Most | Least |
| A. 열정적인 사람이라고 생각하지 않는다. | | | | | | | |
| B. 다른 사람 앞에서 이야기를 잘한다. | | | | | | | |
| C. 행동력이 강한 사람이다. | | | | | | | |
| D. 엉덩이가 무거운 편이다. | | | | | | | |

**17**

| 문항예시 | 응답 I | | | | | 응답 II | |
|---|---|---|---|---|---|---|---|
| | ① | ② | ③ | ④ | ⑤ | Most | Least |
| A. 특별히 구애받는 것이 없다. | | | | | | | |
| B. 돌다리는 두들겨 보고 건너는 편이다. | | | | | | | |
| C. 나에게는 권력욕이 없는 것 같다. | | | | | | | |
| D. 업무를 할당받으면 부담스럽다. | | | | | | | |

**18**

| 문항예시 | 응답 I | | | | | 응답 II | |
|---|---|---|---|---|---|---|---|
| | ① | ② | ③ | ④ | ⑤ | Most | Least |
| A. 보수적인 편이다. | | | | | | | |
| B. 계산적인 사람이다. | | | | | | | |
| C. 규칙을 잘 지키는 타입이다. | | | | | | | |
| D. 무기력함을 많이 느낀다. | | | | | | | |

**19**

| 문항예시 | 응답 I | | | | | 응답 II | |
|---|---|---|---|---|---|---|---|
| | ① | ② | ③ | ④ | ⑤ | Most | Least |
| A. 사람을 사귀는 범위가 넓다. | | | | | | | |
| B. 상식적인 판단을 할 수 있는 편이라고 생각한다. | | | | | | | |
| C. 너무 객관적이어서 실패한 적이 많다. | | | | | | | |
| D. 보수보다는 진보라고 생각한다. | | | | | | | |

**20**

| 문항예시 | 응답 I | | | | | 응답 II | |
|---|---|---|---|---|---|---|---|
| | ① | ② | ③ | ④ | ⑤ | Most | Least |
| A. 내가 좋아하는 사람은 주변사람들이 모두 안다. | | | | | | | |
| B. 가능성보다 현실을 중요시한다. | | | | | | | |
| C. 상대에게 꼭 필요한 선물을 잘 알고 있다. | | | | | | | |
| D. 여행은 계획을 세워서 추진하는 편이다. | | | | | | | |

## 21

| 문항예시 | 응답 I | | | | | 응답 II | |
|---|---|---|---|---|---|---|---|
| | ① | ② | ③ | ④ | ⑤ | Most | Least |
| A. 무슨 일이든 구체적으로 파고드는 편이다. | | | | | | | |
| B. 일을 할 때는 착실한 편이다. | | | | | | | |
| C. 괴로워하는 사람을 보면 우선 이유부터 묻는다. | | | | | | | |
| D. 가치 기준이 확고하다. | | | | | | | |

## 22

| 문항예시 | 응답 I | | | | | 응답 II | |
|---|---|---|---|---|---|---|---|
| | ① | ② | ③ | ④ | ⑤ | Most | Least |
| A. 밝고 개방적인 편이다. | | | | | | | |
| B. 현실직시를 잘 하는 편이다. | | | | | | | |
| C. 공평하고 공정한 상사를 만나고 싶다. | | | | | | | |
| D. 시시해도 계획적인 인생이 좋다. | | | | | | | |

## 23

| 문항예시 | 응답 I | | | | | 응답 II | |
|---|---|---|---|---|---|---|---|
| | ① | ② | ③ | ④ | ⑤ | Most | Least |
| A. 분석력이 뛰어나다. | | | | | | | |
| B. 논리적인 편이다. | | | | | | | |
| C. 사물에 대해 가볍게 생각하는 경향이 강하다. | | | | | | | |
| D. 계획을 세워도 지키지 못한 경우가 많다. | | | | | | | |

**24**

| 문항예시 | 응답 I | | | | | 응답 II | |
|---|---|---|---|---|---|---|---|
| | ① | ② | ③ | ④ | ⑤ | Most | Least |
| A. 생각했다고 해서 반드시 행동으로 옮기지 않는다. | | | | | | | |
| B. 목표 달성에 별로 구애받지 않는다. | | | | | | | |
| C. 경쟁하는 것을 즐기는 편이다. | | | | | | | |
| D. 정해진 친구만 만나는 편이다. | | | | | | | |

**25**

| 문항예시 | 응답 I | | | | | 응답 II | |
|---|---|---|---|---|---|---|---|
| | ① | ② | ③ | ④ | ⑤ | Most | Least |
| A. 활발한 성격이라는 소릴 자주 듣는다. | | | | | | | |
| B. 기회를 놓치는 경우가 많다. | | | | | | | |
| C. 학창시절 체육수업을 싫어했다. | | | | | | | |
| D. 과정보다 결과를 중요시한다. | | | | | | | |

**26**

| 문항예시 | 응답 I | | | | | 응답 II | |
|---|---|---|---|---|---|---|---|
| | ① | ② | ③ | ④ | ⑤ | Most | Least |
| A. 내 능력 밖의 일은 하고 싶지 않다. | | | | | | | |
| B. 새로운 사람을 만나는 것은 두렵다. | | | | | | | |
| C. 차분하고 사려가 깊은 편이다. | | | | | | | |
| D. 주변의 일에 나서는 편이다. | | | | | | | |

**27**

| 문항예시 | 응답 I | | | | | 응답 II | |
|---|---|---|---|---|---|---|---|
| | ① | ② | ③ | ④ | ⑤ | Most | Least |
| A. 글을 쓸 때에는 미리 구상을 하고 나서 쓴다. | | | | | | | |
| B. 여러 가지 일을 경험하고 싶다. | | | | | | | |
| C. 스트레스를 해소하기 위해 집에서 조용히 지낸다. | | | | | | | |
| D. 기한 내에 일을 마무리 짓지 못한 적이 많다. | | | | | | | |

**28**

| 문항예시 | 응답 I | | | | | 응답 II | |
|---|---|---|---|---|---|---|---|
| | ① | ② | ③ | ④ | ⑤ | Most | Least |
| A. 무리한 도전은 할 필요가 없다고 생각한다. | | | | | | | |
| B. 남의 앞에 나서는 것을 좋아하지 않는다. | | | | | | | |
| C. 납득이 안 되면 행동이 안 된다. | | | | | | | |
| D. 약속시간에 여유 있게 도착하는 편이다. | | | | | | | |

**29**

| 문항예시 | 응답 I | | | | | 응답 II | |
|---|---|---|---|---|---|---|---|
| | ① | ② | ③ | ④ | ⑤ | Most | Least |
| A. 매사 유연하게 대처하는 편이다. | | | | | | | |
| B. 휴일에는 집에 있는 것이 좋다. | | | | | | | |
| C. 위험을 무릅쓰고 까지 성공하고 싶지는 않다. | | | | | | | |
| D. 누군가가 도와주기를 하며 기다린 적이 많다. | | | | | | | |

**30**

| 문항예시 | 응답 I | | | | | 응답 II | |
|---|---|---|---|---|---|---|---|
| | ① | ② | ③ | ④ | ⑤ | Most | Least |
| A. 친구가 적은 편이다. | | | | | | | |
| B. 결론이 나도 여러 번 다시 생각하는 편이다. | | | | | | | |
| C. 미래가 걱정이 되어 잠을 설친 적이 있다. | | | | | | | |
| D. 같은 일을 반복하는 것은 지겹다. | | | | | | | |

**31**

| 문항예시 | 응답 I | | | | | 응답 II | |
|---|---|---|---|---|---|---|---|
| | ① | ② | ③ | ④ | ⑤ | Most | Least |
| A. 움직이지 않고 생각만 하는 것이 좋다. | | | | | | | |
| B. 하루종일 잠만 잘 수 있다. | | | | | | | |
| C. 오늘 하지 않아도 되는 일은 하지 않는다. | | | | | | | |
| D. 목숨을 걸 수 있는 친구가 있다. | | | | | | | |

**32**

| 문항예시 | 응답 I | | | | | 응답 II | |
|---|---|---|---|---|---|---|---|
| | ① | ② | ③ | ④ | ⑤ | Most | Least |
| A. 체험을 중요하게 생각한다. | | | | | | | |
| B. 도리를 지키는 사람이 좋다. | | | | | | | |
| C. 갑작스런 상황에 부딪혀도 유연하게 대처한다. | | | | | | | |
| D. 쉬는 날은 반드시 외출해야 한다. | | | | | | | |

## 33

| 문항예시 | 응답 I | | | | | 응답 II | |
|---|---|---|---|---|---|---|---|
| | ① | ② | ③ | ④ | ⑤ | Most | Least |
| A. 쇼핑을 좋아하는 편이다. | | | | | | | |
| B. 불필요한 물건을 마구 사드리는 편이다. | | | | | | | |
| C. 이성적인 사람을 보면 동경의 대상이 된다. | | | | | | | |
| D. 초면인 사람과는 대화를 잘 하지 못한다. | | | | | | | |

## 34

| 문항예시 | 응답 I | | | | | 응답 II | |
|---|---|---|---|---|---|---|---|
| | ① | ② | ③ | ④ | ⑤ | Most | Least |
| A. 재미있는 일을 추구하는 편이다. | | | | | | | |
| B. 어려움에 처한 사람을 보면 도와주어야 한다. | | | | | | | |
| C. 돈이 없으면 외출을 하지 않는다. | | | | | | | |
| D. 한 가지 일에 몰두하는 타입이다. | | | | | | | |

## 35

| 문항예시 | 응답 I | | | | | 응답 II | |
|---|---|---|---|---|---|---|---|
| | ① | ② | ③ | ④ | ⑤ | Most | Least |
| A. 손재주가 뛰어난 편이다. | | | | | | | |
| B. 규칙을 벗어나는 일은 하고 싶지 않다. | | | | | | | |
| C. 위험을 무릅쓰고 도전하고 싶은 일이 있다. | | | | | | | |
| D. 남의 주목을 받는 것을 즐긴다. | | | | | | | |

**36**

| 문항예시 | 응답 I | | | | | 응답 II | |
|---|---|---|---|---|---|---|---|
| | ① | ② | ③ | ④ | ⑤ | Most | Least |
| A. 조금이라도 나쁜 소식을 들으면 절망에 빠진다. | | | | | | | |
| B. 다수결의 의견에 따르는 편이다. | | | | | | | |
| C. 혼자 식당에서 밥을 먹는 일은 어렵지 않다. | | | | | | | |
| D. 하루하루 걱정이 늘어가는 타입이다. | | | | | | | |

**37**

| 문항예시 | 응답 I | | | | | 응답 II | |
|---|---|---|---|---|---|---|---|
| | ① | ② | ③ | ④ | ⑤ | Most | Least |
| A. 승부근성이 매우 강하다. | | | | | | | |
| B. 흥분을 자주하며 흥분하면 목소리가 커진다. | | | | | | | |
| C. 지금까지 한 번도 타인에게 폐를 끼친 적이 없다. | | | | | | | |
| D. 남의 험담을 해 본 적이 없다. | | | | | | | |

**38**

| 문항예시 | 응답 I | | | | | 응답 II | |
|---|---|---|---|---|---|---|---|
| | ① | ② | ③ | ④ | ⑤ | Most | Least |
| A. 남들이 내 험담을 할까봐 걱정된다. | | | | | | | |
| B. 내 자신을 책망하는 경우가 많다. | | | | | | | |
| C. 변덕스런 사람이라는 소릴 자주 듣는다. | | | | | | | |
| D. 자존심이 강한 편이다. | | | | | | | |

**39**

| 문항예시 | 응답 I | | | | | 응답 II | |
|---|---|---|---|---|---|---|---|
| | ① | ② | ③ | ④ | ⑤ | Most | Least |
| A. 고독을 즐기는 편이다. | | | | | | | |
| B. 착한 거짓말은 필요하다고 생각한다. | | | | | | | |
| C. 신경질적인 날이 많다. | | | | | | | |
| D. 고민이 생기면 혼자서 끙끙 앓는 편이다. | | | | | | | |

**40**

| 문항예시 | 응답 I | | | | | 응답 II | |
|---|---|---|---|---|---|---|---|
| | ① | ② | ③ | ④ | ⑤ | Most | Least |
| A. 나를 싫어하는 사람은 없다. | | | | | | | |
| B. 과감하게 행동하는 편이다. | | | | | | | |
| C. 쓸데없이 고생을 사서 할 필요는 없다. | | | | | | | |
| D. 기계를 잘 다루는 편이다. | | | | | | | |

**41**

| 문항예시 | 응답 I | | | | | 응답 II | |
|---|---|---|---|---|---|---|---|
| | ① | ② | ③ | ④ | ⑤ | Most | Least |
| A. 문제점을 해결하기 위해 많은 사람과 상의하는 편이다. | | | | | | | |
| B. 내 방식대로 일을 처리하는 편이다. | | | | | | | |
| C. 영화를 보면서 눈물을 흘린 적이 많다. | | | | | | | |
| D. 타인에게 화를 낸 적이 없다. | | | | | | | |

**42**

| 문항예시 | 응답 I | | | | | 응답 II | |
|---|---|---|---|---|---|---|---|
| | ① | ② | ③ | ④ | ⑤ | Most | Least |
| A. 타인의 사소한 충고에도 걱정을 많이 한다. | | | | | | | |
| B. 타인에게 도움이 안 되는 사람이라고 생각한다. | | | | | | | |
| C. 싫증을 잘 내는 편이다. | | | | | | | |
| D. 개성이 강하는 소릴 자주 듣는다. | | | | | | | |

**43**

| 문항예시 | 응답 I | | | | | 응답 II | |
|---|---|---|---|---|---|---|---|
| | ① | ② | ③ | ④ | ⑤ | Most | Least |
| A. 주장이 강한 편이다. | | | | | | | |
| B. 고집이 센 사람을 보면 짜증이 난다. | | | | | | | |
| C. 예의 없는 사람하고는 말을 섞지 않는다. | | | | | | | |
| D. 학창시절 결석을 한 적이 한 번도 없다. | | | | | | | |

**44**

| 문항예시 | 응답 I | | | | | 응답 II | |
|---|---|---|---|---|---|---|---|
| | ① | ② | ③ | ④ | ⑤ | Most | Least |
| A. 잘 안 되는 일도 될 때까지 계속 추진하는 편이다. | | | | | | | |
| B. 남에 대한 배려심이 강하다. | | | | | | | |
| C. 끈기가 약하다. | | | | | | | |
| D. 인생의 목표는 클수록 좋다고 생각한다. | | | | | | | |

**45**

| 문항예시 | 응답 I | | | | | 응답 II | |
|---|---|---|---|---|---|---|---|
| | ① | ② | ③ | ④ | ⑤ | Most | Least |
| A. 무슨 일이든 바로 시작하는 타입이다. | | | | | | | |
| B. 복잡한 문제가 발생하면 포기하는 편이다. | | | | | | | |
| C. 생각하고 행동하는 편이다. | | | | | | | |
| D. 야망이 있는 사람이라고 생각한다. | | | | | | | |

**46**

| 문항예시 | 응답 I | | | | | 응답 II | |
|---|---|---|---|---|---|---|---|
| | ① | ② | ③ | ④ | ⑤ | Most | Least |
| A. 비판적인 성향이 강하다. | | | | | | | |
| B. 감수성이 풍부한 편이다. | | | | | | | |
| C. 남을 비판할 때는 무섭게 비판한다. | | | | | | | |
| D. 하나의 취미에 열중하는 편이다. | | | | | | | |

**47**

| 문항예시 | 응답 I | | | | | 응답 II | |
|---|---|---|---|---|---|---|---|
| | ① | ② | ③ | ④ | ⑤ | Most | Least |
| A. 성격이 매우 급하다. | | | | | | | |
| B. 입신출세의 이야기를 좋아한다. | | | | | | | |
| C. 잘하는 스포츠가 하나 이상은 있다. | | | | | | | |
| D. 다룰 수 있는 악기가 하나 이상은 있다. | | | | | | | |

**48**

| 문항예시 | 응답 I | | | | | 응답 II | |
|---|---|---|---|---|---|---|---|
| | ① | ② | ③ | ④ | ⑤ | Most | Least |
| A. 흐린 날은 반드시 우산을 챙긴다. | | | | | | | |
| B. 즉흥적으로 결정하는 경우가 많다. | | | | | | | |
| C. 공격적인 타입이다. | | | | | | | |
| D. 남에게 리드를 받으면 기분이 상한다. | | | | | | | |

**49**

| 문항예시 | 응답 I | | | | | 응답 II | |
|---|---|---|---|---|---|---|---|
| | ① | ② | ③ | ④ | ⑤ | Most | Least |
| A. 누군가를 방문할 때는 사전에 반드시 확인을 한다. | | | | | | | |
| B. 노력해도 결과가 따르지 않으면 의미가 없다. | | | | | | | |
| C. 유행에 크게 신경을 쓰지 않는다. | | | | | | | |
| D. 질서보다는 자유를 중요시 한다. | | | | | | | |

**50**

| 문항예시 | 응답 I | | | | | 응답 II | |
|---|---|---|---|---|---|---|---|
| | ① | ② | ③ | ④ | ⑤ | Most | Least |
| A. 영화나 드라마를 보면 주인공의 감정에 이입된다. | | | | | | | |
| B. 가십거리를 좋아한다. | | | | | | | |
| C. 창조적인 일을 하고 싶다. | | | | | | | |
| D. 눈물이 많은 편이다. | | | | | | | |

**51**

| 문항예시 | 응답 I | | | | | 응답 II | |
|---|---|---|---|---|---|---|---|
| | ① | ② | ③ | ④ | ⑤ | Most | Least |
| A. 융통성이 없다는 소릴 듣는다. | | | | | | | |
| B. 정이 두터운 사람이 되고 싶다. | | | | | | | |
| C. 변화를 추구하는 타입이다. | | | | | | | |
| D. 사회는 인간관계가 중요하다고 생각한다. | | | | | | | |

**52**

| 문항예시 | 응답 I | | | | | 응답 II | |
|---|---|---|---|---|---|---|---|
| | ① | ② | ③ | ④ | ⑤ | Most | Least |
| A. 환경이 변하면 불안감이 커진다. | | | | | | | |
| B. 의사결정을 신속하게 하는 편이다. | | | | | | | |
| C. 의지박약이다. | | | | | | | |
| D. 사람을 설득하는 일은 별로 어렵지 않다. | | | | | | | |

**53**

| 문항예시 | 응답 I | | | | | 응답 II | |
|---|---|---|---|---|---|---|---|
| | ① | ② | ③ | ④ | ⑤ | Most | Least |
| A. 타인에게 어떻게 보일지 신경을 많이 쓴다. | | | | | | | |
| B. 타인과 언쟁을 할 때 그 사람의 약점을 잘 잡는다. | | | | | | | |
| C. 타인에게 의존하는 경향이 강하다. | | | | | | | |
| D. 내 의견에 간섭하는 것은 싫다. | | | | | | | |

**54**

| 문항예시 | 응답 I | | | | | 응답 II | |
|---|---|---|---|---|---|---|---|
| | ① | ② | ③ | ④ | ⑤ | Most | Least |
| A. 낙천적인 편이다. | | | | | | | |
| B. 시간 약속을 어기는 것을 매우 싫어한다. | | | | | | | |
| C. 상냥한 편이다. | | | | | | | |
| D. 유치한 사람이란 소릴 들은 적이 있다. | | | | | | | |

**55**

| 문항예시 | 응답 I | | | | | 응답 II | |
|---|---|---|---|---|---|---|---|
| | ① | ② | ③ | ④ | ⑤ | Most | Least |
| A. 잡담을 하는 것이 책을 읽는 것보다 낫다. | | | | | | | |
| B. 나는 영업직에 적합한 타입이라 생각한다. | | | | | | | |
| C. 술자리에서 술을 마시지 않아도 흥을 돋을 수 있다. | | | | | | | |
| D. 금새 무기력해지는 편이다. | | | | | | | |

**56**

| 문항예시 | 응답 I | | | | | 응답 II | |
|---|---|---|---|---|---|---|---|
| | ① | ② | ③ | ④ | ⑤ | Most | Least |
| A. 고분고분한 타입의 사람이 좋다. | | | | | | | |
| B. 독자적으로 행동하는 것을 즐긴다. | | | | | | | |
| C. 매사 적극적으로 행동하는 편이다. | | | | | | | |
| D. 감격을 잘한다. | | | | | | | |

## 57

| 문항예시 | 응답 I | | | | | 응답 II | |
|---|---|---|---|---|---|---|---|
| | ① | ② | ③ | ④ | ⑤ | Most | Least |
| A. 어떠한 일에도 불만을 가져본 적이 없다. | | | | | | | |
| B. 높은 이상을 추구한다. | | | | | | | |
| C. 후회를 자주하는 편이다. | | | | | | | |
| D. 나만의 세계를 가지고 있다. | | | | | | | |

## 58

| 문항예시 | 응답 I | | | | | 응답 II | |
|---|---|---|---|---|---|---|---|
| | ① | ② | ③ | ④ | ⑤ | Most | Least |
| A. 많은 사람들 앞에 서도 긴장하지 않는다. | | | | | | | |
| B. 무언가에 얽매이는 것이 싫다. | | | | | | | |
| C. 질문을 받으면 한참을 생각하고 대답하는 편이다. | | | | | | | |
| D. 여행은 즉흥적인 것이 좋다. | | | | | | | |

## 59

| 문항예시 | 응답 I | | | | | 응답 II | |
|---|---|---|---|---|---|---|---|
| | ① | ② | ③ | ④ | ⑤ | Most | Least |
| A. 모든 일에 일등이 되고 싶다. | | | | | | | |
| B. 목표를 이루기 위해 범죄라도 저지를 수 있다. | | | | | | | |
| C. 건강관리에 노력하는 편이다. | | | | | | | |
| D. 예상치 못한 행동으로 주위 사람들을 자주 놀라게 한다. | | | | | | | |

**60**

| 문항예시 | 응답 I | | | | | 응답 II | |
|---|---|---|---|---|---|---|---|
| | ① | ② | ③ | ④ | ⑤ | Most | Least |
| A. 파란만장한 삶을 살아 왔다. | | | | | | | |
| B. 다른 사람의 행동을 주의 깊게 관찰하는 편이다. | | | | | | | |
| C. 메모를 하는 습관이 있다. | | | | | | | |
| D. 예언을 믿는 편이다. | | | | | | | |

**61**

| 문항예시 | 응답 I | | | | | 응답 II | |
|---|---|---|---|---|---|---|---|
| | ① | ② | ③ | ④ | ⑤ | Most | Least |
| A. 좋고 싫음의 표현이 명확하다. | | | | | | | |
| B. 주도면밀한 모습을 가지고 있다. | | | | | | | |
| C. 마음만 담겨 있으면 어떤 선물이건 좋다. | | | | | | | |
| D. 당장 돈을 빌릴 친구가 5명 이상은 된다. | | | | | | | |

**62**

| 문항예시 | 응답 I | | | | | 응답 II | |
|---|---|---|---|---|---|---|---|
| | ① | ② | ③ | ④ | ⑤ | Most | Least |
| A. 가치기준이 자주 변한다. | | | | | | | |
| B. 기발한 아이디어를 많이 생각해 낸다. | | | | | | | |
| C. 욕심이 과도하게 많다. | | | | | | | |
| D. 생각 없이 함부로 말하는 편이다. | | | | | | | |

**63**

| 문항예시 | 응답 I | | | | | 응답 II | |
|---|---|---|---|---|---|---|---|
| | ① | ② | ③ | ④ | ⑤ | Most | Least |
| A. 정리가 되지 않은 방에 있으면 불안하다. | | | | | | | |
| B. 나는 충분히 신뢰할 수 있는 사람이다. | | | | | | | |
| C. 노래방에서 노래 부르는 것을 좋아한다. | | | | | | | |
| D. 나는 특별한 능력을 가지고 있다. | | | | | | | |

**64**

| 문항예시 | 응답 I | | | | | 응답 II | |
|---|---|---|---|---|---|---|---|
| | ① | ② | ③ | ④ | ⑤ | Most | Least |
| A. 책상 위나 서랍 속은 항상 정리되어 있다. | | | | | | | |
| B. 건성으로 대답한 적이 많다. | | | | | | | |
| C. 쉽게 화를 낸다는 소릴 듣는다. | | | | | | | |
| D. 초조하면 손을 떨고 심장박동이 빨라진다. | | | | | | | |

**65**

| 문항예시 | 응답 I | | | | | 응답 II | |
|---|---|---|---|---|---|---|---|
| | ① | ② | ③ | ④ | ⑤ | Most | Least |
| A. 언쟁을 하여 한 번도 진 적이 없다. | | | | | | | |
| B. 예술분야에 관심이 많은 편이다. | | | | | | | |
| C. 독자적인 것보다 협력하는 일을 좋아한다. | | | | | | | |
| D. 지금까지 매일매일 일기를 쓴다. | | | | | | | |

**66**

| 문항예시 | 응답 I | | | | | 응답 II | |
|---|---|---|---|---|---|---|---|
| | ① | ② | ③ | ④ | ⑤ | Most | Least |
| A. 타인을 재미있게 해주는 것을 즐긴다. | | | | | | | |
| B. 상황판단이 매우 빠른 편이다. | | | | | | | |
| C. 사후세계가 존재한다고 믿는다. | | | | | | | |
| D. 어떠한 일도 헤쳐 나갈 자신이 있다. | | | | | | | |

**67**

| 문항예시 | 응답 I | | | | | 응답 II | |
|---|---|---|---|---|---|---|---|
| | ① | ② | ③ | ④ | ⑤ | Most | Least |
| A. 모든 면에서 타인보다 뛰어난 사람이라고 생각한다. | | | | | | | |
| B. 강박증이 있는 것 같다. | | | | | | | |
| C. 새로운 환경에도 빠르게 적응하는 편이다. | | | | | | | |
| D. 규칙을 잘 지키는 편이다. | | | | | | | |

**68**

| 문항예시 | 응답 I | | | | | 응답 II | |
|---|---|---|---|---|---|---|---|
| | ① | ② | ③ | ④ | ⑤ | Most | Least |
| A. 말을 하는 것보다 듣는 편이다. | | | | | | | |
| B. 남을 먼저 배려하는 습관이 있다. | | | | | | | |
| C. 나만의 스트레스 해소법을 가지고 있다. | | | | | | | |
| D. 주변 사람들의 말에 절대 흔들리지 않는다. | | | | | | | |

PART

# 06

면접

CHAPTER

01

# 면접의 기본

## 1 면접준비

### (1) 면접의 기본 원칙

① **면접의 의미** … 면접이란 다양한 면접기법을 활용하여 지원한 직무에 필요한 능력을 지원자가 보유하고 있는지를 확인하는 절차라고 할 수 있다. 즉, 지원자의 입장에서는 채용 직무수행에 필요한 요건들과 관련하여 자신의 환경, 경험, 관심사, 성취 등에 대해 기업에 직접 어필할 수 있는 기회를 제공받는 것이며, 기업의 입장에서는 서류전형만으로 알 수 없는 지원자에 대한 정보를 직접적으로 수집하고 평가하는 것이다.

② **면접의 특징** … 면접은 기업의 입장에서 서류전형이나 필기전형에서 드러나지 않는 지원자의 능력이나 성향을 볼 수 있는 기회로, 면대면으로 이루어지며 즉흥적인 질문들이 포함될 수 있기 때문에 지원자가 완벽하게 준비하기 어려운 부분이 있다. 하지만 지원자 입장에서도 서류전형이나 필기전형에서 모두 보여주지 못한 자신의 능력 등을 기업의 인사담당자에게 어필할 수 있는 추가적인 기회가 될 수도 있다.

[서류·필기전형과 차별화되는 면접의 특징]

- 직무수행과 관련된 다양한 지원자 행동에 대한 관찰이 가능하다.
- 면접관이 알고자 하는 정보를 심층적으로 파악할 수 있다.
- 서류상의 미비한 사항과 의심스러운 부분을 확인할 수 있다.
- 커뮤니케이션 능력, 대인관계 능력 등 행동·언어적 정보도 얻을 수 있다.

③ 면접의 유형

　㉠ 구조화 면접 : 구조화 면접은 사전에 계획을 세워 질문의 내용과 방법, 지원자의 답변 유형에 따른 추가 질문과 그에 대한 평가 역량이 정해져 있는 면접 방식으로 표준화 면접이라고도 한다.

　• 표준화된 질문이나 평가요소가 면접 전 확정되며, 지원자는 편성된 조나 면접관에 영향을 받지 않고 동일한 질문과 시간을 부여받을 수 있다.

　• 조직 또는 직무별로 주요하게 도출된 역량을 기반으로 평가요소가 구성되어, 조직 또는 직무에서 필요한 역량을 가진 지원자를 선발할 수 있다.

　• 표준화된 형식을 사용하는 특성 때문에 비구조화 면접에 비해 신뢰성과 타당성, 객관성이 높다.

　㉡ 비구조화 면접 : 비구조화 면접은 면접 계획을 세울 때 면접 목적만을 명시하고 내용이나 방법은 면접관에게 전적으로 일임하는 방식으로 비표준화 면접이라고도 한다.

　• 표준화된 질문이나 평가요소 없이 면접이 진행되며, 편성된 조나 면접관에 따라 지원자에게 주어지는 질문이나 시간이 다르다.

　• 면접관의 주관적인 판단에 따라 평가가 이루어져 평가 오류가 빈번히 일어난다.

　• 상황 대처나 언변이 뛰어난 지원자에게 유리한 면접이 될 수 있다.

④ 경쟁력 있는 면접 요령

　㉠ 면접 전에 준비하고 유념할 사항

　• 예상 질문과 답변을 미리 작성한다.

　• 작성한 내용을 문장으로 외우지 않고 키워드로 기억한다.

　• 지원한 회사의 최근 기사를 검색하여 기억한다.

　• 지원한 회사가 속한 산업군의 최근 기사를 검색하여 기억한다.

　• 면접 전 1주일간 이슈가 되는 뉴스를 기억하고 자신의 생각을 반영하여 정리한다.

　• 찬반토론에 대비한 주제를 목록으로 정리하여 자신의 논리를 내세운 예상답변을 작성한다.

　㉡ 면접장에서 유념할 사항

　• 질문의 의도 파악 : 답변을 할 때에는 질문 의도를 파악하고 그에 충실한 답변이 될 수 있도록 질문사항을 유념해야 한다. 많은 지원자가 하는 실수 중 하나로 답변을 하는 도중 자기 말에 심취되어 질문의 의도와 다른 답변을 하거나 자신이 알고 있는 지식만을 나열하는 경우가 있는데, 이럴 경우 의사소통능력이 부족한 사람으로 인식될 수 있으므로 주의하도록 한다.

　• 답변은 두괄식 : 답변을 할 때에는 두괄식으로 결론을 먼저 말하고 그 이유를 설명하는 것이 좋다. 미괄식으로 답변을 할 경우 용두사미의 답변이 될 가능성이 높으며, 결론을 이끌어 내는 과정에서 논리성이 결여될 우려가 있다. 또한 면접관이 결론을 듣기 전에 말을 끊고 다른 질문을 추가하는 예상치 못한 상황이 발생될 수 있으므로 답변은 자신이 전달하고자 하는 바를 먼저 밝히고 그에 대한 설명을 하는 것이 좋다.

- 지원한 회사의 기업정신과 인재상을 기억 : 답변을 할 때에는 회사가 원하는 인재라는 인상을 심어 주기 위해 지원한 회사의 기업정신과 인재상 등을 염두에 두고 답변을 하는 것이 좋다. 모든 회사 에 해당되는 두루뭉술한 답변보다는 지원한 회사에 맞는 맞춤형 답변을 하는 것이 좋다.
- 나보다는 회사와 사회적 관점에서 답변 : 답변을 할 때에는 자기중심적인 관점을 피하고 좀 더 넓 은 시각으로 회사와 국가, 사회적 입장까지 고려하는 인재임을 어필하는 것이 좋다. 자기중심적 시각을 바탕으로 자신의 출세만을 위해 회사에 입사하려는 인상을 심어줄 경우 면접에서 불이익을 받을 가능성이 높다.
- 난처한 질문은 정직한 답변 : 난처한 질문에 답변을 해야 할 때에는 피하기보다는 정면 돌파로 정 직하고 솔직하게 답변하는 것이 좋다. 난처한 부분을 감추고 드러내지 않으려 회피하려는 지원자 의 모습은 인사담당자에게 입사 후에도 비슷한 상황에 처했을 때 회피할 수도 있다는 우려를 심어 줄 수 있다. 따라서 직장생활에 있어 중요한 덕목 중 하나인 정직을 바탕으로 솔직하게 답변을 하 도록 한다.

## (2) 면접의 종류 및 준비 전략

① 인성면접

    ㉠ 면접 방식 및 판단기준

- 면접 방식 : 인성면접은 면접관이 가지고 있는 개인적 면접 노하우나 관심사에 의해 질문을 실시한 다. 주로 입사지원서나 자기소개서의 내용을 토대로 지원동기, 과거의 경험, 미래 포부 등을 이야 기하도록 하는 방식이다.
- 판단기준 : 면접관의 개인적 가치관과 경험, 해당 역량의 수준, 경험의 구체성 · 진실성 등

    ㉡ 특징 : 인성면접은 그 방식으로 인해 역량과 무관한 질문들이 많고 지원자에게 주어지는 면접질문, 시간 등이 다를 수 있다. 또한 입사지원서나 자기소개서의 내용을 토대로 하기 때문에 지원자별 질문이 달라질 수 있다.

ⓒ 예시 문항 및 준비전략

• 예시 문항

> • 3분 동안 자기소개를 해 보십시오.
> • 자신의 장점과 단점을 말해 보십시오.
> • 학점이 좋지 않은데 그 이유가 무엇입니까?
> • 최근에 인상 깊게 읽은 책은 무엇입니까?
> • 회사를 선택할 때 중요시하는 것은 무엇입니까?
> • 일과 개인생활 중 어느 쪽을 중시합니까?
> • 10년 후 자신은 어떤 모습일 것이라고 생각합니까?
> • 휴학 기간 동안에는 무엇을 했습니까?

• 준비전략 : 인성면접은 입사지원서나 자기소개서의 내용을 바탕으로 하는 경우가 많으므로 자신이 작성한 입사지원서와 자기소개서의 내용을 충분히 숙지하도록 한다. 또한 최근 사회적으로 이슈가 되고 있는 뉴스에 대한 견해를 묻거나 시사상식 등에 대한 질문을 받을 수 있으므로 이에 대한 대비도 필요하다. 자칫 부담스러워 보이지 않는 질문으로 가볍게 대답하지 않도록 주의하고 모든 질문에 입사 의지를 담아 성실하게 답변하는 것이 중요하다.

② 발표면접

㉠ 면접 방식 및 판단기준

• 면접 방식 : 지원자가 특정 주제와 관련된 자료를 검토하고 그에 대한 자신의 생각을 면접관 앞에서 주어진 시간 동안 발표하고 추가 질의를 받는 방식으로 진행된다.

• 판단기준 : 지원자의 사고력, 논리력, 문제해결력 등

㉡ 특징 : 발표면접은 지원자에게 과제를 부여한 후, 과제를 수행하는 과정과 결과를 관찰·평가한다. 따라서 과제수행 결과뿐 아니라 수행과정에서의 행동을 모두 평가할 수 있다.

ⓒ 예시 문항 및 준비전략

• 예시 문항

---

[신입사원 조기 이직 문제]

※ 지원자는 아래에 제시된 자료를 검토한 뒤, 신입사원 조기 이직의 원인을 크게 3가지로 정리하고 이에 대한 구체적인 개선안을 도출하여 발표해 주시기 바랍니다.

※ 본 과제에 정해진 정답은 없으나 논리적 근거를 들어 개선안을 작성해 주십시오.

---

• A기업은 동종업계 유사기업들과 비교해 볼 때, 비교적 높은 재무안정성을 유지하고 있으며 업무강도가 그리 높지 않은 것으로 외부에 알려져 있음.
• 최근 조사결과, 동종업계 유사기업들과 연봉을 비교해 보았을 때 연봉 수준도 그리 나쁘지 않은 편이라는 것이 확인되었음.
• 그러나 지난 3년간 1~2년차 직원들의 이직률이 계속해서 증가하고 있는 추세이며, 경영진 회의에서 최우선 해결과제 중 하나로 거론되었음.
• 이에 따라 인사팀에서 현재 1~2년차 사원들을 대상으로 개선되어야 하는 A기업의 조직문화에 대한 설문조사를 실시한 결과, '상명하복식의 의사소통'이 36.7%로 1위를 차지했음.
• 이러한 설문조사와 함께, 신입사원 조기 이직에 대한 원인을 분석한 결과 파랑새 증후군, 셀프홀릭 증후군, 피터팬 증후군 등 3가지로 분류할 수 있었음.

〈동종업계 유사기업들과의 연봉 비교〉　〈우리 회사 조직문화 중 개선되었으면 하는 것〉

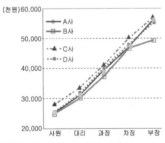
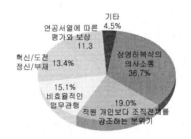

〈신입사원 조기 이직의 원인〉
• 파랑새 증후군
－현재의 직장보다 더 좋은 직장이 있을 것이라는 막연한 기대감으로 끊임없이 새로운 직장을 탐색함.
－학력 수준과 맞지 않는 '하향지원', 전공과 적성을 고려하지 않고 일단 취업하고 보자는 '묻지마 지원'이 파랑새 증후군을 초래함.
• 셀프홀릭 증후군
－본인의 역량에 비해 가치가 낮은 일을 주로 하면서 갈등을 느낌.
• 피터팬 증후군
－기성세대의 문화를 무조건 수용하기보다는 자유로움과 변화를 추구함.
－상명하복, 엄격한 규율 등 기성세대가 당연시하는 관행에 거부감을 가지며 직장에 답답함을 느낌.

---

- 준비전략 : 발표면접의 시작은 과제 안내문과 과제 상황, 과제 자료 등을 정확하게 이해하는 것에서 출발한다. 과제 안내문을 침착하게 읽고 제시된 주제 및 문제와 관련된 상황의 맥락을 파악한 후 과제를 검토한다. 제시된 기사나 그래프 등을 충분히 활용하여 주어진 문제를 해결할 수 있는 해결책이나 대안을 제시하며, 발표를 할 때에는 명확하고 자신 있는 태도로 전달할 수 있도록 한다.

③ 토론면접

  ㉠ 면접 방식 및 판단기준
  - 면접 방식 : 상호갈등적 요소를 가진 과제 또는 공통의 과제를 해결하는 내용의 토론 과제를 제시하고, 그 과정에서 개인 간의 상호작용 행동을 관찰하는 방식으로 면접이 진행된다.
  - 판단기준 : 팀워크, 적극성, 갈등 조정, 의사소통능력, 문제해결능력 등

  ㉡ 특징 : 토론을 통해 도출해 낸 최종안의 타당성도 중요하지만, 결론을 도출해 내는 과정에서의 의사소통능력이나 갈등상황에서 의견을 조정하는 능력 등이 중요하게 평가되는 특징이 있다.

  ㉢ 예시 문항 및 준비전략
  - 예시 문항

    - 담뱃값 인상에 대한 찬반토론
    - 비정규직 철폐에 대한 찬반토론
    - 대학의 영어 강의 확대 찬반토론

  - 준비전략 : 토론면접은 무엇보다 팀워크와 적극성이 강조된다. 따라서 토론과정에 적극적으로 참여하며 자신의 의사를 분명하게 전달하며, 갈등상황에서 자신의 의견만 내세울 것이 아니라 다른 지원자의 의견을 경청하고 배려하는 모습도 중요하다. 갈등상황을 일목요연하게 정리하여 조정하는 등의 의사소통능력을 발휘하는 것도 좋은 전략이 될 수 있다.

④ 상황면접

  ㉠ 면접 방식 및 판단기준
  - 면접 방식 : 상황면접은 직무 수행 시 접할 수 있는 상황들을 제시하고, 그러한 상황에서 어떻게 행동할 것인지를 이야기하는 방식으로 진행된다.
  - 판단기준 : 해당 상황에 적절한 역량의 구현과 구체적 행동지표

ⓒ 특징 : 실제 직무 수행 시 접할 수 있는 상황들을 제시하므로 입사 이후 지원자의 업무수행능력을 평가하는 데 적절한 면접 방식이다. 또한 지원자의 가치관, 태도, 사고방식 등의 요소를 통합적으로 평가하는 데 용이하다.

ⓒ 예시 문항 및 준비전략

• 예시 문항

> 당신은 생산관리팀의 팀원으로, 생산팀이 기한에 맞춰 효율적으로 제품을 생산할 수 있도록 관리하는 역할을 맡고 있습니다. 3개월 뒤에 제품A를 정상적으로 출시하기 위해 생산팀의 생산 계획을 수립한 상황입니다. 그러나 원가가 곧 실적으로 이어지는 구매팀에서는 최대한 원가를 줄여 전반적 단가를 낮추려고 원가절감을 위한 제안을 하였으나, 연구개발팀에서는 구매팀이 제안한 방식으로 제품을 생산할 경우 대부분이 구매팀의 실적으로 산정될 것이므로 제대로 확인도 해보지 않은 채 적합하지 않은 방식이라고 판단하고 있습니다. 당신은 어떻게 하겠습니까?

• 준비전략 : 상황면접은 먼저 주어진 상황에서 핵심이 되는 문제가 무엇인지를 파악하는 것에서 시작한다. 주질문과 세부질문을 통하여 질문의 의도를 파악하였다면, 그에 대한 구체적인 행동이나 생각 등에 대해 응답할수록 높은 점수를 얻을 수 있다.

⑤ 역할면접

㉠ 면접 방식 및 판단기준

• 면접 방식 : 역할면접 또는 역할연기 면접은 기업 내 발생 가능한 상황에서 부딪히게 되는 문제와 역할을 가상적으로 설정하여 특정 역할을 맡은 사람과 상호작용하고 문제를 해결해 나가도록 하는 방식으로 진행된다. 역할연기 면접에서는 면접관이 직접 역할연기를 하면서 지원자를 관찰하기도 하지만, 역할연기 수행만 전문적으로 하는 사람을 투입할 수도 있다.

• 판단기준 : 대처능력, 대인관계능력, 의사소통능력 등

㉡ 특징 : 역할면접은 실제 상황과 유사한 가상 상황에서의 행동을 관찰함으로서 지원자의 성격이나 대처 행동 등을 관찰할 수 있다.

㉢ 예시 문항 및 준비전략

• 예시 문항

> [금융권 역할면접의 예]
> 당신은 ○○은행의 신입 텔러이다. 사람이 많은 월말 오전 한 할아버지(면접관 또는 역할담당자)께서 ○○은행을 사칭한 보이스피싱으로 500만 원을 피해 보았다며 소란을 일으키고 있다. 실제 업무상황이라고 생각하고 상황에 대처해 보시오.

• 준비전략 : 역할연기 면접에서 측정하는 역량은 주로 갈등의 원인이 되는 문제를 해결 하고 제시된 해결방안을 상대방에게 설득하는 것이다. 따라서 갈등해결, 문제해결, 조정·통합, 설득력과 같은 역량이 중요시된다. 또한 갈등을 해결하기 위해서 상대방에 대한 이해도 필수적인 요소이므로 고객지향을 염두에 두고 상황에 맞게 대처해야 한다.

역할면접에서는 변별력을 높이기 위해 면접관이 압박적인 분위기를 조성하는 경우가 많기 때문에 스트레스 상황에서 불안해하지 않고 유연하게 대처할 수 있도록 시간과 노력을 들여 충분히 연습하는 것이 좋다.

## 2  면접 이미지 메이킹

### (1) 성공적인 이미지 메이킹 포인트

① 복장 및 스타일

  ㉠ 남성

- 양복 : 양복은 단색으로 하며 넥타이나 셔츠로 포인트를 주는 것이 효과적이다. 짙은 회색이나 감청색이 가장 단정하고 품위 있는 인상을 준다.
- 셔츠 : 흰색이 가장 선호되나 자신의 피부색에 맞추는 것이 좋다. 푸른색이나 베이지색은 산뜻한 느낌을 줄 수 있다. 양복과의 배색도 고려하도록 한다.
- 넥타이 : 의상에 포인트를 줄 수 있는 아이템이지만 너무 화려한 것은 피한다. 지원자의 피부색은 물론, 정장과 셔츠의 색을 고려하며, 체격에 따라 넥타이 폭을 조절하는 것이 좋다.
- 구두 & 양말 : 구두는 검정색이나 짙은 갈색이 어느 양복에나 무난하게 어울리며 깔끔하게 닦아 준비한다. 양말은 정장과 동일한 색상이나 검정색을 착용한다.
- 헤어스타일 : 머리스타일은 단정한 느낌을 주는 짧은 헤어스타일이 좋으며 앞머리가 있다면 이마나 눈썹을 가리지 않는 선에서 정리하는 것이 좋다.

ⓛ 여성

- 의상 : 단정한 스커트 투피스 정장이나 슬랙스 슈트가 무난하다. 블랙이나 그레이, 네이비, 브라운 등 차분해 보이는 색상을 선택하는 것이 좋다.
- 소품 : 구두, 핸드백 등은 같은 계열로 코디하는 것이 좋으며 구두는 너무 화려한 디자인이나 굽이 높은 것을 피한다. 스타킹은 의상과 구두에 맞춰 단정한 것으로 선택한다.
- 액세서리 : 액세서리는 너무 크거나 화려한 것은 좋지 않으며 과하게 많이 하는 것도 좋은 인상을 주지 못한다. 착용하지 않거나 작고 깔끔한 디자인으로 포인트를 주는 정도가 적당하다.
- 메이크업 : 화장은 자연스럽고 밝은 이미지를 표현하는 것이 좋으며 진한 색조는 인상이 강해 보일 수 있으므로 피한다.
- 헤어스타일 : 커트나 단발처럼 짧은 머리는 활동적이면서도 단정한 이미지를 줄 수 있도록 정리한다. 긴 머리의 경우 하나로 묶거나 단정한 머리망으로 정리하는 것이 좋으며, 짙은 염색이나 화려한 웨이브는 피한다.

② 인사

　ⓐ 인사의 의미 : 인사는 예의범절의 기본이며 상대방의 마음을 여는 기본적인 행동이라고 할 수 있다. 인사는 처음 만나는 면접관에게 호감을 살 수 있는 가장 쉬운 방법이 될 수 있기도 하지만 제대로 예의를 지키지 않으면 지원자의 인성 전반에 대한 평가로 이어질 수 있으므로 각별히 주의해야 한다.

　ⓑ 인사의 핵심 포인트

- 인사말 : 인사말을 할 때에는 밝고 친근감 있는 목소리로 하며, 자신의 이름과 수험번호 등을 간략하게 소개한다.
- 시선 : 인사는 상대방의 눈을 보며 하는 것이 중요하며 너무 빤히 쳐다본다는 느낌이 들지 않도록 주의한다.
- 표정 : 인사는 마음에서 우러나오는 존경이나 반가움을 표현하고 예의를 차리는 것이므로 살짝 미소를 지으며 하는 것이 좋다.
- 자세 : 인사를 할 때에는 가볍게 목만 숙인다거나 흐트러진 상태에서 인사를 하지 않도록 주의하며 절도 있고 확실하게 하는 것이 좋다.

③ 시선처리와 표정, 목소리

　㉠ **시선처리와 표정** : 표정은 면접에서 지원자의 첫인상을 결정하는 중요한 요소이다. 얼굴표정은 사람의 감정을 가장 잘 표현할 수 있는 의사소통 도구로 표정 하나로 상대방에게 호감을 주거나, 비호감을 사기도 한다. 호감이 가는 인상의 특징은 부드러운 눈썹, 자연스러운 미간, 적당히 볼록한 광대, 올라간 입 꼬리 등으로 가볍게 미소를 지을 때의 표정과 일치한다. 따라서 면접 중에는 밝은 표정으로 미소를 지어 호감을 형성할 수 있도록 한다. 시선은 면접관과 고르게 맞추되 생기 있는 눈빛을 띄도록 하며, 너무 빤히 쳐다본다는 인상을 주지 않도록 한다.

　㉡ **목소리** : 면접은 주로 면접관과 지원자의 대화로 이루어지므로 목소리가 미치는 영향이 상당하다. 답변을 할 때에는 부드러우면서도 활기차고 생동감 있는 목소리로 하는 것이 면접관에게 호감을 줄 수 있으며 적당한 제스처가 더해진다면 상승효과를 얻을 수 있다. 그러나 적절한 답변을 하였음에도 불구하고 콧소리나 날카로운 목소리, 자신감 없는 작은 목소리는 답변의 신뢰성을 떨어뜨릴 수 있으므로 주의하도록 한다.

④ 자세

　㉠ 걷는 자세
- 면접장에 입실할 때에는 상체를 곧게 유지하고 발끝은 평행이 되게 하며 무릎을 스치듯 11자로 걷는다.
- 시선은 정면을 향하고 턱은 가볍게 당기며 어깨나 엉덩이가 흔들리지 않도록 주의한다.
- 발바닥 전체가 닿는 느낌으로 안정감 있게 걸으며 발소리가 나지 않도록 주의한다.
- 보폭은 어깨넓이만큼이 적당하지만, 스커트를 착용했을 경우 보폭을 줄인다.
- 걸을 때도 미소를 유지한다.

　㉡ 서있는 자세
- 몸 전체를 곧게 펴고 가슴을 자연스럽게 내민 후 등과 어깨에 힘을 주지 않는다.
- 정면을 바라본 상태에서 턱을 약간 당기고 아랫배에 힘을 주어 당기며 바르게 선다.
- 양 무릎과 발뒤꿈치는 붙이고 발끝은 11자 또는 V형을 취한다.
- 남성의 경우 팔을 자연스럽게 내리고 양손을 가볍게 쥐어 바지 옆선에 붙이고, 여성의 경우 공수 자세를 유지한다.

ⓒ 앉은 자세

• 남성

> • 의자 깊숙이 앉고 등받이와 등 사이에 주먹 1개 정도의 간격을 두며 기대듯 앉지 않도록 주의한다.
> (남녀 공통 사항)
> • 무릎 사이에 주먹 2개 정도의 간격을 유지하고 발끝은 11자를 취한다.
> • 시선은 정면을 바라보며 턱은 가볍게 당기고 미소를 짓는다. (남녀 공통 사항)
> • 양손은 가볍게 주먹을 쥐고 무릎 위에 올려놓는다.
> • 앉고 일어날 때에는 자세가 흐트러지지 않도록 주의한다. (남녀 공통 사항)

• 여성

> • 스커트를 입었을 경우 왼손으로 뒤쪽 스커트 자락을 누르고 오른손으로 앞쪽 자락을 누르며 의자에 앉는다.
> • 무릎은 붙이고 발끝을 가지런히 한다.
> • 양손을 모아 무릎 위에 모아 놓으며 스커트를 입었을 경우 스커트 위를 가볍게 누르듯이 올려놓는다.

## (2) 면접 예절

① 행동 관련 예절

ⓐ **지각은 절대금물** : 시간을 지키는 것은 예절의 기본이다. 지각을 할 경우 면접에 응시할 수 없거나, 면접 기회가 주어지더라도 불이익을 받을 가능성이 높아진다. 따라서 면접장소가 결정되면 교통편과 소요시간을 확인하고 가능하다면 사전에 미리 방문해 보는 것도 좋다. 면접 당일에는 서둘러 출발하여 면접 시간 20~30분 전에 도착하여 회사를 둘러보고 환경에 익숙해지는 것도 성공적인 면접을 위한 요령이 될 수 있다.

ⓑ **면접 대기 시간** : 지원자들은 대부분 면접장에서의 행동과 답변 등으로만 평가를 받는다고 생각하지만 그렇지 않다. 면접관이 아닌 면접진행자 역시 대부분 인사실무자이며 면접관이 면접 후 지원자에 대한 평가에 있어 확신을 위해 면접진행자의 의견을 구한다면 면접진행자의 의견이 당락에 영향을 줄 수 있다. 따라서 면접 대기 시간에도 행동과 말을 조심해야 하며, 면접을 마치고 돌아가는 순간까지도 긴장을 늦춰서는 안 된다. 면접 중 압박적인 질문에 답변을 잘 했지만, 면접장을 나와 흐트러진 모습을 보이거나 욕설을 한다면 면접 탈락의 요인이 될 수 있으므로 주의해야 한다.

ⓒ 입실 후 태도 : 본인의 차례가 되어 호명되면 또렷하게 대답하고 들어간다. 만약 면접장 문이 닫혀 있다면 상대에게 소리가 들릴 수 있을 정도로 노크를 두세 번 한 후 대답을 듣고 나서 들어가야 한다. 문을 여닫을 때에는 소리가 나지 않게 조용히 하며 공손한 자세로 인사한 후 성명과 수험번 호를 말하고 면접관의 지시에 따라 자리에 앉는다. 이 경우 착석하라는 말이 없는데 먼저 의자에 앉으면 무례한 사람으로 보일 수 있으므로 주의한다. 의자에 앉을 때에는 끝에 앉지 말고 무릎 위 에 양손을 가지런히 얹는 것이 예절이라고 할 수 있다.

ⓐ 옷매무새를 자주 고치지 마라. : 일부 지원자의 경우 옷매무새 또는 헤어스타일을 자주 고치거나 확 인하기도 하는데 이러한 모습은 과도하게 긴장한 것 같아 보이거나 면접에 집중하지 못하는 것으 로 보일 수 있다. 남성 지원자의 경우 넥타이를 자꾸 고쳐 맨다거나 정장 상의 끝을 너무 자주 만 지작거리지 않는다. 여성 지원자는 머리를 계속 쓸어 올리지 않고, 특히 짧은 치마를 입고서 신경 이 쓰여 치마를 끌어 내리는 행동은 좋지 않다.

ⓜ 다리를 떨거나 산만한 시선은 면접 탈락의 지름길 : 자신도 모르게 다리를 떨거나 손가락을 만지는 등의 행동을 하는 지원자가 있는데, 이는 면접관의 주의를 끌 뿐만 아니라 불안하고 산만한 사람 이라는 느낌을 주게 된다. 따라서 가능한 한 바른 자세로 앉아 있는 것이 좋다. 또한 면접관과 시 선을 맞추지 못하고 여기저기 둘러보는 듯한 산만한 시선은 지원자가 거짓말을 하고 있다고 여겨 지거나 신뢰할 수 없는 사람이라고 생각될 수 있다.

② 답변 관련 예절

㉠ 면접관이나 다른 지원자와 가치 논쟁을 하지 않는다. : 질문을 받고 답변하는 과정에서 면접관 또는 다른 지원자의 의견과 다른 의견이 있을 수 있다. 특히 평소 지원자가 관심이 많은 문제이거나 잘 알고 있는 문제인 경우 자신과 다른 의견에 대해 이의가 있을 수 있다. 하지만 주의할 것은 면접 에서 면접관이나 다른 지원자와 가치 논쟁을 할 필요는 없다는 것이며 오히려 불이익을 당할 수 도 있다. 정답이 정해져 있지 않은 경우에는 가치관이나 성장배경에 따라 문제를 받아들이는 태도 에서 답변까지 충분히 차이가 있을 수 있으므로 굳이 면접관이나 다른 지원자의 가치관을 지적하 고 고치려 드는 것은 좋지 않다.

㉡ 답변은 항상 정직해야 한다. : 면접이라는 것이 아무리 지원자의 장점을 부각시키고 단점을 축소시 키는 것이라고 해도 절대로 거짓말을 해서는 안 된다. 거짓말을 하게 되면 지원자는 불안하거나 꺼림칙한 마음이 들게 되어 면접에 집중을 하지 못하게 되고 수많은 지원자를 상대하는 면접관은 그것을 놓치지 않는다. 거짓말은 그 지원자에 대한 신뢰성을 떨어뜨리며 이로 인해 다른 스펙이 아무리 훌륭하다고 해도 채용에서 탈락하게 될 수 있음을 명심하도록 한다.

ⓒ 경력직을 경우 전 직장에 대해 험담하지 않는다. : 지원자가 전 직장에서 무슨 업무를 담당했고 어떤 성과를 올렸는지는 면접관이 관심을 둘 사항일 수 있지만, 이전 직장의 기업문화나 상사들이 어땠는지는 그다지 궁금해 하는 사항이 아니다. 전 직장에 대해 험담을 늘어놓는다든가, 동료와 상사에 대한 악담을 하게 된다면 오히려 지원자에 대한 부정적인 이미지만 심어줄 수 있다. 만약 전 직장에 대한 말을 해야 할 경우가 생긴다면 가능한 한 객관적으로 이야기하는 것이 좋다.

ⓔ 자기 자신이나 배경에 대해 자랑하지 않는다. : 자신의 성취나 부모 형제 등 집안사람들이 사회 · 경제적으로 어떠한 위치에 있는지에 대한 자랑은 면접관으로 하여금 지원자에 대해 오만한 사람이거나 배경에 의존하려는 나약한 사람이라는 이미지를 갖게 할 수 있다. 따라서 자기 자신이나 배경에 대해 자랑하지 않도록 하고, 자신이 한 일에 대해서 너무 자세하게 얘기하지 않도록 주의해야 한다.

## 3 면접 질문 및 답변 포인트

### (1) 가족 및 대인관계에 관한 질문

① 당신의 가정은 어떤 가정입니까?

면접관들은 지원자의 가정환경과 성장과정을 통해 지원자의 성향을 알고 싶어 이와 같은 질문을 한다. 비록 가정 일과 사회의 일이 완전히 일치하는 것은 아니지만 '가화만사성'이라는 말이 있듯이 가정이 화목해야 사회에서도 화목하게 지낼 수 있기 때문이다. 그러므로 답변 시에는 가족사항을 정확하게 설명하고 집안의 분위기와 특징에 대해 이야기하는 것이 좋다.

② 친구 관계에 대해 말해 보십시오.

지원자의 인간성을 판단하는 질문으로 교우관계를 통해 답변자의 성격과 대인관계능력을 파악할 수 있다. 새로운 환경에 적응을 잘하여 새로운 친구들이 많은 것도 좋지만, 깊고 오래 지속되어온 인간관계를 말하는 것이 더욱 바람직하다.

## (2) 성격 및 가치관에 관한 질문

① 당신의 PR포인트를 말해 주십시오.

PR포인트를 말할 때에는 지나치게 겸손한 태도는 좋지 않으며 적극적으로 자기를 주장하는 것이 좋다. 앞으로 입사 후 하게 될 업무와 관련된 자기의 특성을 구체적인 일화를 더하여 이야기하도록 한다.

② 당신의 장·단점을 말해 보십시오.

지원자의 구체적인 장·단점을 알고자 하기 보다는 지원자가 자기 자신에 대해 얼마나 알고 있으며 어느 정도의 객관적인 분석을 하고 있나, 그리고 개선의 노력 등을 시도하는지를 파악하고자 하는 것이다. 따라서 장점을 말할 때는 업무와 관련된 장점을 뒷받침할 수 있는 근거와 함께 제시하며, 단점을 이야기할 때에는 극복을 위한 노력을 반드시 포함해야 한다.

③ 가장 존경하는 사람은 누구입니까?

존경하는 사람을 말하기 위해서는 우선 그 인물에 대해 알아야 한다. 잘 모르는 인물에 대해 존경한다고 말하는 것은 면접관에게 바로 지적당할 수 있으므로, 추상적이라도 좋으니 평소에 존경스럽다고 생각했던 사람에 대해 그 사람의 어떤 점이 좋고 존경스러운지 대답하도록 한다. 또한 자신에게 어떤 영향을 미쳤는지도 언급하면 좋다.

## (3) 학교생활에 관한 질문

① 지금까지의 학교생활 중 가장 기억에 남는 일은 무엇입니까?

가급적 직장생활에 도움이 되는 경험을 이야기하는 것이 좋다. 또한 경험만을 간단하게 말하지 말고 그 경험을 통해서 얻을 수 있었던 교훈 등을 예시와 함께 이야기하는 것이 좋으나 너무 상투적인 답변이 되지 않도록 주의해야 한다.

② 성적은 좋은 편이었습니까?

면접관은 이미 서류심사를 통해 지원자의 성적을 알고 있다. 그럼에도 불구하고 이 질문을 하는 것은 지원자가 성적에 대해서 어떻게 인식하느냐를 알고자 하는 것이다. 성적이 나빴던 이유에 대해서 변명하려 하지 말고 담백하게 받아드리고 그것에 대한 개선노력을 했음을 밝히는 것이 적절하다.

## (4) 지원동기 및 직업의식에 관한 질문

① 왜 우리 회사를 지원했습니까?

이 질문은 어느 회사나 가장 먼저 물어보고 싶은 것으로 지원자들은 기업의 이념, 대표의 경영능력, 재무구조, 복리후생 등 외적인 부분을 설명하는 경우가 많다. 이러한 답변도 적절하지만 지원 회사의 주력 상품에 관한 소비자의 인지도, 경쟁사 제품과의 시장점유율을 비교하면서 입사동기를 설명한다면 상당히 주목 받을 수 있을 것이다.

② 만약 이번 채용에 불합격하면 어떻게 하겠습니까?

불합격할 것을 가정하고 회사에 응시하는 지원자는 거의 없을 것이다. 이는 지원자를 궁지로 몰아넣고 어떻게 대응하는지를 살펴보며 입사 의지를 알아보려고 하는 것이다. 이 질문은 너무 깊이 들어가지 말고 침착하게 답변하는 것이 좋다.

③ 당신이 생각하는 바람직한 사원상은 무엇입니까?

직장인으로서 또는 조직의 일원으로서의 자세를 묻는 질문으로 지원하는 회사에서 어떤 인재상을 요구하는 가를 알아두는 것이 좋으며, 평소에 자신의 생각을 미리 정리해 두어 당황하지 않도록 한다.

④ 직무상의 적성과 보수의 많음 중 어느 것을 택하겠습니까?

이런 질문에서 회사 측에서 원하는 답변은 당연히 직무상의 적성에 비중을 둔다는 것이다. 그러나 적성만을 너무 강조하다 보면 오히려 솔직하지 못하다는 인상을 줄 수 있으므로 어느 한 쪽을 너무 강조하거나 경시하는 태도는 바람직하지 못하다.

⑤ 상사와 의견이 다를 때 어떻게 하겠습니까?

과거와 다르게 최근에는 상사의 명령에 무조건 따르겠다는 수동적인 자세는 바람직하지 않다. 회사에서는 때에 따라 자신이 판단하고 행동할 수 있는 직원을 원하기 때문이다. 그러나 지나치게 자신의 의견만을 고집한다면 이는 팀원 간의 불화를 야기할 수 있으며 팀 체제에 악영향을 미칠 수 있으므로 선호하지 않는다는 것에 유념하여 답해야 한다.

⑥ 근무지가 지방인데 근무가 가능합니까?

근무지가 지방 중에서도 특정 지역은 되고 다른 지역은 안 된다는 답변은 바람직하지 않다. 직장에서는 순환 근무라는 것이 있으므로 처음에 지방에서 근무를 시작했다고 해서 계속 지방에만 있는 것은 아님을 유의하고 답변하도록 한다.

## (5) 지원자를 당황하게 하는 질문

① 성적이 좋지 않은데 이 정도의 성적으로 우리 회사에 입사할 수 있다고 생각합니까?

비록 자신의 성적이 좋지 않더라도 이미 서류심사에 통과하여 면접에 참여하였다면 기업에서는 지원자의 성적보다 성적 이외의 요소, 즉 성격·열정 등을 높이 평가했다는 것이라고 할 수 있다. 그러나 이런 질문을 받게 되면 지원자는 당황할 수 있으나 주눅 들지 말고 침착하게 대처하는 면모를 보인다면 더 좋은 인상을 남길 수 있다.

② 우리 회사 회장님 함자를 알고 있습니까?

회장이나 사장의 이름을 조사하는 것은 면접일을 통고받았을 때 이미 사전 조사되었어야 하는 사항이다. 단답형으로 이름만 말하기보다는 그 기업에 입사를 희망하는 지원자의 입장에서 답변하는 것이 좋다.

③ 당신은 이 회사에 적합하지 않은 것 같군요.

이 질문은 지원자의 입장에서 상당히 곤혹스러울 수밖에 없다. 질문을 듣는 순간 그렇다면 면접은 왜 참가시킨 것인가 하는 생각이 들 수도 있다. 하지만 당황하거나 흥분하지 말고 침착하게 자신의 어떤 면이 회사에 적당하지 않은지 겸손하게 물어보고 지적당한 부분에 대해서 고치겠다는 의지를 보인다면 오히려 자신의 능력을 어필할 수 있는 기회로 사용할 수도 있다.

④ 다시 공부할 계획이 있습니까?

이 질문은 지원자가 합격하여 직장을 다니다가 공부를 더 하기 위해 회사를 그만 두거나 학습에 더 관심을 두어 일에 대한 능률이 저하될 것을 우려하여 묻는 것이다. 이때에는 당연히 학습보다는 일을 강조해야 하며, 업무 수행에 필요한 학습이라면 업무에 지장이 없는 범위에서 야간학교를 다니거나 회사에서 제공하는 연수 프로그램 등을 활용하겠다고 답변하는 것이 적당하다.

⑤ 지원한 분야가 전공한 분야와 다른데 여기 일을 할 수 있겠습니까?

수험생의 입장에서 본다면 지원한 분야와 전공이 다르지만 서류전형과 필기전형에 합격하여 면접을 보게 된 경우라고 할 수 있다. 이는 결국 해당 회사의 채용 방침상 전공에 크게 영향을 받지 않는다는 것이므로 무엇보다 자신이 전공하지는 않았지만 어떤 업무도 적극적으로 임할 수 있다는 자신감과 능동적인 자세를 보여주도록 노력하는 것이 좋다.

# 면접기출

## 1 면접

1차 면접은 다대다 형식으로, 자기소개서를 바탕으로 한 인성 위주의 질문이 추가된다.

① 자기소개를 해보시오.

② 왜 이 부서에 지원하였는가?

③ 언제부터 증권업을 희망했는가?

④ 한국투자증권에서 하고 싶은 일은 무엇인가?

⑤ 지방에 사는데 왜 서울에 지원하였는가?

⑥ 자사의 어플을 사용해 본 적이 있는가?

⑦ 한국투자증권 말고도 다른 곳을 지원한 곳이 있는가?

⑧ 학교를 왜 오래 다녔는가? 휴학 기간 동안에는 무엇을 하였나?

⑨ 은행과 증권의 차이점은 무엇인가?

⑩ 은행에서 받았던 불친절한 서비스는 무엇이었는가?

⑪ 면접을 위해서 무엇을 준비하였는가?

⑫ 이 일을 하는데 가장 필요한 능력이 무엇이라고 생각하는가? 그 능력을 갖추었는가?

⑬ 상사에게 실적에 대한 압박을 받고 있다면 어떻게 하겠는가?

⑭ 본인 성격이 꼼꼼하다고 하는데 지점 영영을 하면서 어떤 이점이 있는가?

⑮ 우리 회사의 장점은 무엇이라고 생각하는가?

⑯ 학교 동아리에서 어떤 교훈을 얻었는가?

⑰ 주식투자 경험으로 어떤 교훈을 얻었는가?

⑱ 어떤 부서를 가고 싶은가?

⑲ 1년을 경력이라고 적기에는 너무 짧지 않은가? 이직 사유는 무엇인가?

⑳ 앞으로의 포부에 대해 말해보시오.


## 2 토론면접

① 한강에서 음주를 제한하는 금주구역 조례에 대해 찬성하는지 반대하는지에 대해 토론하시오.

② 유가 급증으로 막대한 이익을 얻은 정유사에 대해 횡재세를 부과하는 것이 적절한지 논하시오.

③ 국제 곡물가격 급등에 따른 영향과 대책을 논하시오.

④ 디지털 화폐의 도입이 금융 시장에 미칠 영향에 논하시오.

⑤ 사모펀드 부실 사태의 본질과 해결 방안을 논하시오.

⑥ 양심적 병역거부 찬반 토론을 하시오.

⑦ 초등학생 일제고사 거부에 대해 논하시오.


## 3 PT면접

① 요우커믹스가 국내증시에 미치는 영향을 말해보시오.

② 증권업체에 도움이 될 수 있는 안드로이드 어플 아이디어를 제시하시오.

③ 우리나라 금융상품 중 고객에게 추천할 상품과 그 이유는?

④ 스마트폰이 끼치는 경제적·사회적 파급효과에 대해 말해보시오.

⑤ 금리 인상 또는 하락이 투자 전략에 미치는 영향에 대해 논하시오.

⑥ 특정 고객의 재무 상황을 분석하고 맞춤형 투자 상품에 대해 논하시오.

⑦ ESG 관련 금융상품의 시장 전망과 한계점을 말해보시오.

가볍게! 빠르게! 확인하는 용어사전 시리즈

시사용어사전 | 경제용어사전 | 부동산용어사전

시사용어사전 1228

매일 접하는 각종 기사와 정보! 공기업/언론사/기업체/공무원 채용을 준비하는 수험생과
현대인이  꼭 알아야 할 최신 시사상식을 쏙쏙 뽑아 이해하기 쉽도록 영역별로 정리

경제용어사전 1050

주요 경제용어는 거의 다 실었다! 금융권/공기업/언론사/기업체/공무원 채용을 준비하기 전에,
경제 공부를 시작하기 전에 읽어보면 경제가 쉬워지도록 사전식으로 구성

부동산용어사전 1310

부동산에 대한 이해를 높이고 부동산의 개발과 활용, 투자 및 부동산 용어 학습에도
적극적으로 이용할 수 있는 교재, 공인중개사 출제용어도 수록